W0068737

FRIAUL LEBT

FRIAUL LEBT

2000 Jahre Kultur
im Herzen Europas

Herausgegeben von
Gian Carlo Menis und Aldo Rizzi

HERDER

WIEN · FREIBURG · BASEL

Die in diesem Buch abgebildeten Exponate, die auf den Ausstellungen zu sehen sind,
wurden dankenswerterweise kostenlos transportiert und versichert durch:

Kunsttrans. Spedition Ges.m.b.H. Wien
Erste Allgemeine Versicherungs-Aktiengesellschaft, Wien
Assicurazioni Generali, Wien

Übersetzungen aus dem Italienischen:
Ingeborg Wendl und Martin Stankowski (Katalog)

2. verbesserte Auflage

© Herder & Co., Wien 1978

Alle Rechte vorbehalten / Printed in Austria

Filmsatz und Offsetdruck: Berger, A-3580 Horn, 1978

Umschlagfotos und Abbildungen: Foto Elio Ciol, Casarsa (Pordenone)
(1. Seite: Kruzifix aus dem 15. Jh. – vgl. Abb. 55 –
4. Seite: Dom von Gemona, vor und nach dem Erdbeben)

Bestellnummer: ISBN 3-210-24.543-6

Inhalt

1. Teil

FRIAUL UND EUROPA

Manifest der Erzbischöfe von Udine und Wien

Wenn wir uns in brüderlicher Gesinnung gegenseitig helfen wollen – vor allem dann, wenn einer unserer Brüder in Not geraten ist –, wird die Kraft unseres Opfers auch durch den Grad der Dankbarkeit bestimmt; und diese Dankbarkeit ist umso größer, je mehr sie über den Augenblick hinausreicht und tief in einem gemeinsamen Leben wurzelt.

Die Erzbischöfe von Udine und Wien nahmen die furchtbare Erdbebenkatastrophe, die das Land Friaul heimgesucht hat, zum Anlaß, eine weitere Hilfsorganisation zu unterstützen. Die Initiative dazu soll eine Ausstellung „Friaul lebt – 2000 Jahre Kultur im Herzen Europas" geben, die im Mai 1977 in den Räumen des Stiftes Dürnstein eröffnet worden ist und von hier aus ihren Weg in andere Länder Europas antreten kann. Absicht und Ziel dieser Veranstaltung ist es, die vielen wertvollen geistigen, religiösen und künstlerischen Kräfte zu erkennen, die, von Friaul ausgehend, auf Österreich einwirkten. Zwischen Friaul und Österreich bestanden seit eh und je enge ethnische Beziehungen. Der Grund hiefür liegt in der Tatsache, daß das Volk der Karner in der Antike die Gebiete von Carnia und Kärnten besiedelte. Es besteht zwischen ihnen eine tiefe Glaubensverbundenheit, die in ihrer Wurzel auf die alte und ruhmreiche Mutterkirche von Aquileia zurückreicht. Während des Patriarchalstaates von Aquileia bestanden enge politische, wirtschaftliche und kulturelle Verbindungen. Aus dieser jahrhundertealten Verbundenheit, die uns durch die vorzüglichen Kunst- und Kulturdenkmäler in der Ausstellung bewußt wird, soll unsere Hilfe ihre Kraft schöpfen. Die Mittel werden zur Gänze dem Wiederaufbau der sakralen Kunst in Friaul zur Verfügung stehen. Diese Rettungsaktion im wahrsten Sinne des Wortes muß über Jahre hinaus ihre Wirkung erweisen. Sie soll den notleidenden und heimatlos gewordenen Bewohnern von Friaul – um deren Wohl viele andere Hilfsorganisationen bemüht sind – die Heimat wiedergeben. Es geht um jene Denkmäler, die in einer bedrohten Welt Zeichen des Heils sind, die über die augenblickliche Sorge materieller Bedrängnis hinaus wirken und den Menschen ein Ziel weisen, ihren Glauben bestärken und zu Gott hinführen. Daraus kann jene Kraft immer neu geboren werden, die wir zur Überwindung unserer materiellen Sorgen brauchen.

Wir hoffen schließlich, daß die Schwesternkirchen von Österreich sich einer Freundschaftsbindung mit den christlichen Gemeinden von Friaul, das so schwer heimgesucht wurde, öffnen. Auf diese Weise soll die Kirche von Österreich während der harten Zeit des Wiederaufbaues Friaul beistehen und so das Antlitz der Kirche in seiner Einheit und Universalität erstrahlen lassen.

Die unterzeichneten Bischöfe bitten daher, dem Komitee „Friaul lebt" bei seiner Arbeit zu helfen.

+ F Card. König   + Alfredo Battisti

Ehrenschutz der Ausstellung

Dr. Rudolf *Kirchschläger*
Österreichischer Bundespräsident

Dr. Giovanni *Leone*
Italienischer Staatspräsident

Österreichisches Ehrenkomitee

Se. Eminenz Kardinal
Dr. Franz *König,* Erzbischof von Wien

Se. Exz. DDr. Karl *Berg,* Erzbischof
von Salzburg

Se. Exz. DDr. Josef *Köstner,* Bischof
von Gurk, Klagenfurt

Se. Exz. DDr. Stefan *László,* Bischof
von Eisenstadt

Se. Exz. DDr. Paul *Rusch,* Bischof
von Innsbruck

Se. Exz. Johann *Weber,* Bischof von
Graz-Seckau

Se. Exz. DDr. Bruno *Wechner,*
Bischof von Feldkirch

Se. Exz. Dr. Franz *Žak,* Bischof von
St. Pölten

Se. Exz. DDr. Franz Sal. *Zauner,*
Bischof von Linz

Bundesminister für Wissenschaft und
Forschung
Dr. Hertha *Firnberg*

Bundesminister für Unterricht und
Kunst
Dr. Fred *Sinowatz*

Landeshauptmann von Wien
Leopold *Gratz*

Landeshauptmann von Vorarlberg
Dr. Herbert *Kessler*

Landeshauptmann von Burgenland
Theodor *Kery*

Landeshaptmann von Salzburg
DDr. Dipl.-Ing. Hans *Lechner*

Landeshauptmann von
Niederösterreich
ÖkR. Andreas *Maurer*

Landeshauptmann von Steiermark
Dr. Friedrich *Niederl*

Landeshauptmann von Kärnten
Leopold *Wagner*

Landeshauptmann von Tirol
ÖkR. Eduard *Wallnöfer*

Landeshauptmann von
Oberösterreich
Dr. Erwin *Wenzl*

Italienisches Ehrenkomitee

On. Dott. Arnaldo *Forlani*
Ministro per gli affari esteri

On. Dott. Mario *Pedini*
Ministro per i beni culturali e
ambientali

On. Dott. Giuseppe *Zamberletti*
Commissario straordinario del
Governo in Friuli

Dott. Andrea *Cagiati*
Ambasciatore d'Italia nella
Repubblica austriaca

Avv. Antonio *Comelli*
Presidente della Giunta regionale del
Friuli-Venezia Giulia

Mons. Alfredo *Battisti*
Arcivescovo di Udine

Mons. Pietro *Cocolin*
Arcivescovo di Gorizia

Mons. Abramo *Freschi*
Vescovo di Concordia Pordenone

Dott. Alfeo *Mizzau*
Assessore all'Istruzione e ai Beni
culturali del Friuli-Venezia Giulia

Wissenschaftliches Komitee

Präsident:

Prof. Gian Carlo *Menis*
Direttore del Museo Diocesano
di Udine

Mitglieder:

Prof. Luisa *Bertacchi*
Direttore del Museo Archeologico
Nazionale di Aquileia
M.o Mario *Brozzi*
Direttore del Museo Archeologico
Nazionale di Cividale
Rag. Antonio *Forniz*
Conservatore del Museo Civico di
Pordenone
Arch. Riccardo *Mola*
Soprintendente ai Monumenti e
Gallerie del Friuli-Venezia Giulia
Dott. Aldo *Rizzi*
Direttore dei Civici Musei e Gallerie
d'Arte di Udine

Organisationskomitee

Präsident:

Prof. Rupert *Feuchtmüller*
Direktor des Wiener Diözesanmuseums

Mitglieder:

Franz *Grabenwöger*, Sekretär des
Wiener Kardinals

Dir. Gerhard *Schober*, Direktor der
Finanzkammer der Diözese
Dr. Arthur *Saliger*, Konservator des
Wiener Diözesanmuseums
Dipl.-Ing. Fritz *Pescher*, Architekt der
Ausstellung
Dr. Erich *Leitenberger*,
Pressereferent
Ing. Walter *Horn*, Aktion FRIULI VIVE

Leihgeber der Ausstellung

Aquileia – Museo Archeologico
  Nazionale
– Museo Paleocristiano di
  Monastero
Castel d'Aviano – Parrocchia
Cividale – Capitolo della
  Collegiata
– Museo Archeologico
  Nazionale
– Comune
Faedis – Pieve Arcipretale
Gemona – Pieve Arcipretale
– Comune
Gorizia – Chiesa Cattedrale
  Metropolitana
Grado – Pieve Arcipretale
Maron di Brugnera – Comm.
  Luigi Dell'Agnese
Pasiano di Pordenone –
  Parrocchia
Pordenone – Chiesa
  Concattedrale
Remanzacco – Comune

S. Vito al Tagliamento – Chiesa
  Arcidiaconale
Sesto al Reghena – Chiesa
  Abbaziale
Socchieve – Parrocchia
Tricesimo – Pieve Arcipretale
Udine – Chiesa Cattedrale
  Metropolitana
– Civici Musei e Gallerie
  d'Arte
– Museo Diocesano d'Arte
  Sacra
– Parrocchia di S. Maria
  delle Grazie
– Parrocchia di S. Quirino
– Sen. Fermo Solari
– Ing. Lino Mazzanti
Varmo – Parrocchia
Venezia – Fondazione
  scientifica Querini Stampalia
Venzone – Parrocchia
  Arcipretale
Zuglio – Pieve Prepositurale

Vorwort

Wir alle wissen, daß die europäische Kultur nicht gleich und kein monolithischer Block ist, sondern ein Agglomerat von reichen und lebendigen regionalen Kulturen. Die kulturelle Landkarte Europas ist viel reicher und vielfältiger, als es der Nationalismus betrügerisch zu vereinfachen versuchte.

Der Bereich der friaulischen Kultur ist innerhalb dieser Landkarte klar profiliert. Geboren an einem Treffpunkt dreier Kulturkreise: des germanischen, slawischen und romanischen, hat die friaulische Kultur eine originale Synthese geschaffen. Diese Synthese hat ihre Wurzeln in einer ethnischen Unabhängigkeit und stellt sich in einer klaren soziologischen Identität dar, einer kleinen Nation ähnlich, im Herzen Europas, aufnahmefähig, aber streng verschieden.

Die Erdbebenkatastrophe im Jahre 1976 hat das Land schrecklich getroffen und das Herz seiner Kultur verletzt, so daß sein Überleben gefährdet ist. Ganz Europa wäre ärmer, stürbe die „friulaniá". Sie braucht Hilfe, braucht die internationale Solidarität.

Die Ausstellung „Friaul lebt · 2000 Jahre Kultur im Herzen Europas" will dem europäischen Publikum den friaulischen Kulturkreis nahebringen und zugleich seine Solidarität vertiefen, damit Friaul und seine Bevölkerung als Volk überleben können.

Die ausgestellten Kunstwerke werden – unterstützt durch den im Verlag Herder erscheinenden Katalog – den Charakter und die individuellen Wurzeln der friaulischen Kultur zeigen, indem sie

1. die historisch-genetische Evolution der friaulischen Kultur erklären,
2. die ständigen und engen Beziehungen zum historischen Schicksal Europas aufzeigen,
3. die Individualität ihrer wesentlichen Elemente betonen,
4. die besondere Bedeutung der christlichen Komponente herausstreichen,
5. die schweren Wunden, geschlagen durch das Erdbeben, dokumentieren.

Prof. Dr. Gian Carlo Menis
Direktor des Diözesanmuseums in Udine
Wissenschaftlicher Leiter der Ausstellung

FRIAUL UND EUROPA

Friaul • 2000 Jahre Kultur im Herzen Europas

Gian Carlo Menis

Friaul: eine Region, eine Kultur, ein kleines Volk in Europa. Der Name (abgeleitet aus dem lateinischen Forum Iulii) war schon seit langer Zeit als offizielle Bezeichnung verschwunden, der nivellierenden Logik des Nationalstaates und dem friedfertigen Konformismus akademischer Kultur zum Opfer gefallen. Seit das moderne Bewußtsein jedoch die einzelnen lokalen Kulturbereiche wieder entdeckt hat und man die europäische und die eigene italienische Kultur nicht mehr als einen monolithischen Block betrachtet, sondern als ein Agglomerat von verschiedenen regionalen Kulturkreisen, seither ist auch Friaul im Kreise der europäischen Kultur mit der ganzen Faszination und der Lebendigkeit seiner ureigenen Individualität wieder erstanden.

Diese friaulische Identität ist tief verwurzelt in der geophysikalischen Lage selbst, die im Lauf der Jahrtausende ihre eigenen spezifischen Züge geprägt hat. Ein schmaler Landstrich, am äußersten östlichen Ausläufer der großen Poebene gelegen, zwischen dem Höhenrücken der Ostalpen und dem Lagunenbogen der Adria. Dieses kleine Stück Erde ist ein richtiger Mikrokosmos. Es gibt dort hohe Berge, besonnte Strände, Hügel und Ebenen, Seen und Flüsse. „Eine Kleinausgabe des Universums" wurde es von Ippolito Nievo genannt; aber man könnte es noch zutreffender als eine Kleinausgabe Europas bezeichnen. Selbst die Meteorologie unterstreicht diese Tatsache, da diese Gegend sowohl vom mitteleuropäischen Kontinentalklima wie vom mediterranen Klima bestimmt wird.

Ein ideales Land also für Begegnungen, in dem die Berge bis zum Meer reichen und das Meer in das Land hineingreift, wo der Osten unbeschwert zu den Ländern des Westens Zugang findet.

Die ganze Geschichte Friauls ist geprägt von dieser naturgegebenen Tatsache. Ihre Kultur ist das Ergebnis des Phänomens ununterbrochenen Wechsels und Assimilierens von Elementen verschiedenster Provenienz. In dieser Gegend sind einander schon immer Menschen aus Nord und Ost, aus Süd und West begegnet. Hier finden wir Menschen, die von den Bergen kommen und vom Reiz südlicher Sonne und von der Macht des Meeres angezogen werden, und Menschen, die vom Meer kommen und die die Abenteuerlust über die geheimnisvolle Alpenkette treibt. Hier trafen sich – vor allem in geschichtlicher Zeit – die drei wesentlichen Kulturkreise, die das heutige Europa formen und die hier zusammenfließen: der lateinische Kulturkreis, der germanische und der slawische, die hier eine eigentümliche Kultur schufen – eben die friaulische –, rezeptiv und offen und gleichzeitig eigenwillig und andersartig.

Das heutige friaulische Volk ist das geschichtliche Ergebnis eines langen Entwicklungsprozesses, der von der Vorgeschichte bis zur Jetztzeit die Völker, die nach und nach ins Land kamen und sich an diesem Kreuzungspunkt Europas niedergelassen haben, zu einer gemeinsam geprägten kulturellen Identität zusammengeschmolzen hat. Diese Identität wird klar evident an der Entwicklung der politischen, wirtschaftlichen und sozialen Strukturen. Sie zeigt sich an den Beispielen der bildenden Kunst und der Literatur, den Erscheinungsformen der Religion, der Traditionen, des Aberglaubens, in den Trachten und in der Sprache, im Zusammenklang und in den Widersprüchen. All das findet jedoch im Tiefenbewußtsein des Volkes das kreative und einigende Element. Dieser Tatsache ist es letzten Endes auch zu verdanken, daß Friaul seine *eigene* Geschichte hat.

Dieser Kulturkreis wurde nun durch die jüngsten Erdbeben des Jahres 1976 auf schreckliche Weise heimgesucht und im Herzen getroffen, so daß es fraglich ist, ob er überleben wird. In Anbetracht der gegenwärtigen Verhältnisse könnte diese Kultur nur durch Maßnahmen internationaler Solidarität gerettet werden ... Sie *müßte* gerettet werden! Wenn das friaulische Element stirbt, ist ganz Europa um ein Stück ärmer.

Ziel dieser Ausstellung, der das vorliegende Buch gewidmet ist, ist es, die Aufmerksamkeit der europäischen Öffentlichkeit auf dieses Problem zu lenken und damit konkrete Initiativen für eine Zusammenarbeit zum Wiederaufbau Friauls und seines Bestandes an Kulturgütern anzuregen. Die Ausstellung ist besonders geeignet, an einigen für die friaulische Kultur besonders evidenten Beispielen die stark hervortretenden Charakterzüge und die hervorragenden Formen des gegenwärtigen lokalen Kunstschaffens aufzuzeigen, ferner auf die tausendjährige geschichtliche Entwicklung hinzuweisen und die enge Beziehung mit dem historischen Schicksal der Kultur Europas zu unterstreichen. Sie ist ein idealer Führer, der gleichzeitig aufzeigt, wie tief die Wunde ist, die der Bestand an Kulturgütern durch das Erdbeben erlitten hat.

Das Verständnis der Ausstellung wird durch die zusammenhängende Aufgliederung vertieft (eingeteilt in sieben Abteilungen oder „Zeitalter"). Dennoch wird ein Wissen um den kulturgeschichtlichen Zusammenhang vorausgesetzt, der gerade durch künstlerisches Schaffen aufgezeigt wird und sich kund tut. Ziel dieses einführenden Aufsatzes ist es also, dem aufmerksamen Besucher einen kurzen Überblick über die lange Geschichte der friaulischen Kultur anzubieten.

1. Die Vorgeschichte

Ein großer Teil jener lange dahinfließenden Jahrhunderte, welche die Frühgeschichte mit dem Erscheinen menschlichen Lebens in dieser Zone in Verbindung bringt und die dann Friaul genannt werden wird, liegt im Dunkel. Vielleicht muß man hier schon im Frühpaläolithikum (40.000 bis 10.000 Jahre vor Christus) mit dem ersten Auftreten des Menschen rechnen. Gesichert ist auf jeden Fall, daß dieses Gebiet während des Neolithikums (5000 bis 2000 vor Christus) in beachtlichem Maße besiedelt war, insbesondere in der Ebene, wie unzählige archäologische Funde beweisen.

Dasselbe gilt für die folgende Bronzezeit (2000 bis 1000 vor Christus) und die Eisenzeit (1000 bis 500 vor Christus). Dennoch haben wir keine Anhaltspunkte, die uns gestatten würden, auch nur irgendeine Kontinuität zwischen jenen zurückliegenden Kulturen und der einheimischen Kultur geschichtlicher Zeit zu sehen. Man kann höchstens auf Grund einiger Ereignisse, die im Verlauf jener Jahrtausende eingetreten sind, annehmen, daß das Gebiet bereits eingeteilt, ja vielleicht sogar eingegrenzt worden war. So scheinen die Bewohner der „castellieri" (Ringwälle), in der ersten Bronzezeit (2000 bis 1900 vor Christus) eine andere Kultur gehabt zu haben als die Bewohner der angrenzenden Gebiete Veneziens und des Triestiner Karstgebietes.

Auf diese Weise könnte der venetische Einwanderungsstrom (1000 vor Christus), der sich im friaulischen Gebiet nicht fest niedergelassen hat, sich jedoch außerhalb dieses Gebietes, besonders jenseits des Livenza, verdichtete, von außen her die ersten geographisch bedingten Grenzen der regionalen Kultur bestimmt haben. Es handelt sich jedoch noch um sehr labile Beweise. Wahrscheinlicher ist es, daß diese Zone während jener Zeit mehr eine Gegend des Durchgangs war als eine Gegend, in der man sich fest niederließ.

Eine neue ethnisch kulturelle Ebene, die alle folgenden geschichtlichen Entwicklungen bestimmen wird, entstand am Ende der Vorgeschichte durch neue Bevölkerungszuströme keltischen Ursprungs. Diese kamen von der Mitte des ersten Jahrtausends v. Chr. an in mehreren Etappen über die karnischen Alpen und besetzten das ganze Gebiet, das sich zwischen dem Livenza, den Alpen und dem oberen Teil des adriatischen Golfs erstreckt. Unter all diesen Ansiedlungen mußte die der Karner die bedeutendste gewesen sein, sie werden in den ersten geschichtlichen Quellen genannt und bieten vielleicht das erste Bild einer lokal zentralisierten und differenzierten Gesellschaft.

Die karnisch keltische Kultur bestimmt also die lokale Vorgeschichte und leitet den genetischen Prozeß der friaulischen Kultur ein. Ihr Erbe ist unter den Zeugnissen des regionalen Lebens geschichtlicher Epochen klar erkennbar. Ein besonders bedeutendes Vermächtnis haben wir auf dem Gebiet der Kunst und des Handwerks, in der Folklore und in der Mythologie (z. B. den Belenus-Kult), auf linguistischem Gebiet und in der Ortsbenennung (z. B. die Endung *-acus*). Im übrigen ist es kein Zufall, daß der älteste Name, mit dem diese Region in den Quellen bezeichnet wird, *„Carnorum Regio"* heißt (Region der Karner, Plinius d. Ältere).

2. *Die römische Zeit* (2. Jh. v. Chr. bis 5. Jh. n. Chr.)

Zu der Grundlage, die sich ethnisch hauptsächlich in der Vorgeschichte entwickelt hatte, kommt vom 2. Jh. an der immer mächtiger werdende Zustrom lateinischer Kultur hinzu. Die Eroberung Frieauls durch die Römer, die im Jahre 186 im Rahmen der nach Norditalien gerichteten römischen Expansionspolitik begann und durch die Gründung der römischen Kolonie von Aquileia (181) stabilisiert wurde (Titus Livius spricht in seinen Annalen ausführlich darüber), findet Ende des Jahrhunderts ihren endgültigen Schluß. Im Jahre 115 findet der letzte siegreiche Feldzug der Römer gegen die Karner statt.

Der auf diese Weise eingeleitete Romanisierungsprozeß setzt sich im Verlauf der beiden folgenden Jahrhunderte auf massive Weise fort, und gerade in dieser Zeit wurde das Antlitz der lokalen Kultur auf unauslöschliche Weise geprägt, ohne dabei jedoch auch nur einen der ursprünglichen Züge zu verlieren.

Von stärkster kultureller Ausstrahlung für die ganze Region war damals Aquileia. Die Stadt, gedacht als militärischer Ausgangspunkt von fundamentaler strategischer Bedeutung für die Eroberung der mittleren Donauländer, von Augustus in den Rang einer Metropole der *„Regio X Venetia et Histria"* erhoben, wurde schnell einer der wichtigsten Handelsplätze des Reiches. Die Verwaltungsordnung der gesamten Region (die Aquileia zum Hauptangelpunkt machte und die in Munizipien eingeteilt war, in: *Iulia Concordia, Iulium Carnicum* und *Forum Iulii*), die Wiederinstandsetzung des Straßennetzes und sein Anschluß an das System der großen Verkehrswege zwischen Italien und den mittleren und unteren Donauländern, der Ausbau der Hafenanlagen als Schlüsselpunkt des Schiffsverkehrs, der den Mittelmeerraum durch das adriatische Meer mit Mitteleuropa verbindet, das alles waren Maßnahmen, welche die Aspekte und Tendenzen des örtlichen sozialen und wirtschaftlichen Lebens deutlich kennzeichnen und deren Auswirkung bis in die heutige Zeit reicht. Von besonderer Bedeutung für die lokale Wirtschaft war die Restrukturierung der landwirtschaftlichen Einteilung der fruchtbaren Ebene, die nach dem Zenturien-System durchgeführt wurde (ein großer Teil der Trassenführung ist noch vorhanden) und deren Aufteilung an die Siedler, die den Anbau dem Rhythmus der allgemeinen Expansion des Reiches anglichen.

Zweifellos brachte die lateinische Kultur in den Jahrhunderten des Kaiserreiches einen völlig neuen Atem mit sich und bewirkte eine Beschleunigung des zivilisatorischen und technologischen Fortschritts. Man darf indessen die Tatsache nicht vernachlässigen, daß sich diesem unaufhaltsamen Kultivierungsprozeß die keltische Bevölkerung spontan widersetzte; außerhalb der großen Zentren machte sie natürlich die überwiegende Mehrheit der regionalen Bevölkerung aus. Gerade diesen Kräften gelang es also, mitten in der administrativen Nivellierung und der kulturellen Integration einen Großteil anthropologischer Substanz unvermischt zu erhalten, der gerade die kulturelle Differenzierung dieser Bevölkerung ausmacht, die zwischen Livenza und Timavo ansässig war. Die romanisierten Kelten auf dem Land haben bereits zwischen dem 3. und 4. Jahrhundert einen klar unterscheidbaren lateinischen Dialekt. Das zeigt sich vor allem in der gesprochenen Sprache der bäuerlichen Bevölkerung. Auf sie bezieht sich auch der Bischof von Aquileia, Fortunatianus (342–346), der auf diese Weise eine stärkere Verbreitung seiner Evangelienkommentare bewirkt. Nicht weniger wichtige Spuren finden wir in der lokalen Kunst und im Handwerk, ferner in den Grabgaben, Porträts, Hausgeräten, Vasen, Gemmen, Kameen, Bronzefiguren und Gläsern. Für ihre Spiritualität noch aufschlußreicher ist jedoch die weite Verbreitung des latinisierten Kultes zu Ehren des Belenus, des Gottes der Kelten.

Die Zeit des Altertums findet ihr Ende mit einem neuen Ereignis, das einen entscheidenden Beitrag zur Reifung der einheimischen Kultur darstellt: Der christliche Glaube findet in allen Schichten Aufnahme und behauptet sich, um schließlich um 400 in einer biblisch-christlichen Gesamtsicht der Welt seinen Höhepunkt zu finden. Die Quellen und Zeugnisse bestätigen dem ersten aquileischen Christentum Originalität und Vitalität. Wir brauchen nur an die großen kunstreichen Bodenmosaiken zu denken, die reich an Symbolen sind. Aber auch außerhalb der städtischen Zentren gibt es überzeugende Spuren, die mitten in den Feldern ausgegraben wurden, einzigartige Zeugnisse, die nicht nur auf die weitverzweigte Verbreitung des Christentums, sondern auch auf eine konsequente neue Organisation bäuerlicher Gemeinden in sozialer und wirtschaftlicher Hinsicht schließen lassen.

Das Christentum schuf jedoch auch ein neues und festeres Band zwischen den Regionen von den Ostalpen bis zur Donau. Während der Zeit der Einwanderung der Germanen warfen jene Regionen die Herrschaft des römischen Kaiserreichs ab und brachten so das ethnische, politische, wirtschaftliche und kulturelle Bild der alten Welt durcheinander. Durch ihre ausgezeichnete missionarische Tätigkeit verbreitete die aquileische Kirche das Evangelium und gründete die ersten Diözesen in dem ganzen weiten Gebiet, das von *Raetia II* bis nach Noricum und nach Pannonien (man muß sagen: von Bayern bis nach Österreich und nach Ungarn) reichte und das am Ende des 4. Jh. die Kirchenprovinz von Aquileia darstellt.

Es bildete sich ein neues Beziehungsgeflecht, nicht nur auf religiösem, sondern auch auf sozialem, wirtschaftlichem und kulturellem Gebiet. Die Merkmale, die wir aus diesem Gebiet aus der frühchristlichen Zeit haben, von den Boden-mosaiken angefangen bis zu den Öllampen, den Gegenständen der Gold-schmiedekunst bis hin zur Liturgie sind an allen Überresten erkennbar. Den deutlichsten Niederschlag finden wir zweifelsohne in den Kultbauten: alle früh-christlichen Basiliken in dem großen Gebiet der Ostalpen sind klar und deutlich nach dem aquileischen Modell gebaut.

3. Das Frühmittelalter (6. bis 10. Jh.)

Das Mittelalter beginnt auch in Friaul mit der großen Einwanderung der Völ-ker, die vom 5. Jh. ab das völkerkundliche und kulturelle Panorama Europas völlig verändern. Die anhaltende Infiltration germanischer Völker (vor allem der Westgoten und der Ostgoten) und schließlich die massive und systematische Ansiedlung der Langobarden, abgeschlossen gegen 568, aktualisierte dynami-sche Kräfte, die erheblich dazu beitrugen, daß sich ziemlich rasch eine lokale Kultur bildete, resultierend aus dem Integrationsphänomen zwischen der latini-sierten autochthonen und der neu gekommenen germanischen Bevölkerung.

Die Verfassung des friaulischen Herzogtums (die Gebiete der alten römischen Munizipien von Aquileia, Concordia, Iulium Carnicum und Forum Iulii, letzteres zum Sitz der herzoglichen Residenz bestimmt) und seine autonome, soziale und politische Stellung begünstigte in entscheidender Weise eine weitere Definition der regionalen friaulischen Dimension, sowohl geopolitisch wie auch ethnisch kulturell gesehen. Nicht von ungefähr wird von dem Zeitpunkt ab die gesamte Region mit dem Namen der Hauptstadt bezeichnet: *Ducatus Fori Iulii = Friuli*. Die Hauptstadt jedoch nimmt den Namen Cividale an, *Civitas Austriae* = Stadt, die zum östlichen Teil des langobardischen Reiches gehört.

Die latinisierte Bevölkerung und die Langobarden (in kleine Gruppen verteilt, besonders dicht im Zentrum der Region), machten der gewalttätigen Periode der Eroberungszeit und den primitiven Spannungen ein Ende und fanden schnell konkrete Möglichkeiten der Verständigung und der Zusammenarbeit im landwirtschaftlichen Bereich und im Handel. Dies führte, vor allem auf dem Land, rasch zu einem Prozeß der gegenseitigen Integration. Wir besitzen viele Zeugnisse, die dies dokumentieren. Außer dem wichtigen lexikalischen Erbe und den Überresten in der Ortsbezeichnung haben wir Rechtsgewohnheiten und soziale Bräuche, die ziemlich einmalig sind und uns durch das ganze Mit-telalter hindurch bis heute erhalten blieben. Ein einzigartiger Beitrag zur Ver-ständigung zwischen den beiden Völkern wurde durch die Solidarität geschaf-fen, mit welcher die aquileische Kirche und die Langobarden, die vom Arianis-mus konvertiert hatten, in der Zeit des Dreikapitel-Schismas gemeinsam gegen Rom und Byzanz kämpften. Dieses kam erst gegen Ende des 7. Jh. zu einem Abschluß.

Dieser glückliche geschichtliche Umstand brachte für Friaul im Laufe des

8. Jh. eine kulturelle Wiedergeburt, die unter vielen Gesichtspunkten die karolingische und die ottonische Zeit vorwegnahmen. Die Grabgaben der langobardischen Gräber mit den berühmten Goldblättchenkreuzen, dem sogenannten langobardischen „Tempietto" in Cividale mit Mosaiken, Bildern und Stuckaturen, der Altar von Ratchis, der für die Skulptur aller Zeiten einmalig bleibt, la Pace des Grafen Ursus, das sind nur einige der wichtigsten Zeugnisse, die aus dieser lebendigsten Zeit des kulturellen Reifungsprozesses auf uns gekommen sind.

Die Turbulenz der Ereignisse, welche die Jahre der Eroberung Friauls durch die Franken (775/76) charakterisiert, dann die folgenden, oft verworrenen und widersprüchlichen Geschehnisse während der karolingischen Kaiserzeit im 9. Jahrhundert und die katastrophalen Einfälle der Ungarn, die weitere 50 Jahre lang die ganze Region auf tragische Weise heimsuchten (899–952) und dort einen unbeschreiblichen demographischen Rückgang nach sich zogen, dies alles führte für weitere Jahrhunderte die Volksgruppen in Friaul in einem gemeinsam erlittenen Schicksal zusammen. Inmitten dieses Geschehens, das die abergläubischen rassischen Antagonismen auslöschte, verschmolzen die latinisierten und germanischen Volksgruppen zu einem Ganzen. Persönlichkeiten wie Paulinus von Aquileia, Sprachgelehrter und Patriarch friaulischer Herkunft, und Paulus aus Cividale, Diakon und Mönch langobardischer Herkunft, sind einander in ihrer Gesinnung gleich, die einzig und allein auf die klassischen und christlichen Ideale der spätantiken Kultur ausgerichtet ist. Sie bieten (etwa um 800) Proben dieser einzigartigen Synthese, die sich im Volke bildet. Eine Welt, die dennoch jedem weiteren Zustrom offen ist, wie im politischen und sozialen Bereich die gute Zusammenarbeit mit der benachbarten slawischen Bevölkerung zeigte, die sich zwischen dem 7. und dem 9. Jh. innerhalb des Herzogtums in den Tälern des Natisone und des Isonzo niederließen. Weitere Beispiele bedeutender Kunstdenkmäler des 9. und 10. Jh. sind die karolingischen Lettner der Basilika von Aquileia oder die ottonischen Reliefs im Diözesan-Museum von Udine.

Man kann also feststellen, daß an der Schwelle des 2. Jahrtausends n. Chr. jener historische Prozeß zu Ende ging, der sich unabhängig von politischen Gegebenheiten nach und nach im friaulischen Gebiet abgespielt und eine neue Bevölkerung hervorgebracht hatte, die nun nicht mehr keltisch, nicht lateinisch, nicht langobardisch und nicht slawisch war, sondern *friaulisch*. Das Antlitz dieser neuen Volksgruppe – in der Mittelschicht und der Unterklasse stärker ausgeprägt – ist von unzähligen anthropologischen, sozialen, künstlerischen und sprachlichen Merkmalen geprägt. Das historische Friaul entstand auf diese Weise, und auch der Name stammt aus dieser Epoche und zeigt in der Synonymität der Namen *Forum Iulii* und *Patria* (= Land der Väter) die unauflösliche Verschmelzung auf, die zwischen den Vätern bzw. in den vergangenen Generationen und diesem Land stattgefunden hat. Dieses Land wird durch natürliche

Grenzen bestimmt: im Westen vom Fluß Livenza, im Norden und Osten von den Karnischen und Julischen Alpen und im Süden vom Adriatischen Meer: „ab aqua Liquentia usque ad ducatum Meraniae et a montibus usque ad mare."

4. Das Zeitalter der Patriarchen (11. bis 15. Jh.)

Die einzige einheimische Institution, welche die Zeit der allgemeinen Auflösung sozialer Strukturen zwischen dem 9. und 10. Jh. überlebte, war das Patriarchat von Aquileia. Dieses verstand es um 1.000 herum, das kulturelle Erbe zu sammeln, das sich inzwischen im friaulischen Gebiet entwickelt und durchgesetzt und zu seinem kulturellen Fortschritt beigetragen hatte. Der Vertrag zwischen den sächsischen Kaisern und den aquileischen Patriarchen in der 2. Hälfte des 10. Jh. gestattete es den Letzteren, über ihre rein kirchlichen Aufgaben hinaus umfangreiche geistige und materielle Aufbauarbeiten an der Struktur der friaulischen Gesellschaft vorzunehmen. Zur Neubesiedelung der von den Ungarn verwüsteten Ebene waren Initiativen notwendig, die wiederum die Einwanderung der benachbarten slawischen Stämme begünstigte. Auf diese Weise bildeten die Patriarchen die Grundlagen für einen neuen geschichtlichen Kurs, der recht bald auch im patriarchischen Staat seinen politischen Niederschlag finden sollte.

Die Feudalmacht der Patriarchen, die sich schon zu Beginn des 11. Jh. im ganzen friaulischen Gebiet beachtlich ausgedehnt hatte, sowohl durch eine Reihe von Schenkungen als auch Erlässen und Steuerfreiheiten, die von den Kaisern gewährt wurden, wurde in der 1. Jahrhunderthälfte noch beträchtlich durch das energische Vorgehen des Patriarchen Poppo von Treffen (1019–1042) verstärkt und fand schließlich im Jahr 1077 ihre feierliche rechtliche Sanktionierung. In diesem Jahr übertrug Kaiser Heinrich IV. dem Patriarchen Sieghard die Feudalinvestitur mit herzoglichem Vorrecht für ganz Friaul und schuf auf diese Weise jenen „Principatus Italiae et Imperii", der seit diesem Augenblick auf die Dauer von vier Jahrhunderten (1077–1420) den Grundstein der Einigungspolitik legte, deren Rahmen für das ganze friaulische Volk bestimmend werden sollte.

Der friaulische Staat stellt im ganzen seiner Geschichte eine der weitest entwickelten Formen dar, was die Organisation der Zentralisierungspolitik im mittelalterlichen Europa betrifft. Mehr als in Italien findet er in den großen Kirchenfürstentümern Deutschlands eine Analogie. Im Rahmen der Feudalordnung, die ausschließlich standesorientiert und theokratisch war und unter der politischen Führung der Fürsten, die aristokratische und überregionale Interessen verfolgten – zuerst ghibellinische bis 1250, dann guelfische –, erlebte die friaulische Bevölkerung damals eine Zeit des Fortschritts auf allen Gebieten. Es besteht ein enger Zusammenhang zur Entwicklung der gesamten westlichen Kultur. Zu jener Zeit befand sich Friaul wirklich nicht in einer Abseits- oder Randstellung, sondern es kam mehrmals vor, daß es sich in Bezug auf Europa im Mittelpunkt befand, sei es zur Entspannung der politischen Situation zwischen dem deutschen Reich und Italien, oder sei es wegen der starken Zirkulation wirtschaftlicher und geistiger Ströme, die sich hier abspielten.

Eine bemerkenswerte soziale Mobilität finden wir auch auf der Ebene der unteren Klassen, sowohl auf Grund des Vorhandenseins juristischer Institutionen, die den Loskauf von Leibeigenen ermöglichten, als auch wegen der in verschiedenen Formen möglichen starken Beteiligung des Volkes am öffentlichen Leben. Für diesen Zusammenhang ist das Mitwirken der Stände der Freien bei der lokalen Verwaltung der Kommunen von besonderer Bedeutung, da sie häufig, die Politik des Fürsten unterstützend, einer Übermacht des Adels entgegenwirken konnten. Bedeutendster Ausdruck der politischen Reife, welche die friaulische Bevölkerung in jener Zeit entwickelte, war das Parlament, welches schon im 12. Jh. in einer Frühform existierte und in seiner letzten Entwicklungsphase weiteste Befugnisse moderner Parlamente vorwegnahm. Nicht weniger wichtig und bedeutend sind die *Constitutiones Patriae Foro Iuliensis,* der Kodex der Staatsgesetze. – Ein wirkliches Denkmal friaulischen Rechts.

Ganz offensichtlich beherrscht die kirchliche Organisation der aquileischen Kirche einen Großteil des gemeinschaftlichen Lebens, bestimmt dessen Rhythmus, inspiriert seine Anschauungen und lenkt die Sitten und Bräuche. Imponierend ist ihre caritative Tätigkeit und Hilfsbereitschaft, die durch das feinmaschige Netz von Bruderschaften und barmherzigen Werken ausgeübt werden. Der einzigartige soziologische Beitrag jedoch, den die Kirche von Aquileia zur Entwicklung der einheimischen Gesellschaft leistet, ist ihre übernationale Rolle, die sie für die drei verschiedenen Volksgruppen ihres Diözesangebietes ausübt. Dieses Gebiet ist viel größer als das friaulische Gebiet und umfaßt außer Friaul auch Cadore, Niederkärnten und Slowenien. Gerade diese einzigartige umgreifende Einheit gab dem lokalen Leben europäische Züge.

Auch das Wirtschaftsleben entwickelte sich im Patriarchenstaat rasch und verlagerte sein Gewicht von selbst vom landwirtschaftlichen auf allgemein wirtschaftliches Gebiet mit dem Schwerpunkt im Handelswesen. In diesem Rahmen nimmt die Bedeutung von Udine zu, das Cividale als Hauptstadt des Staates ersetzen soll und das durch seine geografische Lage begünstigt war, da an dieser Stelle die über die Alpen führenden Handelswege zusammenliefen und sich dann ebenso nach Osten verteilten wie zur Poebene oder zum Meer hin. Auch Venzone und Gemona blühten auf, beide an wichtigen Verbindungspunkten gelegen, die sehr frequentiert waren. Die Handelszentren und die Häfen begünstigten einen Austausch jeder Art und brachten Reichtum und Ideen mit sich.

Auch das kulturelle Leben wird nach und nach lebhafter. Die Literatur in friaulischer Sprache erscheint zu der Zeit in reifer Form neben der lateinischen und deutschen, und die Kunst erlangt ihren eigenen Ausdruck, der zwar dem Aufbau nach deutlich nordische, italienische und byzantinische Verbindungen und Einflüsse aufweist, aber dennoch als eigenständig „friaulisch" bezeichnet werden kann. Die Zeit der Gotik stellt den Höhepunkt dieser kulturellen Synthese dar.

Dennoch barg die Gesellschaftsstruktur der Zeit der Gotik bereits den Keim des Untergangs. Die zunehmende Schwächung der Macht an höchster Stelle des Staates unter den guelfischen Patriarchen, die kurzsichtige und starrköpfige Rechthaberei des friaulischen Adels, die Gier nach Vorherrschaft des Grafen von Gorizia, die Gegensätze zwischen den Lehnsherren und den Kommunen und zwischen den beiden größten Städten Udine und Cividale, die häufig zu Kriegen ausarteten, und schließlich die Expansionspolitik der großen Nachbarn, besonders von Venedig und der Habsburger, schadeten dem friaulischen Staat so sehr, daß dies unabwendbar zwischen dem Ende des 14. und Anfang des 15. Jh. sein Ende herbeiführte.

5. Das Zeitalter der venezianischen und österreichischen Herrschaft (15. bis 19. Jh.)

Die Eroberung Westfriauls durch Venedig, die ihren Höhepunkt 1420 durch die Besetzung von Udine und den Sturz der Patriarchenregierung fand, sowie der Fall Ostfriauls im Einflußbereich Österreichs, der 1509 definitiv wurde, führte zur politischen Teilung Friauls. Die politische Teilung, die einerseits die geschichtliche Berufung Friauls zur Mittlerrolle zwischen deutscher, slawischer und italienischer Kultur auf leidvolle Weise fortsetzt, stellte andererseits seine kulturelle Integrität und den autonomen Fortschritt in Frage, da sie dazu führte, das Land vom Leben der großen wirtschaftlichen und kulturellen Zentren weg an den Rand zu drängen. Das Geistesleben erhebt zwar Anspruch auf seine eigene Originalität (die friaulischen Humanisten machen sich zu seinen Interpreten), wird aber nach und nach zum Randgebiet einer Kultur fremder Herkunft. Die bildende Kunst, unterjocht von der italienischen Renaissance, durch die venezianische Vermittlung erhalten, verrät durch die feine Melancholie ihrer Bilder die tiefen Spannungen und die angeborenen Widersprüche innerhalb der zeitgenössischen Sozietät.

Der venezianischen und österreichischen Herrschaft gelang es dennoch nicht, die kulturelle Einheit der beiden Zonen Friauls völlig aus der Welt zu schaffen. Vor allem außerhalb der städtischen Zentren, in denen sich der Einfluß der herrschenden Kultur am meisten auswirkte (Udine venezianisch und Gorizia österreichisch), hielten sich die fundamentalen Züge der friaulischen Kultur durch eigene Kraft zäh am Leben. Das verbindende Element ist noch erkennbar an der gemeinsamen Sprache, die immer vom Volk gesprochen wurde, sowohl östlich als auch westlich der verworrenen und umstrittenen Grenze, die zwischen Österreich und der venezianischen Republik gezogen wurde. Das einigende Band zwischen den beiden Teilen Friauls bildete lange Zeit die Kirchenordnung der Diözese von Aquileia. Diese vereinigte auch während der andauernden Ge-

20

gensätze – wie durch die erwachende Unversöhnlichkeit des modernen Staats-
absolutismus – bis 1751 venezianische und österreichische Untertanen in einer
einzigen Institution und nahm unermüdlich die Gelegenheit zur Begegnung und
zum Austausch wahr. In welch geringem Ausmaß übrigens politische Grenzen
geeignet sind, den freien Fluß von Ideen aufzuhalten, zeigt sich an der bis ins
einzelne ausgebauten Infiltration der lutherischen Lehre in Friaul in der zweiten
Hälfte des 16. Jh. Die offiziellen politischen Teilungen, die aus Gleichgewichts-
gründen und aus internationalen Interessen vorgenommen und beibehalten
worden waren, stellten zwar eine starke Belastung dar, der östliche und der
westliche Teil der Bevölkerung Friauls wurden jedoch durch das verbindende
Schicksal von Leid und Unglück in der Zeit des 15. und 16. Jh. noch enger miteinander verflochten. Trauriges modernes Los von Grenzgebieten!

Nach einer langen Periode der Unbeständigkeit und der Repressionen – durch
diplomatische und militärische Versuche, die alte Regierung der Patriarchen
wieder aufzurichten – berichteten die Chroniken zwischen dem Ende des 15.
und Anfang des 16. Jh. von einer sich überstürzenden Reihe schrecklicher Ereignisse, von denen die ganze Region heimgesucht worden war: Die wiederholten Einfälle der Türken (1472–1499), die Kriege zwischen Venedig und dem
Reich um die gorizianischen Besitztümer (1508–1514), die Kämpfe zwischen den
lokalen Anhängern der venezianischen und österreichischen Parteien. Zu diesen
Tatsachen kamen noch zahlreiche Naturkatastrophen: schlechte Ernten, Epe-
demien (z. B. die verheerende Pest des Jahres 1510), Erdbeben (auf traurige
Weise bekannt bleibt das von 1511). Die Auswirkung dieser Tatsachen auf das
regionale Sozialgeflecht waren zweifellos auch für die weitere Entwicklung des
regionalen Lebens belastend. Man denke nur an den schrecklichen Bevölke-
rungsschwund, der in Friaul am Ende des 16. Jh. verzeichnet wird, als die Bevölkerung sich im Verhältnis zur Anfangszahl desselben Jahrhunderts um mehr
als ein Drittel reduziert.

Das 17. und das 18. Jh. verlaufen in Friaul im allgemeinen zweifellos weniger
düster als das vorangegangene, und man kann auch einen gewissen wirtschaftlichen und kulturellen Aufschwung verzeichnen, wenn er auch zu schwach ist,
das Leben der Gesellschaft zu erneuern. Das Zeitalter des Barock, das die politische Teilung Friauls fortsetzte und konsolidierte, begünstigte in Wirklichkeit
seine fortschreitende Provinzialisierung und seine Stellung als Randgebiet.
Während Venedig das westliche Friaul mit dem letzten Glanz seines vergoldeten
Verfalls faszinierte (unüberbietbarer Interpret sind die verführerischen Bilder des
Tiepolo), band Österreich das östliche Friaul in immer engerem Maße an sich.

Die Regierungen von Wien und Venedig, absolutistisch und zentralistisch, waren zu weit entfernt, um die Gelegenheit wahrzunehmen, ein Reformprogramm
und einen Dezentralisierungsplan zu realisieren, der den konkreten regionalen
Bedürfnissen entsprochen hätte. Hinter der sogenannten „aufgeklärten" Politik,
die sich an einer „Staatsräson" begeisterte und sich in einem „rigorosen" Ver-

waltungsapparat konkretisierte, verbarg sich in Wirklichkeit der eiserne Wille, eine Ordnung der Bereiche aufrecht zu erhalten, die einzig und allein der herrschenden Oligarchie diente. Die Konzessionen, die dem niederen Volk gewährt wurden (wie die Institution einer sogenannten „Contadinanza" = Bauernvertretung neben dem Parlament im venezianischen Teil oder die Abordnung der Bürgermeister der Bauernkommunen in die gorizianischen „stati provinciali"), folgten nicht einem organischen Reformprogramm, das zur Hebung der Schicht der weniger Besitzenden bestimmt gewesen wäre, sondern der Notwendigkeit, den steigenden Unmut der Bauern zu bändigen, der sich zuweilen in Gewaltakten äußerte (wie z. B. an jenem tragischen „tollen" Donnerstag in der Karnevalswoche 1511 in Udine), ohne allerdings den Adel und das besitzende Bürgertum zu sehr zu stören, da sie dies als Druckmittel zur Zusicherung einer Unterstützung benützten.

Der friaulische Adel seinerseits, dem daran lag, die eigenen überkommenen Privilegien zu erhalten, die weitgehend von den Beherrschern garantiert waren, glich sich im allgemeinen dem herrschenden System an und solidarisierte sich entsprechend mit der venezianischen oder österreichischen Politik (und mit der jeweiligen Kultur).

Die lange und aufreibende Politik der Beherrscher zeigte im Laufe des 18. Jh., vor allem im venezianischen Friaul, unbefriedigende Ergebnisse. Unter der glänzenden Patina eines vorgetäuschten Reichtums und eines unsicheren allgemeinen Friedens verbargen sich einerseits der irreversible Untergang der alten sozialen und politischen Strukturen, die unfähig waren, sich zu erneuern, andererseits das Ferment einer erwachenden Kultur, die sich anschickte, in fundamentaler Weise das Bewußtsein zu verändern und das die Voraussetzungen für eine neue andere Welt vorbereitete.

Innerhalb dieses kulturellen Rahmens gelang es der friaulischen Kultur nur mühsam, ihrer eigenen Identität Ausdruck zu verleihen. Während der Wirren des Zeitgeistes von Barock und Rokoko konnten nur wenige unabhängige Geister der gebildeten Schicht stolz darauf sein, „friaulisch" denken, handeln und schreiben zu können (wie z. B. Graf Hermes von Colloredo). Dennoch setzte sich die instinktive Eigenart der Bevölkerung durch, und im Laufe der Jahrhunderte sind überraschende Erweckungen zu verzeichnen.

Der Sturm, der Ende des 18. Jh. in ganz Europa ausbrach und ganz besonders im zwischen Österreich und Frankreich ausgebrochenen Konflikt zu spüren war – die venezianische Republik fand dadurch ihr Ende –, berührte auch Friaul.

Die Region, im Jahre 1797 in die Hände General Bernadottes gefallen, wechselte auf diese Weise mehrere Male von der französischen Herrschaft (1797, 1805–1813) zur österreichischen (1798–1805, 1813–1866) und wurde von Zeit zu Zeit politisch und verwaltungsmäßig nach Kriterien einer skrupellosen internationalen Politik manipuliert, die in keiner Weise dem ethnisch-kulturellen Erscheinungsbild entsprach (wie z. B. die Schaffung des „Departments von Passa-riano", die Eingliederung Goriziens in die „Illyrischen Provinzen", der Anschluß des Gebietes von Portogruaro an die Provinz Venedig im Jahre 1838). Die pa-triotischen Gefühle der einen, das Streben nach Freiheit der anderen, die reak-tionären Erwartungen von dritten sind so auf skrupellose Weise bald gehegt, bald enttäuscht worden. Die Mehrheit der friaulischen Bevölkerung, die zwar mit Wohlwollen die italienische Einigungsbewegung betrachtete, blieb dennoch in-different und argwöhnisch auch gegenüber den Tatsachen des „Risorgimen-tos". Der Friede, der 1866 zwischen Österreich und Italien geschlossen wurde, sanktionierte die Annexion Friauls, das bereits früher an Venedig gefallen war; auch im neuen italienischen Einheitsstaat blieb jedoch das historische Friaul politisch weiterhin in seine zwei Teile gespalten, und die Grenze verlief entlang des Judrio.

6. Die Gegenwart

Von der Mitte des 19. Jh. bis zum Ausbruch des Ersten Weltkriegs (1914) ver-zeichnete Friaul sowohl in dem Italien zugehörigen Teil als auch in dem Teil, der dem österreichisch-ungarischen Reich zugefallen war, einen unbezweifelba-ren sozialen, kulturellen und wirtschaftlichen Fortschritt. Ein beachtlicher Zu-wachs der öffentlichen Einrichtungen (Straßen, Wasserleitungen, Eisenbahnen, elektrische Anlagen), der Landwirtschaft (Rationalisierung des Anbaus, Vergrö-ßerung des Rinderbestands, Trockenlegung und Wiederaufforstung) und in be-scheidenem Maß auch der Industrie (Baumwollfabriken, Webereien, Eisenhütten und Zementfabriken) veränderten die einheimische Wirtschaft ziemlich stark. Das geistige Leben wurde durch grundlegende Arbeiten auf allen Wissensgebie-ten belebt, und die Elementarbildung drang in die untersten Schichten der Be-völkerung ein. Dieser Fortschritt war jedoch nicht in der Lage, einen Auf-schwung der einheimischen Gesamtheit herbeizuführen, die im Verhältnis zu den wirtschaftlichen, kulturellen und politischen Zentren der nationalen Staaten unüberwindbar peripher geblieben ist. Dazu kommt noch die schwere Belastung als Grenzland, gerade in einer Zeit, in der der Nationalismus tiefste Gräben zwi-schen den Völkern zieht. Der aufgezeigte Prozeß war vor allem nicht in der Lage, die verfügbare Arbeitskraft aufzunehmen. Die friaulische Emigration ins Ausland (vor allem nach Mittel- und Osteuropa) nahm ständig zu und führte in unserer Zeit zu bisher nie erreichten Formen und Zahlen. Auf diese Weise erlei-det die Bevölkerung großen materiellen und ideellen Schaden, da sie ihrer vital-sten Kräfte beraubt wird.

Die italienischen Regierungen, die eine verschärfte Einigungspolitik verfolg-ten, blieben gegenüber jedem Versuch einer regionalen Dezentralisierung taub und erwiesen sich als nicht interessiert an einer Aufwertung der lokalen Kultur; sie sahen in Friaul (dessen Namen aufhört, als offizielle Bezeichnung zu erscheinen) nur ein Anhängsel Venezias und eine Grenzzone. Die österreichische Regierung (der ethnischen Individualität Frauls gegenüber respektvoller, jedenfalls formell) sah ihrerseits Gorizien nur als Hinterland des großen Triestiner Handelsplatzes, an welchen seine Mittelmeerpolitik gebunden war.

Die politisch engagierte Schicht des Landes – im übrigen lobenswert durch administrative Ehrlichkeit – verstand es nicht, den friaulischen Problemen mit weitschauender Voraussicht zu begegnen, sie nahm niemals die Dringlichkeit wahr, mit der die historische und kulturelle Einheit Friauls geschützt werden mußte, die so dem Idol des Einheitsstaates zum Opfer fällt. Die bürgerliche Schicht ihrerseits – die bald auf sentimentale Weise nationalistische Träume kultiviert, bald sich für die sozialen Probleme der Zeit im Namen sozialistischer oder katholischer Ideale begeistert – hat nahezu vollkommen auf die Vorzüge eines eigenen Kulturmodells verzichtet, da sie meist den Kontakt zu der soziologischen Volkswirklichkeit verloren hat.

Die bittere Erfahrung des ersten Weltkriegs (mit dem traumatischen Verlauf der Front mitten durch das Zentrum der Region und das Unglück der Invasion), auch wenn er mit der Wiedervereinigung Ostfrauls (1918) endete, die Diktatur des Faschismus, das schreckliche Drama des Zweiten Weltkrieges (bis zur Eingliederung der Region in das Dritte Reich), die harten Kämpfe der Widerstandsbewegung, all dies waren noch einmal harte Prüfungen für Friaul. In der umstrittenen Wiederherstellung der Ordnung in der Nachkriegszeit konnte das historische Friaul nur mit Mühe seine kulturelle und geographische Integrität wahren.

Und doch ging in der Bedrängnis so vieler schmerzhafter Ereignisse und daraus resultierende Risse in der Sozialstruktur und den unglücklichen wirtschaftlichen Folgen im Volk das Bewußtsein der eigenen kulturellen Identität nicht verloren. Das zeigt sich auch bei jeder Gelegenheit sozialer Entspannung, in der sich die urwüchsigen Kräfte des Volkes ausdrücken. Davon geben auch die zahlreichen Bewegungen Zeugnis, die während der Widerstandszeit und in der unmittelbaren Nachkriegszeit entstanden sind und deren Tendenz autonomischer Natur ist, sei es in politischer oder in kultureller Hinsicht. Im Klima der gegenwärtigen demokratischen Freiheiten hatte das friaulische Volk sogar Gelegenheit, in seiner historischen Existenz kritisch zu reifen – in einem Maße, wie es vielleicht in der Vergangenheit niemals möglich war.

Die Verfassung der autonomen Region Friuli – Venezia Giulia im Rahmen der Italienischen Republik, auch wenn sie wieder aus ambivalenten Gründen innenpolitischer und internationaler Natur entstand (was sich in der Verbindung der Namen Friuli mit Venezia Giulia zeigt), bedeutet dennoch eine wichtige Anerkennung der kulturellen Individualität Frauls und schuf damit eine neue Möglichkeit, seinen spezifischen Part im Konzert der europäischen Völker ganz bewußt wieder aufzunehmen.

Beziehungen zwischen Friaul und dem Südostalpenraum während der Antike

Gernot Piccottini

Bereits die natürliche und verkehrsgeographische Situation des Südostalpen-raumes bedingte während des Ablaufes der einzelnen Kulturepochen der Antike Wechselbeziehungen zwischen den beiden Landstrichen, die allerdings nicht immer von gleicher Intensität beziehungsweise von gleichartiger Ausstrahlung füreinander gewesen waren. Während der verschiedenen Kulturstufen der Urge-schichte bestanden so beispielsweise wohl nur geringe Einflußmöglichkeiten vom Süden her, da die gebirgige Umschlossenheit der südostalpinen Land-schaft entsprechend den damaligen Lebensbedingungen nur wenige kulturelle Beziehungen aufkeimen ließ. Der einzige vermittelnde Weg, der den Norden dem Süden näher brachte, bestand in den sich nach dem oberitalischen Raum öffnenden Bergübergängen. Auf diesen vor allem im Sinne des „schrägen Durchganges" schon prähistorischen Straßentrassen konnte einfacher Handel und damit verbunden auch geringer kultureller Einfluß aus dem Süden in das Gebiet nördlich der Alpen dringen. Diese Umstände werden nachgewiesen durch die stetige im inneralpinen Raum bei allen prähistorischen Kulturstufen erkennbare Retention, welche vielfach, vor allem kennzeichnend für die Jung-steinzeit, zu einer im Südostalpenraum streng umgrenzten und eigenständigen Entwicklung im Bereiche der verschiedenen Werkzeuge und Gefäße geführt hat-te, die nur durch wenige deutlich als südlicher Import erkennbare Gegenstände solcher Gattungen unterbrochen wird.

Reger zeichnen sich südliche oberitalische Einflußkomponenten während der metallzeitlichen Kulturen ab, wenn, um zwei Beispiele zu nennen, die figurale Bleiplastik des hallstattzeitlichen Gräberfeldes von Frög in Kärnten und manche Bronzesitula aus den gleichzeitigen Gräberfeldern in der Steiermark sehr eng an Vorbilder der venetischen Kultur in Oberitalien erinnern. Aus diesem Bereiche erhielt wenige Jahrhunderte später die bodenständige inneralpine Bevölkerung auch die Anstöße zur Entwicklung einer eigenen Schrift, die in ihrer ältesten Form noch dem Venetischen Alphabet gleicht und noch auf mehreren Felsrip-pen unweit des antiken Alpenüberganges der Plöcken bzw. auf bronzenen Ver-kleidungsblechen für Weihegeschenke in der kontinuitätsmäßig reichen Berg-bausiedlung auf der Gurina angetroffen werden können. Aus diesem, vom Alt-etruskischen hergeführten Venetischen Alphabet leiteten später die inneralpinen Keltenstämme des Latène ihre eigene Schrift ab, wie es eine Reihe von Beispie-len, die bei den Ausgrabungen auf dem Magdalensberg zutage kamen, ein-drucksvoll nachweisen.

Es versteht sich, daß mit dem Aufkommen der Bergbauindustrie (die vorwiegend dem Norischen Eisen und anderen Metallen galt – erstere wohl schon in der ausgehenden Hallstattkultur und mit kraftvoller Intensivierung während des anschließenden Latène) die gegenseitige, vornehmlich wirtschaftliche Beziehung zwischen dem Alpenraum und Oberitalien einen ungemein stärkeren Aufschwung genommen hatte, in dessen Begleitung sich naturgemäß eine ebensolche Verstärkung der kulturellen Einflüsse vom Süden nach dem Norden anbahnte. Daß diese Kulturtrift in überwiegendem Maße den Weg vom Süden in den Alpenraum genommen hatte, ist durchaus verständlich, hatte ja die kulturelle, wirtschaftliche und militärische Macht des Südens, Rom, seinen Einflußbereich bereits weit in den oberitalischen Raum vorangetrieben. Die letzten zwei Jahrhunderte vor der Zeitenwende waren überhaupt gekennzeichnet von sehr engen wirtschaftlichen Beziehungen zwischen den Bevölkerungen beider Landstriche, in deren Sog naturgemäß eine stets stärker werdende Romanisierung des südlichen Südostalpenraumes geriet. Dem anfänglich bescheidenen Vorgehen war ein breites und freies Feld geöffnet worden, nachdem Rom im zweiten Jahrhundert v. Chr. mit der Gründung der Stadt Aquileia ein nicht nur strategisch bedeutsames, sondern vor allem auch wirtschaftspolitisches und kulturelles Ausstrahlungszentrum für den Ostalpenraum geschaffen und in der Folgezeit Zug um Zug die Grenzen seines Herrschaftsbereiches bis an den Südfuß der Alpen vorangeschoben hatte. Nun war es Rom auch möglich geworden, mit dem inneralpinen „Regnum Noricum" ein Freundschaftsbündnis abzuschließen, das unter anderem auch das Niederlassungsrecht römischer Händler im Alpengebiet garantierte. Bestechendster Beweis für die aus diesen Voraussetzungen resultierenden Maßnahmen ist die Siedlung auf dem Magdalensberg, die, ursprünglich Vorort der heimischen Noriker, nunmehr auch Zentrum des Italienhandels für inneralpine Bergbauprodukte wurde und bereits im frühen ersten Jahrhundert v. Chr. römischen Händlern aus Oberitalien Unterkunft und Niederlassungsrecht bot. Damit war im inneralpinen Bereich der wirtschaftspolitische und kulturelle Gegenpol zum römischen Wirtschaftszentrum und Adriahafen Aquileia gegeben, aus welchem sich in der unmittelbaren Folgezeit, bis etwa in die Mitte des ersten Jahrhunderts n. Chr., nicht nur das wirtschaftliche, sondern vor allem auch kulturelle Zentrum der Romanisierung des Ostalpenraumes entwickeln sollte. Beredtes Zeugnis dafür sind die verschiedensten in dieser Stadt gefundenen Erzeugnisse italischen Kunsthandwerkes und italischer Kunst im allgemeinen, die nicht nur hierher importiert worden sind, sondern auch als Hinterlassenschaft italischer Kunsthandwerker und Künstler betrachtet werden können. Zweifelsohne wirkte die Stadt auf dem Magdalensberg in diesem Sinne auch als kultureller Ausstrahlungspunkt auf ihr unmittelbares Hinterland, aber auch auf den gesamten Südostalpenraum.

Als 15 v. Chr. das Regnum Noricum von Rom okkupiert wurde, waren dieses Gebiet und seine Bevölkerung bereits so stark von der Romanität durchdrungen, daß die Besetzung eine friedliche sein konnte und die folgenden sechzig Jahre der Besatzung eine nur etwas stärker fühlbare Angleichung der Kultur des Alpengebietes an jene Italiens – vor allem auch auf dem Gebiete neuer Kulte und neuer Verwaltungsmethoden – bewirken konnte. Jetzt zeigte sich das große Verdienst der römischen Händler der Frühzeit, welche im Zuge der wirtschaftlichen Tätigkeit auch Mittler römischer Kultur geworden waren und durch die stets fortschreitende Romanisierung des Alpenraumes die oben erwähnte, nun auf friedliche Weise möglich gewordene Besetzung, wohl nicht ganz unbewußt, vorbereitet hatten; sie schufen damit ohne Zweifel die wichtigen und notwendigen Voraussetzungen dafür, daß nach Ablauf des Okkupationsstatutes und der Eingliederung des Ostalpenraumes als Provinz Noricum in das Römische Imperium um 45 n. Chr. sich hier römische Kultur voll entfalten konnte, die, wenn auch unter Einbeziehung mancher althergebrachter bodenständiger Kulturformen, in ihren sichtbaren Werten dem oberitalischen römischen Kulturraum nahezu glich. Mit der Provinzialisierung ging die im Süden übliche Form der Urbanisierung einher, womit zweifelsohne auch eine verstärkte Zuwanderung römischer Bevölkerungselemente aus dem oberitalischen Raum verbunden war. Italische Verwaltung griff ebenso Platz im Alpengebiet wie italische Bauweise und Wohnkultur innerhalb der neuen Städte und im ländlichen Bereiche.

Auf dem Gebiet der bildenden Kunst entwickelten sich – die heimischen Marmorvorkommen legten dies nahe – Bildhauerschulen, welche, ursprünglich von italischen Meistern geleitet, die Ergebnisse ihrer Kunst in die gesamte Provinz, ja bis in das Donaugebiet lieferten; besonders augenfällig äußert sich dies in einer Reihe guter Skulpturen, vor allem aber auf dem Gebiet der Sepulkralkunst, die einen deutlichen Einfluß aus Oberitalien zeigt und durchaus mit ähnlichen Beispielen aus diesem Raume vergleichbar ist. Nicht umsonst zählt gerade der südliche Südostalpenraum, der dem italischen Einfluß somit am nächsten lag, die hervorragendsten römerzeitlichen Skulpturen und Reliefe innerhalb der Austria Romana. Sie alle zählen meist Beispiele der hohen Klassik zu ihren Vorbildern, zeigen dann aber die interessante und mitunter reizvolle, leicht den Zug des Primitiven annehmende Umwandlung zum provinziellen Kunstwerk, ohne deshalb allerdings in den Ruf des Stümperhaften zu gelangen. Gemeinsam mit all diesen neuen Umwälzungen, welche zur römischen Zivilisation und zur Eingliederung des Alpenraumes in den römischen Kulturkreis führten, drang die neue Sprache in Wort und Schrift nicht nur in die Kreise der Gebildeten und städtischen Bewohner, sondern sie durchdrang auch, wie es die zahlreichen Inschriften lehren, die weiten Landbezirke, wenn auch die Sprache des Altvolkes der bodenständigen Bevölkerung erhalten geblieben war. Der Ausbau der alten, oft schon prähistorischen Verkehrswege zu damals modernen Kunststraßen verkürzte in vielem die Entfernungen zwischen dem Voralpenraum und dem Alpenland, schloß so das letztere enger an das Reich an und ließ es damit vermehrt an seinen politischen, kulturellen und wirtschaftlichen Belangen teilhaben.

Damit waren die südlichen Alpenländer mit Oberitalien, dem heutigen Friaul, in eine lange während Periode gemeinsamer Geschichte, gemeinsamer kultureller Entwicklung und – wenn man bedenkt, daß auch südlich der Alpen das keltische Ethnikum vornehmlich vertreten war – auch gewissermaßen völkischer Gemeinsamkeit eingetreten. Seit dieser Zeit hat das so umschriebene Gebiet nördlich der Alpen, und hier in erster Linie Kärnten, die Ereignisse der folgenden Jahrhunderte im italischen Mutterland auf dem Gebiete der Politik, Wirtschaft und Kultur miterlebt, über die unruhigen Zeiten der Spätantike und das Ende des Weströmischen Reiches hinaus, bis an die Schwelle des Frühmittelalters, als zu Ende des 6. Jahrhunderts slawische Stämme, aus dem Südosten kommend, eine Schranke zwischen den beiden geographischen Bereichen aufrichteten.

Während der Spätantike bildeten auch auf Grund der strategischen Situation die Ostalpenländer oft die letzte Aufmarschbasis für den Einfall mancher Fremdvölker nach Oberitalien, die somit der Bevölkerung beider Bereiche ein verwandtes Schicksal bereiteten. In dieser Epoche langsam abklingender kultureller Blüte sollte jedoch Oberitalien nochmals zum Ausstrahlungspunkt einer diesmal religiösen neuen Geistesrichtung werden, die das Ostalpengebiet von dort her erreichte und in ihren Äußerungen den Geist der Bevölkerung und die Kunst dieser Zeit beeinflußte, ja teilweise bestimmte. Das frühe Christentum, in Italien schon lange vor den Mailänder Vereinbarungen des Jahres 313 weit verbreitet, ist im Alpenraum erst um die Mitte des 4. Jh. nachweisbar und gelangte, wie alle geistigen und kulturellen Strömungen der Zeit davor, auch über Aquileia zur alpinen Bevölkerung, deren Siedlungsbereich nach südlichem Vorbild in mehrere Diözesen eingeteilt und mit den entsprechenden Bischöfen hinsichtlich der kirchlichen Verwaltung dem Aquileienser Metropoliten unterstellt wurde. Der italische Einfluß erstreckte sich jedoch nicht nur auf die neue Glaubensbotschaft, sondern lieferte in einem auch die Vorbilder für die zahlreichen nunmehr innerhalb der Diözesen entstehenden frühchristlichen Kirchenbauten, deren Zahl im südlichen Alpengebiet gegenüber dem übrigen Ostalpenraum bei weitem überwiegt. Die Architektur dieser Bauten und ihre künstlerische Ausgestaltung lassen sich meist nur am Rande mit den großen Kirchen Oberitaliens vergleichen, doch liegen ihre Vorbilder zweifellos im Süden. Daß eine ähnliche Entfaltung in künstlerischer Hinsicht wie in Oberitalien in dieser Zeit im Alpenraum nicht mehr möglich wurde, liegt in der grundlegenden Veränderung der Lebensbedingungen der alpinen Bevölkerung begründet. Wegen des wirtschaftlichen und verwaltungsmäßigen Niederganges, hervorgerufen durch die allgemeine Unsicherheit und die immer wiederkehrenden Feindeinfälle, hatten die Bewohner der Städte und des freien Landes ihre Wohnsitze aufgegeben und Zuflucht in Kastellen gesucht, welche in der Nähe der alten Siedlungszentren auf vorwiegend natürlich geschützten Anhöhen in aller Eile notdürftig errichtet worden waren.

28

Nach dem Ende des weströmischen Reiches und der Errichtung der ersten germanischen Nachfolgereiche in Italien blieb, wie schon erwähnt, der Südalpenraum mit Italien noch verwaltungsmäßig verbunden und bildete so eine nördliche Randprovinz des ostgotischen Reiches Theoderichs und wurde demgemäß auch in die Kämpfe, welche Byzanz in der ersten Hälfte des 6. Jahrhunderts zur Niederwerfung des Ostgotenreiches anstrengte, miteinbezogen. Wie Oberitalien waren auch die Gebiete nördlich der Alpen nach der Niederringung der Ostgoten 553 unter byzantinische Verwaltung geraten und blieben es, bis wenig später im Jahre 568 die Langobarden von Oberitalien Besitz ergriffen. Verwaltungsmäßig ist mit diesem Datum eine erste Zäsur zwischen den beiden Landstrichen festgehalten, da sich das Langobardenreich nur bis an den Südfuß der Alpen erstreckte und die Südostalpenländer nicht mehr einbezogen hatte. Zwar standen diese Gebiete kirchlich noch weiterhin unter dem Patriarchen von Aquileia, waren in ihrer zivilen Verwaltung aber vom italischen Mutterland ausgeklammert und politisch sich selbst überlassen. Bescheidene wirtschaftliche Beziehungen werden bestanden haben, doch zeichnet sich in dieser Epoche bereits der unaufhaltbare Niedergang der römischen Kultur und der antiken Tradition im Ostalpenraum deutlich ab. Die zu Ende des 6. Jh. von den Awaren die Save und die Drau aufwärts in den Südostalpenraum hereingedrängten Slawen setzten schließlich den Endpunkt für die antike römische Tradition im Südostalpenraum und darüber hinaus auch für das über 500 Jahre lang während Erleben gemeinsamer Geschichte Oberitaliens und des Südostalpenraumes.

Eine bescheidene Renaissance des kulturellen Einflusses aus dem Süden bedeutete erst wieder die um die Mitte des 8. Jh. einsetzende zweite Christianisierung, welche für die Südalpen wieder von Aquileia her ihren Ausgang nahm. Sicher waren es Kunsthandwerker aus Oberitalien, welche die frühen Kirchen des Nordens mit zahlreichen, in Flechtwerktechnik verzierten Reliefsteinen schmückten, die im italischen Kirchenbau der Langobardenzeit als neue künstlerische Entwicklung die schönsten Zeugnisse hinterlassen hatten. Es ist daher nicht verwunderlich, daß gerade im südlichsten Alpenraum die meisten und künstlerisch hochwertigsten Beispiele dieser Kunstrichtung nördlich der Alpen erhalten geblieben sind und die als Wahrzeichen der Kunst des frühen Mittelalters auf uns gekommen sind. Mit dem Eintritt der Alpenländer und Oberitaliens in das karolingische Reich ist trotz teilweise veränderter ethnischer Verhältnisse die Verbindung dieser beiden Landstriche erneuert worden und vermochte im Laufe der weiteren historischen Entwicklung dieses Gesamtraumes ähnliche Beziehungen zu entfalten, wie sie vor rund 800 Jahren, wenn auch mit zeitweiser Unterbrechung, ihren Anfang genommen hatten.

Camporosso als „römische statio" zwischen Venetien und Noricum

Marisa Rigoni

Im nordöstlichen Friaul, wenige Kilometer von der österreichischen Grenze entfernt, liegt Camporosso. Ein reizendes Dorf, das genau dort liegt, wo das Kanaltal – jenseits der Wasserscheide – in ein weites ebenes Becken ausläuft. Urbanistisch gesehen, wird das jetzige Dorf dadurch bestimmt, daß der Grund für sein Vorhandensein eng mit der Straße verbunden ist, an der entlang sich der Ort erstreckt. Der Grund für das Entstehen einer römischen Niederlassung an derselben Straße und an derselben Stelle dürfte kein anderer gewesen sein. Die Straße führte von Aquileia ins Noricum bzw. nach *Virunum,* dem damaligen Verwaltungszentrum der Provinz, und weiter nach *Lauriacum* an der Donau[1]).

Daß es sich um die Zoll-Station handelte, die bereits auf norischem Gebiet der Zollstation der *X regio* gegenübergestellt wurde – welche in einer Inschrift als *statio Plorucensis* (Resiutta)[2]) bezeichnet wird –, scheint nunmehr eine Tatsache zu sein, die von den meisten Historikern[3]) akzeptiert wird; wenngleich der Verlauf der Grenze zwischen der *X regio* und Noricum unsicher bleibt. Lange umstritten war jedoch die Identifizierung der alten Station. Dieses Problem ist eng verbunden mit der Lokalisierung des vom *Itinerarium Antonini* (Itin. Ant.)[4]) angegebenen Verlaufes der Reiseroute mit der Route dem Fellabach entlang und folglich durch das Kanaltal. Ich will mich hier nicht mit dieser letzteren Frage auseinandersetzen; es genügt zu wissen, daß die Gelehrten, die den Weg dem Fellabach entlang für die vom *Itin. Ant.* angegebene Route halten, nahezu einstimmig die Identifikation von Camporosso mit *Larice*[5]) entweder vorgeschlagen oder akzeptiert haben, und zwar die *mansio* (Herberge), die im *Itin. Ant.* XXIIII Meilen weit entfernt von *Santicum* angegeben wird, das in der Gegend von Villach an der Drau[6]) liegt. Aber kein einziges Argument, weder geschichtlicher

---

[1]) Vgl. dazu H. *Deringer,* in: „Carinthia I", CXXXIX, 1949, S. 193 ff.; CXL, 1950, S. 171 ff.; L. *Bosio,* Itinerari e strade della Venetia romana, Padova 1970, S. 147 ff.
[2]) A. *Dobò,* Publicum Portorium Illyrici, in: „Dissertationes Pannonicae", II, 16, 1940, S. 162; S. J. *de Laet,* Portorium, Brugge 1949, S. 186; F. *Vittinghoff,* s. v. Portorium, in: RE, XXII, 1, 1953, Sp. 363.
[3]) CIL, III, S. 589; R. *Egger,* Frühchristliche Kirchenbauten im südlichen Norikum, Sonderschr. des Österr. Archäol. Instit. in Wien, IX, Wien 1916, S. 95; E. *Polaschek,* s. v. Noricum, in: RE, XVII, 1, 1936, Sp. 1046; *Dobò,* a. a. O., S. 164; *Deringer,* a. a. O., 1949, S. 204; *Vittinghoff,* a. a. O., Sp. 363; H. *Vetters,* s. v. Virunum, in RE, IX, A 1, 1961, Sp. 304; G. *Winkler,* Die Reichsbeamten von Noricum und ihr Personal, Wien 1969, S. 152; G. *Alföldy,* Noricum, London and Boston 1974, S. 255.
[4]) O. *Cuntz,* Itineraria Romana, Lipsiae 1929, S. 41, 276.
[5]) Man sehe unter anderen: CIL, III, S. 589; V, S. 169; *Egger,* a. a. O., S. 94, W. *Kroll,* s. v. Larix, in: RE, XII, 1924, Sp. 875; *Dobò,* a. a. O., S. 164; *de Laet,* a. a. O., S. 187; *Deringer,* a. a. O., 1949, S. 207; 1950, S. 175, 176; *Vittinghoff,* a. a. O., Sp. 363 (mit Fragezeichen); *Vetters,* a. a. O., Sp. 266, 304.
[6]) *Deringer,* a. a. O. 1950, S. 185 f.

noch archäologischer oder toponomastischer Art gibt einen Anhaltspunkt für die Lokalisierung von *Larice* in Camporosso. Die Begründung, die allgemein angenommen wird, daß man nämlich bei etwa XXIIII Meilen Entfernung von *Santicum*-Villach – in Richtung Aquileia – nach Camporosso kommt, scheint mir wenig überzeugend. Deshalb dürfte diese Identifikation eher eine Hypothese sein, die erst im Laufe der Zeit als Faktum akzeptiert wurde.

In allerjüngster Zeit gibt es einen neuen Vorschlag von Bosio, der den vom *Itin. Ant.* angegebenen Verlauf anders rekonstruiert[7]). Er hat *Larice* nach Campolaro verlegt, einem heutzutage dem Dorf Chiusaforte angegliederten Weiler, und hat den Verlauf der Route – die im *Itin. Ant.* angegeben ist – durch die Zollstation von Camporosso ergänzt, dessen antiken Namen er aber nicht kennt. Der Verlauf des *Itin. Ant.* weist bekanntlich einen Fehler auf, da ca. XXVIII Meilen fehlen, was nur so erklärbar ist, daß der Verfasser eine *mansio* und die entsprechenden Angaben der Entfernung ausgelassen hat.

Von dieser Arbeitshypothese ausgehend, habe ich unter dem archäologischen Material aus Camporosso den 1910 gefundenen Sarkophag eines Mädchens untersucht[8]). Er weist eine von Egger entzifferte und 1916[9]) von ihm selbst veröffentlichte Widmungs-Inschrift der Eltern auf. Die Inschrift erinnert an einen *Ermianus, scrutator stationis Bilachiniensis* (Zollbeamten), der also beauftragt war, die Waren zu kontrollieren, die den Zollposten *Bilachinium* passierten.

Nun gilt die Existenz eines Zollpostens in Camporosso als Tatsache, die seit langem – wie schon gesagt – von den Historikern akzeptiert wird. So scheint auch logisch zu sein, daß an diesem Ort ein Sarkophag vorhanden ist, den der *scrutator* dieser Zollstation errichten ließ, da er seine Tochter dort begrub, wo er seinen Dienst versah. Wenn man dies annimmt, dann hat das unmittelbar zur Folge – wie ich anderswo[10]) schon schrieb –, daß Camporosso mit der *statio Bilachiniensis* zu identifizieren ist, die in der Widmung des *Ermianus* erwähnt wird. Angesichts dieser Rekonstruktion scheint mir, daß alle Versuche, die *statio Bilachiniensis*[11]) anderswo zu lokalisieren – und zwar indem man das Vorhandensein des Sarkophags des *Ermianus* in Camporosso auf verschiedene Weisen zu rechtfertigen suchte –, einzig und allein auf der Voraussetzung gründeten, daß Camporosso *Larice* wäre. Zur Bekräftigung dieser meiner These möchte ich daran erinnern, daß auch Alföldy in einer vor kurzem erschienenen Publikation eine Lokalisation der *statio Bilachiniensis auf dem Gebiet der alten Ansiedlung, die er allerdings noch mit Larice*[12]) identifiziert, behauptet.

---

[7]) *Bosio*, a. a. O., S. 154 ff.

[8]) M. *Rigoni*, in: „Aquileia Nostra", XLIII, 1972, Sp. 21–40.

[9]) *Egger*, a. a. O., S. 95–96; vgl. *Alföldy*, a. a. O., S. 255.

[10]) *Rigoni*, a. a. O., Sp. 31–32.

[11]) *Egger*, a. a. O., S. 94–97; *Polaschek*, a. a. O., Sp. 1015 und 1046; *de Laet*, a. a. O., S. 186, Anm. 3; *Deringer*, a. a. O., 1950, S. 184; *Vittinghoff*, a. a. O., Sp. 363; *Vetters*, a. a. O., Sp. 265, 267, 304–305; G. *Winkler*, s. v. Bilachiniensis statio, in: RE, Suppl. XI, 1968, Sp. 355 und in: Die Reichsbeamten von Noricum, a. a. O., S. 154–155.

[12]) *Alföldy*, a. a. O., S. 255.

Wenn die Inschrift des *Ermianus* uns den Namen dieser *statio* genau angibt, dann ist uns ihre mit Straße und Zoll zusammenhängende Bedeutung durch zahlreiche römische Fundstücke weitgehend belegt, welche bei Feldarbeiten oder beim Wiederaufbau alter Häuser zufälligerweise zu Tage kamen. Die ersten Aufzeichnungen dieser Funde stammen aus dem 16. Jh.[13]). Es handelt sich um drei Grabaltäre aus Marmor[14] (zwei davon werden gegenwärtig in Tarvis aufbewahrt) und um eine fragmentarische Inschrift[15]), die heute in der Pfarrkirche von Camporosso aufbewahrt wird. Besonders einer der beiden Altäre[16]), datierbar um das 2. Jh. n. Chr., verdient besonderes Interesse. Es weist oben – außer der auf der Vorderseite befindlichen Inschrift von *Mutilius Chrestus* – das Relief einer kleinen Büste auf, die in einer unregelmäßigen Nische angebracht ist. Die Seitenflächen sind mit zwei Reliefs geschmückt: rechts eine Tänzerin mit Klappern, links eine Figur, die sehr verschieden interpretiert wird (Satyr, junger Mann mit Speer, Mädchen mit Speer und Schild). Beide Reliefs können immerhin mit den dem Figuren-Repertoir hellenistischer Tradition angehörenden ikonographischen Schemata in Verbindung gebracht werden.

Im vorigen Jahrhundert kamen zahlreiche Funde zu Tage. Wahrscheinlich geschah es infolge des Neubaus zahlreicher Häuser, besonders im *Vila* genannten westlichen Bereich des Dorfes: unter anderem ein beschrifteter Meilenstein aus der Zeit des Septimius Severus und des Caracalla[17]), der Marmorkopf eines jungen Mannes mit phrygischer Mütze[18]) – vermutlich eine Figur von Attis, die zu irgendeinem Grabstein gehört –, ein goldener Ring mit einem Onyx, handwerkliche Gegenstände[19]), viele Münzen von Augustus bis Grazianus[20]), sowie zahlreiche Inschriften, die Mommsen veröffentlicht hat[21]). Dieses gesamte Material ist beinahe zur Gänze verloren gegangen. Besonders die beschrifteten Steine wurden zum Teil beim Wiederaufbau der Häuser wieder verwendet, zum Teil gingen sie auch in der letzten Kriegszeit verloren. Vier Stücke wurden vom Kärntner Geschichts-Verein in Klagenfurt erworben, sind jedoch in der Folgezeit verschwunden. Unter ihnen war ein Stück, das die Anwesenheit eines *contrascriptor*[22]) in Camporosso bestätigte.

---

[13]) G. *Valvasone di Maniago,* Descrittione della Cargna (verf. 1565, ed. 1893), Udine, S. 21–22.
[14]) CIL, III, 4712, vgl. 11470; 4713, vgl. 11471; 4714, vgl. 11472; *Alföldy,* a. a. O., S. 255.
[15]) CIL, III, 4715, vgl. 11473.
[16]) Vgl. H. *Megiser,* Annales Carinthiae, Leipzig 1612, S. 140; M. F. *Jabornegg-Altenfels,* Kärnten's römische Altertümer, Klagenfurt 1870, S. 168, Nr. 426; A. *Schober,* Die römischen Grabsteine von Noricum und Pannonien, Sonderschr. des Österr. Archäol. Instit. in Wien, S, Wien 1923, S. 138, Nr. 308.
[17]) CIL, III, 5703, vgl. S. 2328[200].
[18]) R. *Egger,* Führer durch die Antikensammlung des Landesmuseums in Klagenfurt, Wien 1921, S. 71, Nr. 104.
[19]) Dieses und sonstiges Material, jetzt verschollen, wird in: Österreichische Kunsttopographie. Bd. I: Kunsttopographie des Herzogtums Kärnten, Wien 1889, S. 302–303, erwähnt.
[20]) F. *Pichler,* in: „Carinthia", LXXIII, 1883, S. 159–160; Kunsttopogr., a. a. O., S. 302–303.
[21]) CIL, III, 4716; 4717; vgl. S. 1809; 11474; 11475; 11476; 11477; 11478; 11478 a. Es sind auch zwei Fragmente von Vasen mit Stempel gefunden worden (CIL, III, 6010, 281 und 282).
[22]) CIL, III, 4716; *Alföldy,* a. a. O., S. 255.

Die aufsehenerregendsten Funde wurden jedoch in unserem Jahrhundert gemacht. Es sind zugleich auch die aufschlußreichsten für den Versuch einer Rekonstruktion der historisch-kulturellen *facies* der antiken *statio.*

Im Jahre 1905 fand man zufällig einen großen Marmor-Altar, *Avilia Leda* gewidmet, der chronologisch der Mitte des 2. Jh. n. Chr. zuzuordnen ist. Vor dem Jahre 1909 wurde er durch ein freistehendes Rundmedaillon ergänzt[23]). In diesem selben Bereich – es ist der heutige Ortskern – wurde dann etwas später der Sarkophag des *Ermianus* gefunden, und im Jahre 1972, im Verlauf einer zufälligen Grabung, fand man einen neuen Grab-Altar, von dem ich hier eine erste zusammenfassende Angabe vorwegnehme. Der Altar hat auf der vorderen Seite eine Widmungs-Inschrift für *Iulia Calliopena,* während die Seitenansichten mit zwei üblichen Reliefs geschmückt sind: rechts ein Diener, der ein *volumen* (Buchrolle) entrollt, und links eine weibliche Figur mit Spiegel und Krug.

Aus der topographischen Betrachtung der Fundstellen des Sarkophags und der beiden Altäre von *Avilia Leda* und *Iulia Calliopena* ergibt sich eine interessante Tatsache: die Fundorte liegen tatsächlich längs der heutigen Straße: der Sarkophag auf der linken Seite (von Udine kommend), die Altäre in einem beinahe gegenüberliegenden Bereich, auf der rechten Seite. Aus diesem Grunde scheint es mir möglich, die Hypothese aufzustellen, daß die moderne Straße in diesem Streckenabschnitt sich fast genau auf derselben Trasse befindet wie die Römerstraße.

In den letzten Jahren wurden neue Funde von beachtlichem Interesse gemacht: eine leider verstümmelte Skulptur, die vermutlich einen kleinen Eros darstellt; der Sockel eines kleinen Monuments aus Marmor; zwei fragmentarische, verzierte Votiv-Altärchen mit Inschriften; einige Münzen, datierbar vom 1. bis zum 4. Jh. n. Chr. Alle diese Stücke, zusammen mit dem Altar der *Iulia Calliopena,* werden im Rahmen einer nächsten Veröffentlichung untersucht.

Eine Gesamtbetrachtung des zu Tage gekommenen Materials – chronologisch aus der Zeit zwischen dem 1. und 4. Jh. n. Chr. mit einer besonderen Konzentration im 2. Jh. – sowie die Überlegung, daß all dies, was bisher ausgegraben wurde, das Ergebnis zufälliger Funde ist, die eine systematische Ausgrabung um neue wertvolle Elemente bereichern könnte, erlauben uns die Annahme, daß wir es hier nicht mit einer einfachen *mansio* zu tun haben, wo die Reisenden absteigen und für sich und ihre Tiere Unterkunft und Verpflegung finden konnten. *Statio Bilachiniensis* – wenn man der Identifizierung zustimmt – war vielmehr ein reger Zollposten, der in einem in militärischer und kommerzieller Hin-

---

[23]) A. *Jaksch,* in: „MZK", III, 1906, Sp. 59–61, ff. 24–25. Das Photo dieses Denkmals erschien im „Jahrbuch für Altertumskunde", III, 1909, Taf. IX, aber ohne den dazugehörenden Artikel. Nach *Schober* (a. a. O., S. 137 und 144, Abb. 159) ist die Zugehörigkeit des Medaillons zum Altar unzweifelhaft. Das Photo des Denkmals, mit manchem kurzen Hinweis, erscheint auch in W. *Schmid,* in: „XV Ber RGK", 1923–24, S. 232, Abb. 26; W. *Modrijan*–E. *Weber,* Die Römersteinsammlung im Eggenberger Schloßpark, Graz 1965, S. 74, Nr. 159; H. *Dolenz,* in: „Neues aus Alt-Villach", VIII, 1971, S. 17, 21, 29, Taf. XVII, 1.

sicht äußerst wichtigen Gebiet entstanden war und zwangsläufig zu einem für zwei verschiedene historische Welten bedeutenden Konvergierungspunkt geworden war, der bereits in Noricum lag. Und gerade diese zusammengesetzte kulturelle *facies,* die aus der Tatsache wechselseitiger Einflüsse und aus dem Austausch von Waren und Kulturgütern zu erklären ist, scheint das bisher gefundene Material zu kennzeichnen: der große Altar der *Avilia Leda* ist dafür das aufschlußreichste Zeugnis. Er besteht aus einer hohen profilierten Basis, einem Mittelstück und einem Gesims, das – wie ich bereits sagte – auf einer kleinen trapezförmigen Basis ein freistehendes Rundmedaillon trägt. Das Rundmedaillon zeigt auf den Seitenflächen ein Schuppenornament und auf der vorderen Randleiste einen Lorbeerkranz: oben auf das Rund sind zwei Giebelschrägen gesetzt. In der Nische des Medaillons sind die Brustbilder eines Mannes und einer Frau dargestellt, deren Gesichter leider verloren gegangen sind. Eine männliche und eine weibliche Figur schmücken die Seiten des Mittelstücks. Auf der Vorderseite ist die Widmungs-Inschrift *Avilia Leda* eingelassen.

Ein freistehendes ikonisches Rundmedaillon ist in Italien fast unbekannt (nur Altino[24]) bildet eine Ausnahme: es stellt jedoch ein besonderes Problem dar, sei es für die Typologie, sei es für die chronologische Einordnung aller aus der julisch-claudischen Epoche stammenden Stücke). Das Vorkommen dieses Rundmedaillons in Camporosso verweist zweifellos auf das kulturelle Milieu Noricums sowie des Donauraums im allgemeinen, wo dieser einzigartige Denkmalstyp vom Ende des 1. Jh. n. Chr. an weite Verbreitung fand[25]). Unser Fundstück aus Camporosso weist genau die Struktur des norischen Medaillons auf und stimmt bis in feinste Einzelheiten der Dekoration mit diesem überein. Im Rahmen des bisherigen Standes der Funde zeigt es auch die Grenze der Verbreitung nach Westen auf, da dieser Typ unmittelbar südwestlich der Wasserscheide nicht mehr vorkommt.

Auf das norische Milieu weist auch die männliche Figur hin, welche die rechte Seite des Altars schmückt. Es handelt sich um einen als ganze Figur abgebildeten Jüngling, der auf einem kleinen trapezförmigen Sockel steht. Er trägt eine Tunika mit Ärmeln und die *paenula* (Mantel), er hält in der linken, zur Brust geführten Hand ein eingerolltes *volumen;* die rechte Hand, nach außen gestreckt, hält auch einen Gegenstand, es scheint ebenfalls ein *volumen* zu sein. Die Typologie des jungen Mannes im Dienergewand mit einigen Attributen (Buchrolle, Schreibtafel, Griffel), die auf eine geistige Tätigkeit schließen lassen, ist als De-

[24]) G. *Sena Chiesa,* in: „Mem Ist Ven SS LL AA", XXXIII, 1960, S. 36–45 und 61–65.
[25]) *Schober,* a. a. O., S. 144–154; 180–182; 209–212; G. *Florescu,* in: „Eph DR", IV, 1930, S. 123–128, 136–137, 143; S. *Ferri,* Arte romana sul Danubio, Milano 1933, S. 111–113, 327–330; D. P. *Dimitrov,* in: „Annuaire de l'Université de Sofia", XLII, 1945–46, S. 1–58; *ders.,* I medaglioni funerari isolati nella valle del medio Struma e nella Macedonia Settentrionale, Roma 1947; *Florescu,* in: Hommages a W. Deonna, Bruxelles 1957, S. 220–225; G. *Piccottini,* Die Rundmedaillons und Nischenporträts des Stadtgebietes von Virunum, CSIR, II, 2, Wien 1972; *ders.,* in: „Antichità Altoadriatiche", IX, 1976, S. 148.

koration von Inschriften oder Grab-Altären in Noricum[26]) wohl bekannt, scheint jedoch im aquileischen Raum und in der Poebene so gut wie unbekannt zu sein. Es handelt sich um den Typ des *librarius* (Schreiber), den Diez[27]) als eine Art Sekretär des Hausherrn interpretierte. Bei den norischen Denkmälern steht dem *librarius* in der Regel eine weibliche Figur gegenüber, meist mit dem typischen norischen Gewand bekleidet und Gegenstände wie einen Spiegel, ein Kästchen oder ein Gefäß[28]) in der Hand haltend. Diese beiden Gestalten, beide Diener, symbolisieren nach Diez[29]) das wohlhabende familiäre Ambiente des romanisierten Provinz-Bewohners und stellen eine Art Merkmal dar für die Zugehörigkeit zu einer sozial-ökonomischen und kulturellen Elite.

Auch auf dem Altar der *Avilia Leda* ist dieses allgemeine Schema wahrzunehmen: dem *librarius* steht nämlich auf der linken Seite eine weibliche Figur gegenüber, die auf der kleinen vorspringenden Basis steht. Neu ist hier allerdings die Tatsache, daß in unserem Fall an Stelle der sonst üblichen Dienergestalt die klassische Darstellung einer Frauengestalt mit Schleier erscheint; diese nimmt ein typologisches Modell wieder auf, das — soweit mir bekannt ist — im Figuren-Repertoir der norischen Grabreliefs nicht vorkommt. Diese Darstellung ist jedoch im Raum von Aquileia und der Poebene weit verbreitet und läßt sich mit Sicherheit auf ein ikonographisches und kulturelles Modell hellenistischer Tradition zurückführen[30]).

Obwohl die Typologie sicherlich übernommen ist, sind die Interpretation und die formelle Ausführung unserer Frauengestalt zweifellos das Werk eines einheimischen Handwerkers, dessen kultureller Hintergrund vorwiegend norisch gewesen sein mußte. Man braucht nur die offensichtliche Inkongruenz in der Wiedergabe des Mantels zu beobachten: es ist, als ob er aus zwei, in Höhe der Taille klar getrennten Teilen bestünde, was zugleich eine geringe Erfahrung mit einer vermutlich schlecht bekannten Typologie aufweist. Es kommt noch ein weiteres Detail dazu: unser Bild zeigt eine normale Tunika mit Ärmeln, unter der jedoch der Saum eines anderen bodenlangen Kleides deutlich hervortritt. Diese Tatsache scheint beim ersten Blick merkwürdig und unerklärlich, wenn man die Verbindung zur Typologie vor Augen hat. Sie wird jedoch viel leichter verständ-

---

[26]) E. *Diez*, in: „Schild v. Steier", II, 1953, S. 123–134; F. *Brein*, in: „RÖ", I, 1973, S. 1ff.

[27]) *Diez*, in: „Schild v. Steier", a. a. O., S. 132.

[28]) *Schober*, a. a. O., S. 179; F. *Jantsch*, in: „Carinthia I", CXXIV, 1934, S. 65–74; *Diez*, in: „OJh", XIL, 1954, Beibl., Sp. 107 ff.; *ders.*, Der Provinziale Charakter der römischen Skulptur in Norikum, „VIII° Congrés intern. d'archéologie classique", Paris 1963 (1965), S. 209; J. *Garbsch*, Die norischpannonische Frauentracht im 1. und 2. Jahrhundert, München 1965, S. 4 ff., Taf. I–IV; *Piccottini*, in: „Antichità Altoadr.o", a. a. O., S. 149.

[29]) *Diez*, in: „OJh", a. a. O., Sp. 109. In einer anderen Studie führt Diez die Entstehung dieser Figuren auf die Szenen des Totenmahls zurück (in: „Schild v. Steier", IX, 1959–61, S. 47–57).

[30]) Die Figur erinnert insbesondere an das typologische Schema einer ikonischen Statue von Aquileia aus dem Ende des 1. Jh. v. Chr. (V. S. M. *Scrinari*, Sculture romane di Aquileia, Roma 1972, S. 101). Diese Statue läßt sich in der Art der Drapierung an eine Statue in Verona anlehnen, die *Mansuelli* (in: „Riasa", n. s., VII, 1958, S. 73, Abb. 21) auf Typen des ausgehenden 4. Jh. v. Chr. zurückführt. Man sehe ferner *Scrinari*, a. a. O., Abb. 102, 330, 331, 332.

lich, wenn man sich vergegenwärtigt, daß eines der besonderen und konstanten Merkmale des weiblichen norischen Gewandes – auf Grabsteinen vielfach dokumentiert – gerade das Vorhandensein von zwei Kleidern ist, was die zwei sorgfältig gesonderten Säume so deutlich machen[31]). Das weibliche Gewand in Noricum behielt auch in der Kaiserzeit, wie uns das archäologische Material beweist, seinen eigentümlichen Charakter bei. Es verwundert deswegen nicht, daß der Handwerker – vermutlich ein einheimischer –, als er den Altar der *Avilia Leda* schuf, das importierte und verfeinerte Vorbild der weiblichen Gestalt nach einer norischen Interpretation wenigstens teilweise abgewandelt hat.

Wie also auch aus dieser kurzen Analyse hervorgeht, die durch andere in Camporosso gefundene Zeugnisse Bestätigung findet, steht doch der rein zusammengesetzte Charakter des historisch-kulturellen Milieus der alten *statio* fest, wo – wegen ihrer besonderen geographischen Lage und ihrer Aufstellung an der Straße – die aquileisch-norditalische Welt einerseits und die norische andererseits, zusammentrafen.

Der große aquileische Leuchter aus frühchristlicher Zeit

Luisa Bertacchi

In den jüngsten Ausgrabungen, die von der zuständigen Behörde für Altertümer am Kapitolsplatz in Aquileia vorgenommen wurden, sind Strukturreste von gut sechs übereinanderliegenden Anlagen gefunden worden, die zeitlich aufeinander folgen, angefangen von der römischen Zeit bis ins späte Mittelalter. Man braucht sich über eine solche komplexe Übereinanderlagerung nicht zu wundern, da es sich hier um die Zone handelt, in der sich während sämtlicher Blütezeiten des antiken Zentrums ununterbrochen das Leben abgespielt hat. In der republikanischen Zeit war diese Zone unmittelbar außerhalb der Stadtmauern, aber ganz nahe am Fluß und am Hafen – von da her ihre Bedeutung als Residenz und als Handelsplatz, die sich durch verschiedene Phasen und über mehrere Umbildungen hinweg während des ganzen römischen Zeitalters erhalten konnte. Durch die Christianisierung kam sie in unmittelbare Nachbarschaft der ältesten Kultstätten und wurde durch die Ausbreitung derselben einbezogen. In der Folgezeit durchlief sie Veränderungen, die durch wechselnde Lebensgewohnheiten entstanden. Aus der letzten Zeit verblieb die Friedhofszone bei der Kirche, bis sie in einen Platz verwandelt wurde. Angesichts dieser so komplexen Lebensbühne erklärt sich die vielfache Schichtung der Reste, die sich im Raum von 3,5 m Tiefe abspielt.

Die Ausgrabungsstätte am Kapitolsplatz ist kein einfacher Fundort gewesen, da die Alten, um ihrer neuen Projekte willen das, was vor ihnen war, zerstörten.

---

[31]) *Garbsch,* a. a. O., S. 4 ff., Taf. I–IV.

Diese Tatsache bestätigt uns heute auch die Erforschung der ältesten Phasen. Offenbar entsteht jede neue Konstruktion zum Schaden und auf Kosten der vorausgegangenen. Nun, an unserer Fundstätte konnte man aus jeder Periode nur einzelne Bruchstücke finden, die nur durch eine sehr gewissenhafte Untersuchung der Strukturen und der Schichten erkannt und wieder zu einer Ganzheit zusammengesetzt, und dadurch zum Leben erweckt werden konnten, daß man sie in die Epoche und Umstände einordnete, in denen sie entstanden waren. Wir haben unzählige und lange Tage darauf verwendet, Architekturreste und dazugehöriges Material zu untersuchen, zu diskutieren, Arbeitshypothesen zu vergleichen und einzelne Elemente kunstgeschichtlich zu begutachten. In dieser Zeit sahen wir die damaligen Wechselfälle des Lebens aus der Vergangenheit emporsteigen, von denen wir nur wenig oder gar keine Kenntnis hatten, und wir spürten, wie Geschichte wirklich lebendig werden kann. Diese leidenschaftliche Arbeit verband uns alle zu einer engen Gemeinschaft: Archäologen, Techniker und Arbeiter – und gerade das ist das Lebendigste an unserer Forschungsarbeit.

Bei den Ausgrabungen am Kapitolsplatz kamen wir zu der Erkenntnis, daß in der zweiten Hälfte des 4. Jh. die große Basilika, die auf der nördlichen theodorianischen Aula stand, d. h. die Basilika, die allgemein „posttheodorianisch" genannt wird, im Westen, d. h. also anstelle des jetzigen Platzes, einen großen rechteckigen vierseitigen Portikus gehabt hatte, und daß ihm gegenüber im Norden große Bauten standen, die wir durch Vergleich mit analogen Anlagen in Parenzo[1] und vielleicht in Salona als Bischofsresidenz ermitteln konnten. Am Ende des 4. Jh. hatte sich das Christentum in Aquileia völlig durchgesetzt und war ein offizielles Faktum geworden. Die kirchliche Hierarchie war so dominant, daß sie auch Funktionen des öffentlichen Lebens übernahm. Dafür waren natürlich Repräsentationsbauten notwendig, sowohl von der Funktion her als auch aus diplomatischen Gründen: Die Kirche begann die Stelle des Imperiums einzunehmen.

Die Errungenschaft der entsprechenden Anhaltspunkte für den Portikus und das Bischofsgebäude war schon ein sehr wichtiger Beitrag zur Kenntnis und für das Studium des alten monumentalen Komplexes. Hinzu kam, daß wir das Glück hatten, etwas Bedeutsames zu finden – einen seiner Ausmaße und seiner einmaligen Ausführungen wegen außergewöhnlichen Bronzeleuchter. Da es leider nicht möglich ist, dieses sehr seltene Stück auf der Ausstellung zu zeigen, wollen wir ihn wenigstens durch diesen Beitrag vorstellen[2].

Der Leuchter ist auf dem Boden des Nordflügels des Portikus gefunden worden, vor dem Eingang zum Bischofsgebäude, mitten in den verkohlten Überre-

---

[1] B. Molaioli, La basilica eufrasiana di Parenzo, Padova 1943, p. 29, fig. 3.
[2] Al IX Congresso Internazionale di Archeologia Cristiana, tenutosi a Roma nel settembre 1975, è stata fatta una comunicazione sul lampadario; essa è attualmente in corso di stampa.

sten eines großen Brandes, der zum Einsturz und der darauf erfolgten endgültigen Aufgabe des Gebäudes geführt hat. Der Brand hat das Stück nicht beschädigt. Außerdem hat das jahrhundertelange Liegen auf dem verbrannten Boden, inmitten der Brandreste, d. h. in einer Umgebung mit einem relativ geringen Feuchtigkeitsgehalt, ihn vor den schädlichen chemischen Zersetzungen bewahrt, die gewöhnlich die Bronzen in der unbeständigen Erde Aquileas schwer angegriffen haben. Häufig wurde die Oberfläche zerstört und auch die tiefsten Schichten angegriffen – ein großer Nachteil für die Beurteilung. Bronze ist immer schon ein sehr kostbares Material gewesen, und Gegenstände von großem Ausmaß waren in der Antike ziemlich selten. Man muß noch hinzufügen, daß zu allen Zeiten aquileisches Material zur Wiederverwendung gesucht war, ob es sich um Steine oder Ziegel handelte, oder sei es, daß beim Suchen große Gegenstände gefunden wurden, die besonders geeignet waren, eingeschmolzen zu werden, um als Material zur Schaffung neuer Gegenstände wiederverwendet zu werden. Bei unserem Kronleuchter fehlen tatsächlich auch einige Stücke, die wahrscheinlich gefunden wurden, als man die Gräber der späteren Erdschicht ausgrub und die man mit großer Wahrscheinlichkeit eingeschmolzen und als Material wiederverwendet hat. Zum Glück jedoch ist unser Fund der wichtigere und bedeutendere Teil, auch kunstgeschichtlich gesehen. Von diesem letzteren Standpunkt aus betrachtet, kann man das Stück als im wesentlichen vollständig bezeichnen.

Er besteht aus einem großen Kranz massiver Bronze, zylindrische Form, 30 cm Durchmesser und 13 cm Höhe, geöffnet in kleinen Bögen, in denen Figuren angebracht sind. In diesem Kranz sind 12 Arme (10 sind gefunden) in Form von Zweigen eingelassen, an deren Enden eine Art von Körbchen angebracht sind, dafür bestimmt, die Leuchtkörper zu halten. Der Kranz und die Arme, die zusammen einen Durchmesser von mehr als 70 cm haben, bilden die untere Anordnung des Leuchters. Dieser war von drei Ketten getragen (die man nicht gefunden hat, aber von denen die Aufhängeringe existieren), welche die doppelte Funktion hatten, den unteren Teil zu halten und ihn mit dem oberen Teil zu verbinden. Auch dieser muß aus einem Kranz bestanden haben (er wurde nicht gefunden), und war sicherlich kleiner als der untere: Dieser zweite Kranz existierte mit Sicherheit, weil er die feste Verbindung für die sechs delphinförmigen Arme (die gefunden wurden) sein mußte; vielleicht mußten es auch sieben sein, da die Arme in einem Ring enden und ein Ring mehr gefunden wurde. Während die Arme der unteren Anordnung am großen Kranz mittels spezieller Kerben befestigt waren, waren die Delphinarme mit Nieten angebracht, und daher steht es außer Zweifel, daß auch ein oberer Kranz existiert haben mußte. Außerdem hatte dieser Kranz auch die Funktion, die vorher erwähnten drei Ketten aufzunehmen und hier mußte auch die obere Kette angebracht gewesen sein, die zur Befestigung des Leuchters diente. Die Kette ist nicht gefunden worden, aber vielleicht ist es die schöne Kette, die wir, geknotet und mit festen Gliedern, seit

1908 im Museum von Aquileia[3]) haben und die mit Sicherheit aus frühchristlicher Zeit stammt, da sie einer Kette gleicht, die 1949 in Trier in den entsprechenden Schichten der Ausgrabungsstelle der Frauenkirche[4]) gefunden wurde.

Der Kranz ist vom gestalterischen Gesichtspunkt aus gesehen offensichtlich der interessanteste Teil, an dem sich auch am besten die Begabung des Künstlers und seine technische Fertigkeit abschätzen lassen. Ein widerstandsfähiger Belag bedeckt den oberen Teil, während der untere Abschluß mit Zacken versehen ist. Ein gezacktes Band geht auch in einer bestimmten Höhe um die geradlinigen und gebogenen Teile und gibt dem Ganzen Einheit und Rhythmus. Oberhalb dieses Bandes ist die Oberfläche absolut glatt und ohne jegliche Dekoration. Unterhalb wechseln Füllungen und Hohlräume einander ab, d. h. eine Art Sims und Fenster. Die Simse sind mit geometrischen oder Blumenmotiven geschmückt: verflochtene Kreise, die verschiedene Rosetten bilden, vierfache, rechtwinklige mit Rhomben, oder auch in mehrere Blätter verzweigt. Es sind Motive, die in frühchristlichen Mosaiken anklingen. In den freien Räumen sind Figuren angebracht, die sich mit Monogrammen oder symbolischen Buchstaben abwechseln. Die kleinen Bögen, die oben diese Freiräume abschließen, sind durch kleine Voluten verziert, die sich verschiedenartig mit den Buchstaben und den Figuren kombinieren. Der Sinn der Folge der Darstellungen ist nicht klar. Beginnen wir die Aufzählung mit dem Alpha und gehen wir von rechts nach links, einfach aus dem Grund, weil alle Tiere, die nicht an der Außenseite sind, nach links gehen. Unter den Bögen sind in der Reihenfolge vertreten: der Buchstabe Alpha, der Buchstabe Omega, ein Lamm, nach rechts gerichtet, ein Vogel auf einem Podest, Kopf auf der rechten Seite, Kreuzmonogramm, Vogel auf einem Podest, Kopf auf der rechten Seite, Hähnchen nach links gewendet, Vogel auf einer Palme, Widder nach links gewendet. Dattelpalme, Chrismon, drei Vögel auf einem Gestell. Es gibt symmetrische Entsprechungen: Dem Chrismon entspricht auf der gegenüberliegenden Seite das Kreuzmonogramm, dem Lamm entspricht der Widder, der Anordnung der apokalyptischen Buchstaben entspricht das Paar Hähnchen und Vogel auf Palme, den wir für einen Phönix halten, das Kreuzmonogramm ist zwischen zwei Vögel gestellt, die sich zu ihm wenden. Das Chrismon ist eingerahmt von der Gruppe der drei Vögel und der Dattelpalme, die figurativ den gleichen Rhythmus haben.

Außergewöhnlich schön ist die Art, wie die verschiedenen Teile dieser Darstellungen ausgeführt sind: rasche Führung des Grabstichels, damit die Daunen der Vögel ganz fein herauskommen, eine andere Führung des Stichels für die größeren Federn und für das Vlies der Schafe, große Punzenschläge für die Buchstaben und die kleineren Voluten unter den Bögen. Das Ganze ist wie aus einem

[3]) *G. B. Brusin,* Aquileia, Udine 1929, p. 198; la data del rinvenimento è stata desunta dagli inventari del Museo.
[4]) *Th. K. Kempf,* Katalog der frühchristlichen Abteilung des Bischöflichen Museums Triers, in: Frühchristliche Zeugnisse im Einzugsgebiet von Rhein und Mosel, Trier 1965, p. 249, fig. 48.

Guß gemacht, so knapp, so unregelmäßig und gleichzeitig so ausgeglichen, daß höchste Lebendigkeit von ihm ausgeht. Man muß dabei bedenken, daß die ganze Arbeit am heißen Material ausgeführt wurde und alles aus einem Stück ist. Es verdient unsere höchste Bewunderung, daß eine so komplexe und ausgeprägte Arbeit so vollendet gelungen ist. Ebenso bewundernswert ist die Verteilung der einzelnen Gewichte: Allein der Kranz wiegt 5,2 kg, das sind 16 römische Pfund (damaliges römisches Pfund 327 Gramm), die Arme der unteren Anordnung wiegen je 2 römische Pfund, die Delphine der oberen Anordnung je 1 römisches Pfund. Der Künstler, der die einzelnen Teile in ein so ausgewogenes Gleichgewicht zu bringen wußte, mußte eine große Erfahrung gehabt haben und wahrscheinlich in einer langen Tradition gestanden sein.

Im Verhältnis zum Kranz scheinen die Arme zunächst von geringerer Qualität zu sein; aber auch sie verraten eine sehr sorgfältige Ausarbeitung, und es scheint, daß sie bewußt in großer Einfachheit gehalten sind. Die Arme der unteren Anordnung sollen wohl Sumpfrohrpflanzen darstellen und haben vielleicht die symbolische Bedeutung, die Cromazio[5] dem Sumpfrohr in der „Passionspredigt" beimißt. Die Delphine der oberen Anordnung sind figürlich und plastisch; Auge und Schwanz sind schematisiert. Die delphinförmigen Arme sind eine charakteristische Eigentümlichkeit dieses Lampentyps, wie wir bei der Überprüfung anderer Gegenstände dieser Art und beim Lesen der Quellen feststellen werden.

Der Leuchter aus Aquileia ist aufgrund seiner Dimensionen, der Komplexität und der ausgezeichneten Ausführung ein außergewöhnliches Fundstück, das keinen direkten Vergleich mit anderen zuläßt. Vielleicht kann man ihn am ehesten mit einem Kirchenleuchter vergleichen, der gegen 1850 bei Orléansville in Algerien gefunden wurde und jetzt im Museum der Eremitage in Leningrad ist. Dieser hat 10 delphinförmige Arme und erreicht damit etwa dieselbe Größe wie unser Leuchter. Er ist in die Zeit der Mosaiken des Bauwerkes zu datieren, zu dem es gehörte (468–74)[6]. Im Museum von Kairo wird ein Leuchter derselben Form wie der unsere aufbewahrt, jedoch mit nur einer Reihe von Armen. Der Kranz ist nicht geschmückt, und es sind 10 delphinförmige Arme, sein größter Durchmesser ist 49 cm. Er wurde mit dem 5./6. Jahrhundert datiert[7]. Ein weiteres großes Exemplar mit 12 Armen müßte sich laut Kaufmann in einem Museum in Berlin befinden.

Was nun die Quellen betrifft, so sind die Angaben des *Liber Pontificalis* ganz besonders wertvoll, sowohl weil sie uns genau berichten, daß auch in den Säulenhallen große Leuchter hingen, als auch wegen der Angaben über die Schenkungen, die Konstantin für die Basilika von St. Peter gemacht hat: ein Kranz mit

[5] *J. Lemarié,* Chromace d'Aquilée, Sermons, II, Lyon 1969, Sermo XIX, 4.

[6] *H. Leclercq,* Manuel d'archéologie chrétienne, Paris 1907, p. 559 ss.

[7] *J. Strzygowski,* Koptische Kunst zu Cairo, Wien 1904, p. 296, n. 9153, tav. XXXIII. *C. M. Kaufmann,* Handbuch der christlichen Archäologie, Paderborn 1913, p. 608, fig. 244.

80 goldenen Delphinen, mit einem Gewicht von 30 römischen Pfund, ein Kranz in Silber mit 120 Armen und dem Gewicht von 50 römischen Pfund und ferner 100 weitere Kränze für die Schiffe der Basilika[8]). Die Quellen berichten ausdrücklich von der prunkvollen Beleuchtung, mit der die frühchristlichen Kirchen ausgestattet waren.

Kronleuchter kamen auch in antiken Bauwerken vor, aber nur in schematischer Form und ohne Arme, z. B. auf dem elfenbeinernen Behältnis (Capsella von Samagher), auf den Wandmosaiken von S. Maria Maggiore in Rom, von S. Giorgio in Salonicco, von S. Apollinare in Classe in Ravenna und auf den Miniaturen einiger Codices.

Für eine Datierung des aquileischen Leuchters haben wir also folgende Elemente: die Form der apokalyptischen Buchstaben, die eine genaue Entsprechung findet in den Buchstaben, die auf dem großen Bronzekreuz vorkommen, das man in Aquileia fand und das sich im kunsthistorischen Museum[9]) in Wien befindet. Ferner die Form der Monogramme, die auf frühchristliche aquileische Inschriften zurückgehen und dann die Beziehung zu den Mosaiken in den Gravierungen auf den Simsen zwischen den Bögen. Wir sind der Ansicht, daß diese Elemente nicht in einem Widerspruch zur Datierung des Bauwerks stehen, in welches der Leuchter gehörte: Die posttheodorianische Aula dürfte zwischen 340 und 360 gebaut und beim hunnischen Brand zerstört worden sein[10]).

Wir glauben, daß Aquileia in der zweiten Hälfte des 4. Jh. in der Lage war, ein Werk wie diesen Leuchter zu schaffen; noch hatte der traurige Untergang der Stadt nicht begonnen, noch blühte der Handel und herrschten Schaffens- und Lebenslust. Von der Zeit des Diokletian an war hier die Münzprägestelle, die außer zur laufenden Geldherstellung und der künstlerischen Prägung von Goldmünzen[11]) auch zur Herstellung unseres Leuchters gedient haben konnte, ebenso für die Herstellung der relativ starken Kette, des oben erwähnten Bronzekreuzes, der schönen durchbrochenen scheibenförmigen Platte mit dem in Rebzweigen eingefaßten konstantinischen Monogramm. Sie kommt aus Aquileia und befindet sich im Museo Estense von Modena[12]).

---

[8]) Liber Pontificalis,. I, p. 172–187; II, p. 30.
[9]) *R. Noll,* Zum Monogrammkreuz aus Aquileia in der Wiener Antikensammlung, „Aquileia Nostra" XLV–XLVI 1974–1975, 609–616; ivi bibliografia precedente. *G. B. Brusin,* Antichi cimeli aquileiesi nel Museo di Vienna, „Il Friuli" aprile 1976, p. 14–15.
[10]) *L. Bertacchi,* La basilica Postteodoriana di Aquileia, „Aquileia Nostra" XLIII 1972, 61–88.
[11]) *O. Ulrich-Bansa,* Note sulla zecca di Aquileia romana, i multipli del soldo d'oro, Udine 1936. Per altri articoli dello stesso autore, vedasi in „Aquileia Nostra" dal 1934 al 1947.
[12]) *G. B. Brusin,* Aquileia Paleocristiana, „Aquileia Nostra" II 1931, 162–163, fig. 29.

Die Verbreitung der frühchristlichen aquileischen Kirchenbautypologie im östlichen Alpengebiet

Gian Carlo Menis

Der weite Alpenbogen, der sich vom Reschenpaß bis zu den Ebenen Pannoniens erstreckt, ist im Augenblick politisch in Gebiete unterteilt, die zu Deutschland (Bayern), Österreich (südlich der Donau), Italien (Trient, Südtirol, Venetien, Friaul), Jugoslawien (Slovenia) und Ungarn gehören. In der Spätantike waren diese Gebiete in fünf Verwaltungsbezirke des römischen Reiches eingeteilt, und zwar in *Raetia II, Noricum mediterraneum et Ripense, Venetia et Histria, Savia* u. *Pannonia I*. Diese Einteilung in Provinzen bedeutete damals jedoch keine Abgrenzung der kulturellen Verschiedenheiten für die Stämme, die sich seit langem hier niedergelassen hatten. In der spätrömischen Zeit, d. h. vor der Zeit der großen Einwanderungsströme des 5. und 6. Jh. herrschte ein kultureller Rahmen, den man zu recht als „aquileisch" bezeichnen kann, d. h. ein Lebensraum, der sich weitgehend aus den Modellen (sozialer, wirtschaftlicher, technologischer, ästhetischer und ethischer Art) der hellenistischen Kultur durch die Mittlerrolle der großen adriatischen Metropole Aquileia entwickelte.

Zu den unzähligen Dokumentationen dieser Tatsache kommen noch die Fakten der Ausbreitung und der Organisation des ersten Christentums in diesen Regionen hinzu, die unübersehbar aquileisches Gepräge aufweisen. In diesem Sinne war es von ganz besonderer Bedeutung, daß die Rechtsprechung des Bischofs von Aquileia anfangs des 5. Jh. für das ganze Gebiet verbindlich wurde. Aber unter all den Dokumenten, die das aquileische Modell des frühen Christentums der Ostalpen beweisen, ist das Zeugnis der frühchristlichen Architektur, die sich zwischen dem 4. und 6. Jh. ausbreitet, das überzeugendste und am weitesten verbreitete Beispiel. Der vorherrschende Kirchentyp ist – abgesehen von einigen autochthonen Elementen – von verschiedenen ungewöhnlichen Komponenten geprägt, deren Herkunft mit Sicherheit aus der Metropole abzuleiten ist.

Dies ist inzwischen zur geschichtlichen Tatsache geworden, die wir als erwiesen betrachten können, und zwar auf Grund der großen Anzahl von Basiliken, die in diesem Jahrhundert aus archäologischen Fundstätten zu Tage gefördert und in hervorragenden Monographien und Publikationen allgemeiner Art kritisch analysiert wurden. Die Wissenschaft verfügt heute über eine beträchtliche Anzahl interessanter Fakten nicht nur aus dem Bereich der Architektur-Geschichte, sondern auch aus der Kulturgeschichte der Spätantike im mitteleuropäischen Raum.

Den interessierteren Leser verweisen wir auf die Spezialbibliographie. In dieser Darstellung hier wollen wir die allgemeinen architekturgeschichtlichen Ge-

42

gebenheiten untersuchen und dabei alle jene Elemente sammeln und zusammenfügen, die uns eine geschichtliche Darstellung der Architektur der Basilika in diesen Regionen gestatten. Dabei wollen wir besonders die Wesenselemente und die Verbreitung ihrer gemeinsamen Typologie herausarbeiten, die sie von anderen Beispielen des *Orbis catholicus antiquus* unterscheiden.

Einleitend möchten wir darauf hinweisen, daß das Material aus 37 verschiedenen Orten stammt, von denen wir aus glaubwürdigen Quellen wissen und deren Standort und topographische Verteilung wir nach der antiken Einteilung in Verwaltungs-Provinzen angeben: In *Raetia II:* Regensburg (St. Emmeran), Augsburg (St. Stephan), Epfach (Lorenzberg), Imst (St. Lorenz), Pfaffenhofen, Martinsbühel (St. Martin), Säben. In *Noricum mediterraneum:* Lienz (St. Andreas), Stribach, Kirchbichl von Lavant, St. Peter im Holz, Duel, Laubendorf, Hoischhügel, Grazerkogel, Ulrichsberg, Hemmaberg, Celje, Rifnik. In *Noricum Ripense:* Lorch (2 Basiliken), Mautern, Klosterneuburg, Georgenberg (St. Georg). In *Venetia et Histria:* Bozen (Kathedrale), Altenburg, Dos Trento, Trient (Kathedrale), Zuglio, Invillino. In *Savia:* Lubiana, Vranje, Kučar. In *Pannonia I:* Kékkút, Keszthely, Szentkirályszabadja, Sopron.

Die kritische Überprüfung der Chronologie der einzelnen Basiliken (die sich mangels Archiv-Quellen auf das Zusammensetzen von Indizien stützt, die wir aus der allgemeinen Geschichte, aus der urbanen Situation der Denkmäler, aus den Ergebnissen der geologischen Erkenntnisse, aus der entsprechenden Chronologie der Handarbeiten, aus der Art der Mauerstruktur, aus den Ergebnissen der Anthropologie und Biochemie, aus den stilistischen Elementen der übriggebliebenen Ausstattung und vor allem aus der Typologie der Grundrisse haben) läßt uns zu dem Schluß kommen, daß fast alle überprüften Bauten im Laufe von etwa einem Jahrhundert entstanden sind, d. h. vom Ende des 4. bis zum Ende des 5. Jh. Einiges spricht dafür, daß in der ersten Hälfte des 5. Jh. mehr gebaut worden ist. Im 6. Jh. dagegen (bis zur endgültigen Unterdrückung des Christentums in diesem Gebiet durch die Einwanderung neuer Stämme) ging die Bautätigkeit der Kirche fast ganz zurück. Außer der Erbauung einer einzigen neuen Kirche sind nur Erweiterungen der vorhandenen ursprünglichen Räume zu verzeichnen, mehr oder weniger große Renovierungen, Modernisierungen oder das Ersetzen vorhandener Zweckräume.

Diese Erhebung gestattet uns den Einblick in die wichtigsten Phasen der Geschichte der Kult-Architektur, und indirekt erhalten wir dadurch Einblick in das Leben der christlichen Gemeinden in den Regionen der Ostalpen zwischen dem 4. und 6. Jh.

Einige wenige charakteristische Bauten, deren Exegese schwerfällt (z. B. Grab der S. Afra in Augsburg) und die in einem Gebiet entlang der Donau liegen, weisen darauf hin, daß sie einige Jahrzehnte früher entstanden sein dürften als Ende des 4. Jh. und daß sie aus einer zeitlich weiter zurückliegenden Christianisierung stammen könnten, die möglicherweise über die Donau aus dem Osten kam. Aber vorläufig ist das nur eine vage Annahme.

Dagegen ist die Bautätigkeit der Christen, die wir in dieser Region vom Ende des 4. Jh. ab feststellen, ganz sicher das Werk der Christianisierung, die von der Kirche von Aquileia ausgeht und die durch Literatur gut belegt ist. Die Begegnung zwischen der neuen und der vorhandenen kirchlichen Tradition (falls es eine gab) führt nicht zu Schwierigkeiten oder Gegensätzen, da die Kultur der aquileischen Kirche ausgesprochen östlich orientiert war.

Als Dokumente dieser ersten Übergangszeit könnte man die Kirchen von Epfach, Klosterneuburg, Stribach-Aguntum, Lubiana-Emona u. Kékkút betrachten, und zwar auf Grund der offensichtlichen Unbestimmtheit der dafür typischen Modelle, die alle auf eine weiter zurückliegende Romanisierung schließen lassen.

Nach diesen ersten unsicheren Anfängen bricht für die Basilika die Blütezeit des frühen 5. Jh. an. Überall benützen die zahlreichen Gemeinden, die sich bis hinein in die letzten Alpentäler neu bilden, einen spezifischen Kultraum, der von Eugippius dann „Basilika" genannt wird. Es werden geeignete Räume gebraucht, die Versammlungen der Gläubigen zur Feier der hl. Liturgie aufzunehmen.

Hinzu kommt in jener Zeit noch ein anderer Umstand, der entscheidend zu der weiten Verbreitung der Bauweise der Basilika beiträgt. Gerade zu Beginn des 5. Jh. bilden sich im ganzen Gebiet der Ostalpen die typischen „Kastelle", d. h. jene neuen bewohnten Zentren, welche die einheimische romanische Bevölkerung in fieberhafter Eile auf den besser geschützten Anhöhen als Zuflucht und zur Verteidigung gegen die Streifzüge der „Barbaren" erbaute, deren Einfälle in die Alpentäler immer häufiger wurden, seitdem sie den „limes" überschritten hatten.

Auf diese Weise kommt es, daß die Christen, die vorher innerhalb der alten Städte auf entsprechend vorgegebene Raumverhältnisse zurückgreifen konnten (oder mußten) – wie es erwiesenermaßen in Stribach der Fall war –, jetzt in ihren neuen Behausungen den „castelli", wo alles von Grund auf neu gebaut werden mußte, gezwungen waren, architektonische Räume neu zu schaffen, die ihrer spezifischen Funktion entsprachen. So entstand die typische neue Basilika.

Die Blüte des Anfangs wird jedoch in der 2. Hälfte des 5. Jh. schwer in Frage gestellt und bleibt an der Schwelle des 8. Jh. stehen. Die allgemeinen Ursachen sind einfach zu identifizieren. Die politischen, wirtschaftlichen, sozialen und religiösen Bedingungen haben sich inzwischen völlig verändert. Das Leben innerhalb der „Kastelle" wird durch die andauernden Überfälle, räuberischen Einfälle und die Unordnung des Verwaltungswesens zugrunde gerichtet. Die Region entvölkert sich langsam. Die früher gebauten Kirchen sind auch viel zu groß geworden. Es ist der Todeskampf einer Bevölkerung, der sich auch in den Gebilden seiner Architektur niederschlägt.

Das Ende bleibt nicht aus. Zu Beginn des 7. Jh. bleibt von der urtümlichen Blüte der Zeit der Basilika nichts übrig als zerbrochene Mauern, kaputte Überreste, Brandreste, „constructiones dilapsae", zerstreut „per prata et silvas", wie uns eine Chronik des 9. Jh. mitteilt. Die Einfälle der Avaren und Slawen bedeuteten das Ende dieses Kapitels der Geschichte der frühchristlichen Architektur. Nach dieser Hypothese der Architektur-Geschichte wollen wir in der Folge in den fraglichen Bauwerken jene Elemente ermitteln, die uns ermöglichen könnten, die eventuelle Existenz der sie verbindenden typologischen Einheit – d. h. ihr gemeinsames Modell – zu ermitteln.

Wenn wir mit einem sofort einleuchtenden Adjektiv die Elemente der frühchristlichen Architektur in den Ostalpen charakterisieren wollten, die heute wieder erforscht und aufgebaut werden, könnten wir dies mit dem Begriff „alpin" tun, d. h. wir könnten von einer alpinen Architektur sprechen. Es handelt sich in der absoluten Mehrheit der Fälle um Kulträume des Berglandes mit ausschließlich funktionellem Zweck, weit entfernt von Ambitionen der Monumentalität oder stilistischer Art, die wir in den großen Zentren haben. Es handelt sich also zweifellos um untergeordnete Architektur, die, obwohl sie die einheimische romanische Bautradition fortsetzte, gleichzeitig die letzte Entwicklungsphase ihres Untergangs darstellt. Diese Phase des Rückgangs ist durch äußerste Bescheidenheit in der Konstruktion gekennzeichnet, nicht nur was die diversen Proportionen betrifft, sondern vor allem durch die Ärmlichkeit der technischen Mittel und der Ausschmückung.

Das konnte insbesondere durch eine Untersuchung der Mauerstrukturen festgestellt werden, die überall in etwa die gleichen sind. Die mittlere Mauerstärke beträgt etwa 60 cm (d. h. zwei römische Fuß). Das verwendete Material stammt ausschließlich aus den örtlichen Steinbrüchen (wie der graue Schiefer oder der Tuffstein in Carnia). Ausmaße und Formen sind verschieden, und nur selten sind die Steine behauen oder rechteckig (Charakteristikum des Mauerwerks aus der Kaiserzeit). Häufig sind Marmorstücke eingefügt, die aus Plünderungen stammen (Säulen, Schwellen, Gebälk). Es läßt sich eine Tendenz feststellen, die Paramente (guter klassischer Tradition entsprechend) im waagrechten Verlauf der Steine auszuführen. Die ausgesprochene Unregelmäßigkeit in der Verlegung und im Material läßt jedoch mehr auf ein „opus incertum" schließen. Die Mörteleinlagen, gekennzeichnet durch besondere Grobkörnigkeit, Magerheit und geringe Widerstandsfähigkeit, variieren in der Dicke zwischen 2 und 8 cm, sind also viel häufiger angewendet als in der klassischen Struktur. Beinahe überall finden wir in den Fundamenten auch gelöschten Kalk.

Die geschilderte Technik stimmt genau mit der Mauertechnik überein, die wir an frühchristlichen Bauten Norditaliens und vor allem in Aquileia festgestellt haben. Dort allerdings ist die Verwendung von Ziegelsteinen stärker verbreitet.

Nicht weniger wichtig sind die anderen Einzelheiten der Konstruktionen, soweit sie aus den übrig gebliebenen Trümmern erkennbar sind, wie z. B. die Anwendung von Lisenen auf der Außenseite der Mauern, die mit Sicherheit zur Abtragung der Dachlasten gedient haben, die Ausführung der Bögen und der Apsiswölbungen, die Ausstattung des Bodens, meist Terrakotta, oder mit Mosaiksteinen ausgelegt, die Bedachung und die Ausführung der inneren Decke. Diese letztere war normalerweise eine gerade Fläche, die verputzt und farbig gestrichen war, wie in den ältesten Basiliken von Aquileia und Istrien. In diesem Zusammenhang ist es sinnlos, die großen Themen der Architektur der Basilika zu erwarten, wie Gewölbe, Kuppel, Querschiff usw.

Die bescheidene Technik zeigt jedoch keine platte Uniformität in der Lösung der Grundrisse. Im Gegenteil, wie wir in der Einleitung festgestellt haben, zeigt die Planimetrie der frühchristlichen Kirchen der Ostalpen eine große Variation in den Lösungen. Das läßt klar den Schluß zu, daß die Architektur mit großer schöpferischer Freiheit möglich war. Wir finden hier Aulen ohne Apsis, halbkreisförmige Apsiden, deren Durchmesser kleiner als die Breite der Aula ist, Apsiden von der Gesamtbreite des Schiffes, Apsiden mit angehängten Räumen, die ganz verschieden mit der Apsis verbunden sind, andere Räume, wiederum verschieden mit der Aula verbunden, Atrien, dreichorige Zentralbauten (Invillino), Portale in den Fassaden, Seiteneingänge, parallele Aulen, sechseckige, kreuzförmige und achteckige Baptisterien, freistehende oder an die Apsis gelehnte Presbyterbänke etc.

Kann angesichts einer solchen Vielfalt von einer dominierenden Typologie gesprochen werden, die charakteristisch und unterscheidend ist?

Diese Frage können wir positiv beantworten: Es gibt eine gemeinsame Typologie für alle bis jetzt bekannten frühchristlichen Kirchen der Ostalpen, und diese kann „alpinaquileisch" genannt werden. Alle verzeichneten Basiliken weisen tatsächlich immer drei wichtige Elemente auf:

1. – Die Ausrichtung nach Osten
2. – Die Ungeteiltheit der Aula
3. – Die typische Anordnung des Presbyteriums.

1. Die Ausrichtung nach Osten, die die Christen seit je ihren Kirchen in dem fraglichen Gebiet gegeben haben, war nicht zufällig. Alle Bauten sind tatsächlich mit dem Altar zum Sonnenaufgang ausgerichtet, wie in Aquileia, in ganz Venezien und Istrien, und unterscheiden sich darin von Rom. Einige deutliche Abweichungen vom magnetischen Ostpunkt (wie in Kirchbichl, in Duel, in Hemmaberg und Klosterneuburg) sind auf physikalische Gegebenheiten des Ambientes zurückzuführen, in welchem diese Kirchen gebaut worden sind, wie z. B. eine Hanglage, die Beschaffenheit des Untergrundes, die bereits vorhandenen Strukturen, die Verbindung mit der Umgebung etc. In dieser Hinsicht ist die Basilika von Hemmaberg von besonderer Bedeutung. Während die Außenmauern der drei Anlagen (die zwei Basiliken und das Baptisterium) der Beschaffen-

heit des Untergrundes wegen in einer bestimmten Richtung gebaut werden mußten, sind das Taufbecken und das Tegurium des sechseckigen Baptisteriums nach einer eigenen Achse orientiert, die genau mit dem magnetischen Ostpunkt übereinstimmt. Dies ist sicherlich deshalb so, weil im Taufritual die Richtung einen ganz besonders symbolischen Wert darstellt. Wie bekannt ist, setzt sich die Ausrichtung der frühen christlichen Kirchen im Westen erst nach dem 8. Jh. durch und wird erst nach 1000 zur Norm, während sie im Orient eine weitverbreitete Regel darstellt (in Syrien z. B. ist dieser Brauch konstant), und wir nehmen deshalb an, daß diese entschiedene Orientierung unserer frühchristlichen Kirche im Alpenland aus dem Osten kommt, und zwar über Aquileia.

2. Das zweite gemeinsame Charakteristikum aller Basiliken in diesen Regionen ist die Ungeteiltheit der Aula, d. h. daß der Raum nicht in mehrere Schiffe gegliedert ist. Die einzigen Ausnahmen wären die Basiliken von Augsburg, Regensburg, Kékkút und die von Keszthely, es ist jedoch klar, daß wir uns dort in einem anderen Kulturkreis befinden – abgesehen von der Problematik der Rekonstruktionen –, andererseits haben auch diese Kirchen durch das Vorhandensein der flachen Ostwand und in Kékkút die freistehende Priesterbank einen ganz offensichtlichen Zusammenhang mit den Kirchenbauten von Bischof Theodorus. In keiner der in Frage kommenden anderen Kirchen wurden Marmor- oder Holzsäulen oder Pfeiler festgestellt, die das Hauptschiff von Seitenschiffen trennten. Der Grund für diese elementare Lösung ist sicherlich in einem technischen Gesichtspunkt zu suchen, d. h. in der geringen Höhe der Kosten und in der Tatsache, daß die Größe der Aulen, deren Spannweiten (maximal 12 m, minimal 7,15 m) durch die technisch begrenzte Möglichkeit der Anwendung von Zugbändern im Dachstuhl erreicht wurde, den Bedürfnissen der kleinen Gemeinden genügte.

Wir haben von der Bedachung gesprochen und weiter oben an das System der plan durchgeführten Decken erinnert, deshalb ist es hier angebracht, daß wir für alle unsere Basiliken die Hypothese der sogenannten „basilica discoperta" fallen lassen. Dies ist mit ganz besonderem Nachdruck für die Friedhofsbasilika von Zuglio-Iulium Carnicum zu behaupten. In Wirklichkeit gibt es nicht ein einziges architektonisches Indiz, das für eine solche Rekonstruktion schlüssig wäre. Im Gegenteil, verschiedene Fakten drängen geradezu die Annahme einer vollen Abdeckung auf, und der Vergleich mit der Basilika von Marusinac trägt nicht. Im übrigen, wie kann man außer acht lassen, daß eine unbedeckte Kirche in diesen Zonen, den rauhen klimatischen Verhältnissen während eines Großteils des Jahres ausgesetzt, ein für liturgische Zwecke völlig ungeeigneter Raum wäre.

Dennoch müssen wir zugeben, daß die Rekonstruktionsprobleme in allen Fällen nur schwer zu lösen sind, da wir immer nur ungenügende Ausgrabungsergebnisse haben. Das System der Bedachung z. B., die Neigung des Daches, die Verbindung der Dächer von den Anbauten, die Ansicht der Fassaden etc. bleibt uns völlig unbekannt. Was das natürliche Licht im Innern betrifft, lassen uns verschiedene Indizien das Vorhandensein von zahlreichen breiten Fenstern annehmen. Unsere Untersuchungen müssen sich deshalb vorwiegend auf die planimetrischen Charakteristika konzentrieren.

Alle in Frage kommenden Basiliken zeigen also im Plan einen rechtwinkligen Ausbau der Längsachse auf, wobei die Proportion zwischen Länge und Breite etwa die von 2 zu 1 ist, mit Quotienten, die sich im allgemeinen an die Quadratwurzeln von 5 annähern. Das besagt, daß das typische Modell, das wir in den Aulen der meisten frühchristlichen aquileischen Basiliken vorfinden, „orientaleggianti" ist, wie De Angelis D'Ossat es nennt.

Von größtem Interesse ist das Problem der Ostwand, wo wir zwei Varianten beobachten: a) eine Wand, die mit einer halbkreisförmigen äußeren Apsis ausgeführt ist, und b) eine Wand, die gerade weitergezogen wird.

Es besteht kein Zweifel, daß die Basiliken mit gerader Ostwand die interessanteren und selteneren sind. Zu den „apsidenlosen Saalkirchen", wie Egger sie bezeichnet hat, gehören mit Sicherheit 18 der 37 untersuchten Kirchen: d. h. die Kirchen aus Regensburg, Epfach, Imst, Martinsbühel, Stribach, Kirchbichl, St. Peter im Holz, Grazerkogel, Hemmaberg, Bozen, Zuglio, Invillino, Lorch, Mautern, Rifnik, Kékkút, Kučar und Szentkirályszabadja. Es handelt sich um Anlagen, die planimetrisch außergewöhnlich elementar sind, wobei die Funktion entscheidenden Vorrang gegenüber dem dekorativen Element hat. Der sakrale Eindruck ist einzig durch die räumlichen Werte bedingt.

Die Basilika ohne Apsis, anderswo fast unbekannt, ist jedoch charakteristisch für die Kirchen und häufig anzutreffen in den Zonen, deren kirchliches Zentrum Aquileia war.

Außer in Aquileia (theodorianische Doppelkirchen, posttheodorianische Basilika) gibt es auch in Istrien beachtliche Beispiele: Parenzo, Pola (bischöflicher Komplex, S. Teodoro, S. Felicita), Brioni, Nesazio, Orsera. Die „alpine" Gruppe ist also einzuordnen in ein Geflecht von Beziehungen und Einflüssen, die klar unterscheidbar sind, und bereichert die Dokumentation um einen der seltensten Aufrisse des christlichen Kultbaus vor der Verbreitung des Basilikamodells, das später fast zum Kanon geworden ist.

Die Gruppe der Basiliken mit Apsis stellt keine erwähnenswerte Besonderheit dar und gehört zu den Bauten, die im ganzen frühchristlichen Raum weiteste Verbreitung haben. Es muß jedoch betont werden, daß die Apsiden unserer Basiliken nicht nur einem Funktionsanspruch genügen, sondern einem Bedürfnis nach Ästhetik und Monumentalität entsprechen. Die Apsis ist nicht wie üblich nur dazu bestimmt, das Presbyterium (Kathedra, Sedilien, Altar und Ambo) aufzunehmen, wie das im allgemeinen der Fall ist. Das Presbyterium bildet hier fast immer eine eigene selbständige Gruppe, von den Außenmauern abgesetzt, und zwar sowohl in den Basiliken mit planer Mauer als auch mit Apsis, in denen es sich zuweilen vollständig außerhalb der Apsis anordnet, wie z. B. im Fall Ulrichsberg.

Obwohl unsere Untersuchung vorwiegend die charakteristische Typologie der Basilika betrifft, so können wir dennoch an dieser Stelle nicht versäumen, wenn auch nur kurz, auf das Problem der Funktion der beigeordneten oder verdoppelten Aula hinzuweisen, von deren Art wir in der Ostalpenregion interessante Beispiele haben, wie z. B. in Augsburg, Grazerkogel, Hemmaberg, Dos Trento, in Vranje und in Kékkút. Man könnte noch das Beispiel Kirchbichl hinzufügen, bei dem sich jedoch die zweite Aula aufgrund der vorhandenen Bodenbeschaffenheit auf derselben Höhe befindet wie die erste. Die Interpretationsschwierigkeiten, die zweifellos für ähnliche andere Baukomplexe der frühchristlichen Epoche bestehen, treffen bei den erwähnten Bauten noch nicht zu. Einer der beiden Teile ist immer eng mit dem Baptisterium oder mit dem Taufbecken in Verbindung und also dazu bestimmt, Erfordernisse zu erfüllen, die an die Taufliturgie gebunden sind, wie ,,catecumeneum" und ,,consignatorium". Der Wert dieses Beweises, der kaum Zweifel übrig läßt, geht insofern weit über die lokale Bedeutung hinaus, als er einen entscheidenden Beitrag zur allgemeinen Lösung des Problems anbietet, mindestens was den Zeitraum anbetrifft, in den diese Basiliken gehören.

Eine Anmerkung noch zu den Baptisterien. Die große Vielgestaltigkeit, wir können sogar sagen, die Ausgefallenheit der einzelnen Lösungen, sowohl der Grundrisse als auch der Formen der Taufbecken, gestatten uns nicht, auch nur irgendeine typische Gemeinsamkeit festzustellen. Man kann höchstens eine gemeinsame Liturgieform daraus erkennen. Eine gewisse Vorliebe für das sechseckige Taufbecken, z. B. auf dem Hemmaberg und in Vranje (wir können hier auch Carnuntum nennen), läßt uns noch auf die frühesten und am längsten erhaltenen Baugewohnheiten für das Baptisterium im aquileischen Raum schließen.

3. Das dritte Element, das die frühchristliche Architektur der Ostalpen charakterisiert, ist die typische Gliederung des Presbyteriums mit der Gruppe Bank-Altar.

Das Presbyterium der untersuchten Basiliken, immer im Ostteil der Aula gelegen, etwa bei drei Viertel ihrer Länge, wird gewöhnlich von einer halbkreisförmigen Mauerbank gebildet, mit ihrem Bogen nach Osten gerichtet und gegen Westen geöffnet auf eine vierseitige gegenüberliegende Erhöhung hin (Bema), die meist durch eine Eingrenzung abgeteilt ist und auf der sich der Altar befindet. Das besterhaltene Presbyterium von S. Maria in Grado kann als prototypisch dafür gelten.

Bank und Altar in dieser charakteristischen Anordnung bilden den Mittelpunkt des gesamten architektonischen Raumes, die unverzichtbare Ausstattung für die Feier der Liturgie, und bilden innerhalb dieses kleinen Raumes, der in seinem

Aufbau und in seiner Funktion so genau definiert ist, einen Organismus, der geeignet ist, fast unverändert beibehalten zu werden, was dann auch eine konstante und strenge Tradition besiegelte. Zuweilen wird die Gruppe Bank-Altar auch als eine von der Architektur unabhängige Entität empfunden. In diesem Sinn überzeugend ist Ulrichsberg, wo die Einheit Bank-Altar außerhalb der Apsis steht, ohne Bezug zu derselben.

Die Abweichungen in diesem Schema sind gering und unwichtig. Die halbkreisförmige Bank konnte nur aus einem Sitz bestehen (mit suppedaneum) wie in S. Peter im Holz und in anderen wahrscheinlichen Fällen, oder sie konnte auch mit einer höheren Rückenlehne aus Mauerwerk ausgestattet sein (wie in Stribach und in Kirchbichl). Sie war verputzt und angestrichen oder auch mit einer Holz- oder Marmorverkleidung ausgestattet. Im Mittelpunkt ihrer Krümmung konnte sich eine Kathedra befinden. Reste davon sind z. B. in Pfaffenhofen, Kirchbichl, Laubendorf, Invillino und in Vranje gefunden worden und ermöglichen eine Rekonstruktion, die dem Original S. Maria in Grado sehr ähnlich ist. Nur in zwei Fällen sind die Bänke an die Apsis angelehnt, in Lienz und in Laubendorf.

Die Presbyterbank stellt zweifellos das typischste und konstanteste Element für die Basilika der Ostalpen dar (23 gesicherte Exemplare), allerdings auch das ungewöhnlichste, was die frühchristliche Architektur im allgemeinen betrifft. Trotz ihrer Elementarität ist sie unumstößliches Kennzeichen einer genauen architektonischen Konzeption. Wir sind der Meinung, daß ihre Herkunft weniger aus fernen orientalischen Beispielen abgeleitet werden kann, sondern mehr in der fast spontanen Entwicklung von zweckdienlichen Entsprechungen zu sehen ist, die ihren Niederschlag in Begriffen der Architektur findet. Anders gesagt handelt es sich um eine elementare und wirtschaftliche Lösung, als Alternative zu einer beweglichen liturgischen Ausstattung: Kathedra und Sedilien halbkreisförmig um den Altar und vor die Gemeinde gestellt. Vorläufer könnten in Salona gefunden worden sein. Außerdem ist es wahrscheinlich, daß die Erfahrungen von Aquileia aus der 2. Hälfte des 4. Jh. (südliche posttheodorianische Basilika) bestimmend waren und sicherlich als Modell für die Architektur des Alpengebiets und Istriens dienten. Aber u. E. ist es nicht notwendig, auf so weit zurückliegendes Material zurückzugreifen, um das Auftreten der Bank in den Basiliken des Alpengebiets zu rechtfertigen.

Das Bema, das der Priesterbank gegenübersteht, einige Zentimeter höher als der Boden der Aula, war abgegrenzt mit Schranken aus Marmor (Lettner oder Geländer), oder häufiger aus Holz. Auf diese Weise sollte der sakralste Bereich der Basilika abgeteilt sein, dem Altar und dem zelebrierenden Klerus vorbehalten. Diese Schranken waren zu öffnen, um Zutritt in das Kirchenschiff zur Gemeinde hin zu gewähren, meist auch an den Seiten. Im Zusammenhang mit den Absperrungen des Presbyteriums haben wir noch andere Holzgeländer, die eine weitere Aufteilung des inneren Kirchenraumes kennzeichneten (wie wir es sicher in Invillino haben), die sicherlich mit den liturgischen Bräuchen zu tun haben, aber deren genauer Zweck uns nicht bekannt ist.

Der Altar, mitten auf dem Podium und so auch in der Mitte zwischen den Priestern und der Gemeinde, war sehr einfach und offensichtlich an die Vorstellung eines Tisches gebunden (mehr als an einen Opferaltar). Aus den Überresten und Spuren, die ausgegraben wurden, geht hervor, daß er meist aus einer rechteckigen Marmorplatte bestand, oben ausgehöhlt, und meist auf 4 Marmorbeinen stand (Säulen oder Pilaster). Es gibt aber auch Beispiele mit fünf Beinen oder mit einem Bein, wie es in der schönen Kapelle von S. Peter in Holz der Fall ist. Unter dem Altar, in Übereinstimmung mit der Mitte des Tisches, in einer Aushöhlung im Boden, wurde die Kapsel für die Reliquie niedergelegt. Das entsprach einem Brauch, der sich vom 5. Jh. an allgemein verbreitete.

Weniger häufig, aber dennoch gelegentlich, finden wir eine Einrichtung, die dafür bestimmt ist, den Ort hervorzuheben, von dem aus das Wort Gottes verkündet wird, Ambo genannt. In Kirchbichl wurden auf der Höhe des Presbyteriums Spuren freigelegt, weit vorgerückt zur Gemeinde hin, und in Invillino und Vranje auf der Vorderseite des Bema. Wenn es sich wirklich um Amben handelte, mußte ihre Form ziemlich einfach gewesen sein, kaum mehr als eine erhöhte Basis.

Die drei Konstanten, die wir in den frühchristlichen Basiliken des östlichen Alpengebiets ermitteln konnten: die Ausrichtung nach Osten, die Ungeteiltheit der Aula und die typische Anordnung des Presbyteriums beweisen zur Genüge, daß die verschiedenen architektonischen Ausführungen deutlich eine typologische Einheit bilden, die offenbar das Ergebnis einer starken ideellen, liturgischen und kulturellen Verbindung ist.

Die Tatsache, daß sich eine einheitliche Typologie in einem bestimmten Raum halten konnte, setzt ein Zentrum voraus, welches als Modell wirksame Ausstrahlung hatte. In der vergleichenden Analyse der einzelnen Bauelemente haben wir ständig Parallelen und Ähnlichkeiten festgestellt, die uns auf die Metropole von Aquileia verweisen, wie Ausrichtung nach Osten, Altar-Bank-Gruppe, die apsidenlosen Saalkirchen, die Doppelbasiliken, die sechseckigen Taufbecken. Zweifellos sind mit dieser Stadt an der Adria, lebendiges Kulturzentrum und begünstigt durch ihre politische, wirtschaftliche, strategische und auch kirchenrechtliche Rolle, die gesamten Christengemeinden des östlichen Alpengebietes eng verbunden.

In diesem Rahmen unterscheidet sich jedoch die frühchristliche Architektur der Ostalpen deutlich, nicht nur weil sie einige Konstruktionsformen aufzeigt, die ihren Ursprung in der romanisierten autochthonen Bautradition hat, sondern vor allem, weil sie sich dem aquileischen Beitrag gegenüber offensichtlich schöpferisch verhält, aus dem sie eine präzise Auswahl trifft und eine neue Synthese daraus macht. Aus den aquileischen Modellen wählt die lokale Architektur besonders die oben erwähnten Elemente aus und vereinigt sie zu einer neuen organischen Ganzheit von unverkennbarer Individualität und bemerkenswerter architektonischer und ästhetischer Kohärenz.

Aus diesen Gründen scheint es uns gerechtfertigt, diesen Bautyp einer Basilika als *aquileisch-alpin* zu bezeichnen.

Diese Schlüsse veranlassen uns, eine weitere Betrachtung geschichtlicher Art anzustellen. Wie schon gesagt, entsteht die aufgezeigte Bauweise nicht aus unkritisch übernommenen, vorgefertigten, vorhandenen Modellen und Verpflichtungen zu einer Tradition oder einer Schule, sondern als Ausdruck für unmittelbare Bedürfnisse, denen das Bauwerk entspricht. Funktionelle und praktische Bedürfnisse bestimmen die Ungeteiltheit des Schiffes, liturgische Instanzen bestimmen die Orientierung und die typische Form des Presbyteriums. Mit anderen Worten, die lokale kulturelle Situation bestimmt die Geburt und die Charakteristika eines autochthonen „anderen" Typs von christlicher Basilika. Diese Behauptung auf allgemeinen Nenner gebracht, zeigt, daß die „Polygenese" des christlichen Kultraumes hiemit für bewiesen gehalten werden darf, entgegen der künstlichen Schematik, mit der man versucht hat, das Problem der Ursprünge der Basilika „monogenetisch" zu lösen.

Mit ihrem originellen Beitrag nimmt auch die Region der Ostalpen an dem großen – stürmischen – Bauexperiment des 4. und 5. Jh. teil, aus dem sich die christliche Basilika entwickelt und an dem nicht nur die großen, sondern auch die kleineren und entlegeneren Kulturkreise beteiligt sind.

1916 – *R. Egger,* Frühchristliche Kirchenbauten im südlichen Norikum, Wien.

1918 – *J. Zeiller,* Les origines chrétiennes des Provinces danubiennes, Paris.

1954 – *R. Noll,* Frühes Christentum in Österreich von den Anfängen bis um 600 nach Chr., Wien.

1958 – *G. C. Menis,* La basilica paleocristiana nelle diocesi settentrionali della Metropoli d'Aquileia, Città del Vaticano.

1969 – *H. Vetters,* Das Problem der Kontinuität von der Antike zum Mittelalter in Österreich, in „Gymnasium" 76, pp. 481 ss.

1971 – *G. Piccottini,* Frühes Christentum in Kärnten, in „Carinthia", 161, pp. 3–33.

1975 – *R. Noll,* Neuere Funde und Forschungen zum frühen Christentum in Österreich: 1954–1974, in „Mitteilungen der österr. Arbeitsgem. für Ur- und Frühgesch.", 25, pp. 195–216.

1975 – *P. Petrou – T. Ulbert,* Vranje pri Sevnici – Vranje bei Seunica, Ljubljana, pp. 56–77.

1976 – *G. C. Menis,* La basilica paleocristiana nelle regioni delle Alpi Orientali, in „Aquileia e l'arco alpino orientale", Udine, pp. 375–420.

Langobardische Niederlassungen in Friaul und Handelsbeziehungen zwischen dem Herzogtum und den Ländern jenseits der Alpen

Mario Brozzi

3. April 568: Die Langobarden setzen sich nach einem Aufenthalt von mehr als 40 Jahren in Pannonien mit ihren Frauen, Kindern und Alten in Bewegung und ziehen gen Italien. Nachdem sie das Osterfest gefeiert hatten – das in jenem Jahr auf den 1. April fiel –, gab Albuin, König der Langobarden, den Befehl, alle Dörfer anzuzünden, damit niemand in Versuchung komme, in dieser Gegend zu bleiben.

So begann der lange Marsch eines Volkes, das von dem Wunsch getragen war, in Italien eine endgültige Heimat zu finden und damit die jahrhundertelange Wanderung durch Europa zu beenden.

Die Einwanderung der Langobarden nach Venetien geschah nicht, wie oft angenommen wurde, über den schwer zugänglichen Paß des Natisone-Tals, sondern über die große und bequeme Römer-Straße, die von Julia Emona (Lubiana) über die Paßhöhe von Preval und über die großartige Isonzo-Brücke nach Aquileia führte.

Nachdem Albuin mit seinem großen Heer und dem gesamten Troß von Männern, Frauen und Kindern an der nördlichsten Grenze Italiens angekommen war – so erzählt Paulus Diaconus –, stieg er auf einen Berg und konnte von dort aus endlich die vor ihm liegende friaulische Tiefebene überschauen, bis hin zum adriatischen Meer. – Von da an wurde die Anhöhe nach dem König benannt.

Nach der Paßhöhe von Preval umwanderten sie die Berggruppe des Nanos und hielten sich am Fuß der Anhöhe auf, die auch heute noch als der „Königsberg" bezeichnet wird. Bevor jedoch die Langobarden Pannonien verließen, trafen sie noch ein Abkommen mit den Avaren, die sich anschickten, das frei werdende Gebiet in Besitz zu nehmen. Sie verpflichteten sie, ihnen jene Gebiete wieder zu überlassen, falls sie aus irgendeinem Grund wieder zurückkehren müßten. Wahrscheinlich rechnete man mit dem heftigen Widerstand der byzantinischen Truppen, und die Möglichkeit eines militärischen Mißerfolgs ließ es geraten sein, sich einen Anspruch auf jene Gebiete zu sichern, die man um des großen italienischen Abenteuers willen aufgab.

Albuin konnte jedoch mit seinem Heer völlig ungehindert in venetianisches Gebiet eindringen. Die Byzantiner hatten es offensichtlich vorgezogen, sich in gesichertere Positionen zurückzuziehen. Was die Entscheidung der Langobarden, nach Italien zu ziehen, betrifft – so versichert uns Paulus Diaconus –, soll es merkwürdigerweise ein byzantinischer General – Narses – gewesen sein, der diesen Massen-Auszug vorgeschlagen hatte, um sich dafür zu rächen, daß der Kaiser einen anderen General, nämlich Longinos, an seiner Stelle als Präfekten auf die Halbinsel entsandt hatte. „Außerdem" – fügt der Geschichtsschreiber der Langobarden hinzu – „schickte der Haßerfüllte große Mengen der verschiedensten Früchte des fruchtbaren Italien, um ihre Lust für das geplante Unternehmen anzuregen". Schließlich nahm Albuin den Vorschlag an, und „über Italien" – so notiert Isidor der Jüngere in seiner Chronik – „zogen dunkle Nächte auf, böse Zeichen".

Der Bericht über die Intervention des Narses mit dem Ziel, daß die Langobarden Italien besetzten, wird freilich heute von den meisten Wissenschaftlern für ein Phantasie-Produkt gehalten, bar jeden geschichtlichen Fundaments.

Daß die Langobarden in die fruchtbaren Gegenden Italiens auswanderten, ist sicher dem Umstand zuzuschreiben, daß sie sich in Pannonien aufgehalten hatten; denn hier wurden ihre Lebensgewohnheiten entscheidend beeinflußt – begünstigt durch geschichtliche und geographische Umstände. Hier, im Raum Pannonien, hatten die Langobarden ihren ersten Kontakt mit der Kultur Roms. Sie fanden ein ausgebautes Straßennetz und befestigte Städte vor, und über das ganze Gebiet verstreut gab es Dörfer. Auch das Christentum lernten sie in Pannonien kennen. Sie nahmen Kontakt mit einzelnen Gruppen aus der Bevölkerung der römischen Provinz auf, lernten alle Arten der lokalen bäuerlichen Gewerbe und ihre Landwirtschaft kennen. Dies alles sind Faktoren, die nur von günstigem Einfluß auf ihre Kultur gewesen sein konnten. – Außerdem lernte der langobardische Adel in Pannonien die feinsten byzantinischen Waren kennen, als ihre Truppen-Einheiten Seite an Seite mit oströmischen Soldaten kämpften.

Bevor Albuin zur weiteren Eroberung Italiens aufbrach, ernannte er seinen Neffen Gisulf – einen fähigen und mutigen Mann – zum „Herzog" der neuen Gebiete. Gisulf nahm das Amt an, behielt sich jedoch vor, seine Gewährsleute („Fare" genannt) selbst auszusuchen und die Familien auszuwählen, die er für geeignet hielt, das Gebiet zu besetzen. Außerdem wollte er auch eine Zucht feuriger Pferde halten. So kam es zum ersten offiziellen langobardischen Herzogtum auf italienischem Boden, errichtet zur Verteidigung der Alpenübergänge gegen eventuelle Einfälle aus dem unruhigen Norden und somit auch zum Schutz der Truppenbewegungen, die im Gange waren.

Es ist denkbar, daß Gisulf gerade aus diesem Grund bei der Übernahme des Herzogtums von seinem König verlangte, daß die tüchtigsten Soldaten bei ihm bleiben sollten. In der Zeit, als Albuin seinen Marsch nach Süden fortsetzte, besetzte der erste Herzog Friauls *Cividale,* das von da an 206 Jahre lang die Hauptstadt eines der eindrucksvollsten langobardischen Herzogtümer war. Cividale, das antike Forum Julii, liegt am Ende eines Tales auf einem sanften Hügel, der sich über dem Fluß Natisone an einem strategisch ganz bedeutenden Punkt erhebt.

Im übrigen war Cividale die einzige Stadt, das einzige bedeutende Zentrum im

Umkreis der ganzen Region, dessen Verteidigungsanlagen noch unversehrt waren, da es auf Grund seiner Lage abseits von den großen Straßen, die das Land durchzogen, im Gegensatz zu Aquileia, Concordia und Zuglio Carnico bei den vorangegangenen vernichtenden „Barbaren"-Einfällen immer ausgespart und verschont geblieben worden war. Dieses Gebiet, das wir heute Friaul nennen, muß damals ziemlich schnell von den Langobarden besetzt worden sein, und die Ortsbezeichnungen haben davon eindrucksvolle Spuren hinterlassen: Sieben Orte tragen heute noch – verschieden deutlich erhalten – den Namen „Fara", den Namen jener ersten Gruppen, die das Gebiet militärisch in Besitz genommen hatten.

Es wurden auch die Kastelle besetzt, die von den byzantinischen Truppen aufgegeben wurden, wie Cormons, Nimis, Osoppo, Artegna, Ragogna, Gemona und Invillino, ebenso unbedeutendere Festungen wie das Kastell von Duino, das an der Grenze zum byzantinischen Istrien lag. Das friaulische Herzogtum umfaßte auf diese Weise das Territorium von vier römischen Municipien (Aquileia, Concordia, Zuglio Carnico und Cividale) und hielt ungefähr das Gebiet des jetzigen Friauls besetzt, nur im südwestlichen Teil verlief die Grenze etwa am Fluß Livenza. Es grenzte also im Norden an Noricum Mediterraneum, im Westen an das Langobarden-Herzogtum von Ceneda, im Osten an das von Avaren und Slaven besetzte Gebiet, bei Duino an Istrien, während sich das herzogliche Gebiet im Süden fast bis zur adriatischen Küste erstreckte (Aquileia eingeschlossen) und vermutlich durch die römische Konsular-Straße Annia begrenzt wurde.

Die Küste und die zahlreichen Inseln der Lagune waren in byzantinischer Hand.

Archäologischen Erhebungen zufolge scheint die langobardische Besiedelung in Ost-Friaul diesseits des Tagliamento wesentlich dichter gewesen zu sein, während der westliche Teil, das Gebiet mit den heutigen Orten Pra Maggiore, Cavazzo, Arzene und Caneva di Sacile nur schwach besiedelt war.

Man darf nicht annehmen, daß diese Tatsache nur einer geringeren Anzahl von Funden zuzuschreiben ist, sondern eher der geringeren Fruchtbarkeit des Bodens. Sogar heute noch kann man an der Benennung einiger Dörfer wie Marsure, Gleria und Magredis (übersetzt: verbrannte Erde, steinige Erde, magere Erde) ein späteres Echo dieser Tatsache erkennen.

Friaul ist sicherlich eines der Gebiete langobardischer Besiedlung, in dem es die meisten archäologischen Funde gibt. Es wurden fast 500 Gräber ausgegraben. Ein gutes Drittel derselben kam allein in Cividale zu Tage.

Das hier entdeckte Material ist für uns sowohl der Quantität als auch der Qualität nach ein wesentliches Zeugnis der langobardischen Kultur. Die Fundstücke können tatsächlich von ca. 568 bis zum Ende des 7. Jh. datiert werden. Dieser große Zeitraum ermöglicht es, anhand der gefundenen Geräte das handwerkliche Können dieses Volkes nachzuweisen und den Entwicklungsprozeß zu verfolgen, der durch Kontakt mit der Kultur des Mittelmeerraumes stattfand.

Alle 44 Orte, die bis heute mit ihren archäologischen Funden die langobardische Präsenz im Herzogtum Friaul mit Sicherheit bezeugen, liegen in der Nähe von Flüssen, an der Mündung von Tälern oder entlang von Verkehrswegen. Diese Tatsache läßt uns verstehen, daß es sich bei den Ansiedlungen um Plätze zur Verteidigung von Engpässen, Übergängen, von Straßen und von Cividale selbst handelte, die zusammen mit den Kastellen für das ganze Gebiet einen starken Schutz darstellten.

Ebenso interessant ist die gleichzeitige Präsenz (auch durch Grabstätten bezeugt) der ursprünglichen einheimischen Bevölkerung, die meist auf den Feldern arbeitete und in den alten römischen Dörfern angesiedelt war. Viele derselben verwandelten sich in stattliche Sitze, in jene Landgüter, die bezeugen, daß die Langobarden auch ihre Herrschaft über das Land kräftig spüren ließen. Der friaulische Dialekt weist noch zahlreiche Wörter langobardischer Herkunft auf, die mit der Landwirtschaft und dem Boden zu tun haben.

Über das Handelswesen, das sich im Raum des Herzogtums abspielte, haben wir keine Aufzeichnungen von Einzelheiten. Wir wissen jedoch, daß zur Zeit der Karolinger für die ins Herzogtum eingeführten Waren Zoll bezahlt werden mußte, und zwar an den sogenannten „chiuse" (Mautstellen), von denen drei erwähnt sind: S. Pietro in Carnia, Cividale und Aquileia. Wir können also annehmen, daß solche Zollposten auch schon in der Zeit der Langobarden existiert haben mußten, daß die transalpinen Handelswege auch durch Friaul liefen und die Pässe von Monte Croce Carnico und Predil benutzt werden (Plöckenpaß und Predilpaß).

Man kann sich deshalb vorstellen, daß die Handelsbeziehungen sehr lebhaft waren und dies nicht nur in Form des Warentauschs, denn bei Geschäften zwischen dem Land und den Städten, dem Herzogtum, dem Königreich und den Ländern jenseits der Alpen wurde sicherlich auch mit Geld bezahlt.

Davon zeugen Gläser, Bronze-Becken („copti"), Bernsteine, Gold und Silber, die in den langobardischen Grabstätten gefunden wurden.

Man weiß, daß der Handel mit Gegenständen des lokalen Goldschmiedehandwerks mit den deutschen Ländern — insbesondere im bayerischen und alemannischen Raum — ein einträgliches Geschäft war. Weit über die Grenzen hinaus geschätzt wurde vor allem ein bestimmtes Kreuz aus Goldplättchen, das zum ersten Mal von den Langobarden in Italien hergestellt wurde. Viele dieser kleinen Kreuze kommen, wie nachgewiesen werden konnte, aus den Werkstätten von Goldschmieden, die im Herzogtum Friaul gearbeitet haben, aller Wahrscheinlichkeit nach sogar in der dortigen Hauptstadt.

Wir können also zu recht annehmen, daß Cividale — das die bedeutendsten Beispiele der Goldschmiedekunst und der Bildhauerei aus dieser Zeit aufweist — nicht ein kultureller *Abglanz* war, sondern als eigentliches Zentrum betrachtet werden muß, in dem neben der einheimisch römischen Bevölkerung auch langobardische Künstler und Handwerker arbeiteten.

Das Wirken und die Erfahrungen der aus dieser frühmittelalterlichen Verschmelzung hervorgegangenen Volksgruppen sind also nach heutiger Auffassung fruchtbar gewesen, und inzwischen wird auch von der Kritik anerkannt,
daß die sogenannten „finsteren Jahrhunderte der italienischen Kunst" ganz im
Gegenteil eine künstlerische Wiedergeburt darstellen – insbesondere in der Zeit
der Herrschaft Luitprands bis zu Astolf bzw. bis zur spätantiken Kunst – und auf
diese Weise zur Entwicklung der romanischen Kunst beigetragen haben.

B. Salin, Die altgermanische Tierornamentik, Stockholm 1904.
N. Aoberg, Die Goten und Langobarden in Italien. Uppsala 1923.
S. Fuchs, Die langobardischen Goldblattkreuze aus der Zone südwärts der Alpen. Berlin
     1938.
S. Fuchs/J. Werner, Die langobardischen Fibeln aus Italien. Berlin 1950.
G. Haseloff, Die langobardischen Goldblattkreuze, in: Jahrbuch des RGZM, Mainz 1956.
J. Werner, Die Langobarden in Pannonien, München 1962.
I. Bona, Die pannonischen Grundlagen der langobardischen Kultur im Licht der neuesten
     Forschungen, in: „Problemi della civiltà e dell' economia longobarda in Italia", Mi-
     lano 1964.
O. v. Hessen, Die Goldblattkreuze aus der Zone nordwärts der Alpen, in: „Problemi della
     civiltà e dell' economia longobarda in Italia", Milano 1964.
L. Bosio, La via romana dalla Pannonia alla X Regio e il cammino dei Longobardi, in:
     „Atti Convegno Studi longobardi" Udine 1970.
T. Bona, I Longobardi e la Pannonia, in „Atti Convegno Internazionale: La civiltà dei lon-
     gobardi in Europa", Roma 1974.
M. Brozzi, Il ducato longobardo del Friuli, Udine 1975.
W. Hübener (Hrsg.), Die Goldblattkreuze des Frühen Mittelalters, Bühl/Baden 1975.

Die Kunst des frühen Mittelalters zwischen Adria und Donau

Sergio Tavano

Am 3. November 579 versammelten sich um Elias, den Patriarchen von Aquileia, in Grado 18 Bischöfe zu einer wichtigen und feierlichen Synode. Es entsprach den Rechtsgewohnheiten der Kirche von Aquileia, daß die Würdenträger
sowohl von jenseits der Alpen wie auch aus Istrien und Venetien nach Aquileia
kamen; d. h. sie kamen aus einem Gebiet, das von Oderzo bis Pula, von Celje
bis Trient und von Padua bis Sopron reichte. Es sollte dies die letzte so stark
besuchte und bedeutende Versammlung von Bischöfen sein, die als Träger der
gleichen kirchlichen Tradition durch ein Band gemeinsamer kultureller Faktoren
verbunden waren und ein einheitliches Credo hatten. Anläßlich dieses Zusam-
mentreffens forderte der Patriarch alle wahlberechtigten Bischöfe auf, zusam-

menzuhalten, um die unumstößliche und feste Bindung ihrer jeweiligen Kirchen an das strengere orthodoxe Fundament der Glaubenslehre zu verkünden. Das war gegen die Kompromisse und Mißbräuche gerichtet, die sich etwa um 553 in Konstantinopel durchgesetzt hatten.

Der politischen Einheit, die mit dem Eindringen der Langobarden endgültig zu Ende ging, folgte eine Einheit ausschließlich kirchlicher Natur, die auf Voraussetzungen der Glaubenslehre gegründet und durch eine feste kulturelle Orientierung gekennzeichnet war.

Es war kein Zufall, daß gerade an diesem 3. November 579 der neue Dom von Grado, den aquileischen Erzmärtyrern Ermagora u. Fortunato und der Märtyrerin Eufemia aus Calcedonia geweiht, seine große Einweihungsfeier hatte. Dieses Bauwerk, das uns fast völlig erhalten geblieben ist, zeigt eine ästhetische Orientierung, deren Modell und Entwicklung überhaupt nicht mit dem übereinstimmt, was wir als sehr berühmte und „offizielle" Architektur in Ravenna antreffen.

Noch ungewöhnlicher erscheinen die Basilika S. Maria delle Grazie und das Baptisterium S. Giovanni Battista, die sich nördlich des Domes befinden und aus der gleichen Zeit stammen. Diese Bauwerke – von der Handschrift der Architekten des Patriarchen Elias geprägt – zeigen aufregende ästhetische Aspekte, sowohl was die fast archaischen Modelle betrifft, als auch – und das ist der überraschendere Gesichtspunkt – was ihre aufsteigende Entwicklung und die Wahl der Proportionen anlangt, die mit einem beachtlichen Vorsprung Richtungen und Formen aufweisen, die sich später im europäischen Raum entfalten werden.

Die Überwindung der klassischen Harmonie ist mit einer neuen Sensibilisierung der Raumvorstellung verbunden, mit der Anwendung dekorativer Elemente in der Verbindung der Maßverhältnisse, die die etwas abstrakt gewordene, bis dahin übliche vollkommene Symmetrie weniger wichtig nimmt. Sie weist aber eine beachtliche neue Ausgeglichenheit auf – nicht an hedonistischen Gesichtspunkten orientiert, sondern mit einer völlig christlichen Betonung der Innerlichkeit, der metaphysischen Werte und der Mystik. In diesem Rahmen nehmen die in strengen Geometrien angeordneten Bodenmosaiken einen bedeutsamen Platz ein.

Diese Errungenschaften konnten jedoch in den an das aquileische Patriarchat gebundenen Regionen nicht direkt einen Beitrag zu der organischen und konsequenten Entwicklung der Formal-Ästhetik der Kunst leisten. Die Synode von 579, die für den Augenblick die 568 erfolgte politische Trennung überwinden konnte, versuchte vergeblich, dem Auflösungsprozeß entgegenzuwirken, der von außen durch viele Kräfte die Zerstörung in den Regionen beschleunigte, die damals *Venetia et Histria, Noricum, Raetia etc.* genannt wurden.

Die Kultur, die in Aquileia ihren wirksamen Mittelpunkt hatte, war durch eine außerordentliche Vielzahl der Interessen gekennzeichnet. Hier waren sich Orient und Okzident begegnet, die mediterranen und die nordischen Ströme, und es war daraus eine höchsteigene Originalität entstanden. Nach 568 wurde das reduzierte und zersplitterte Erbe von Aquileia in verschiedenen Zentren aufgenommen und durch unvorhergesehene, nicht koordinierte Ereignisse – vielleicht auch in Erwartung einer neuen Synthese – zur Reife gebracht.

Im Laufe des 7. Jh. fand im Bereich des langobardischen Herzogtums Friaul eine partielle Wiedereinführung verschiedener Faktoren statt. Während Grado, Istrien und Venedig eng mit Byzanz zusammenarbeiteten, begünstigte die kluge Kulturpolitik der letzten langobardischen Könige und Herzöge die Einwanderung von Handwerkern und Künstlern, die neue Formen und Ausdrucksmittel mit brachten und die Träger einer formalen Kultur von hohem Rang waren.

Auf diese Weise drängen sich in der Bildhauerei, wo sich der ausdrücklich langobardische Beitrag fast ausschließlich auf die Bearbeitung von Metall beschränkt und wo das frühchristliche Vermächtnis im Baptisterium des Callistus (ca. 740) zur Blüte kommt, die Folgen auf, die durch die handwerkliche Anleitung und das Angebot von nicht-hellenistischen Modellen syrischer Herkunft entstanden sind: die Stuckaturen des „Langobardischen Tempelchens" von Cividale, der Altar von Retchis und der Lettner von Sugualdo, Arbeiten, die fast gleichzeitig entstanden sind.

Ähnlich verhält es sich in der Malerei, die wunderbar in dem erwähnten Oratorium von S. Maria in Valle bezeugt wird, dem sog. „Langobardischen Tempelchen": Die Fresken sprechen allerdings eine Sprache strenger spät-hellenistischer Observanz, die sie übrigens mit anderen Fresken aus der Langobardenzeit und in Rom gemeinsam haben. Auch im Bereich der Malerei des 8. Jh. haben wir Beispiele nichthellenistischer orientalischer Kunst, die sich lange hielt. In Cappadocia haben wir mit den Fresken von Naturno das bedeutendste Beispiel in diesem Sinn.

Auf dem Hintergrund dieser herrlichen „langobardischen" Ausdrucksweise gibt es eine große Anzahl von Skulpturen – vorwiegend mit Flechtornamenten – aus verschiedenen Herkünften: aus der östlichen Welt und aus Irland. Diese Flechtornamentik ist in entferntesten Regionen wie in Süditalien, Pannonien und auf der iberischen Halbinsel fast offiziell eingeführt. Es war eine Art „Koiné", meist auf handwerklicher Ebene, die bestimmte praktische und ästhetische Bedürfnisse befriedigte, die aber auch manche doktrinäre Ausrichtung respektierte, besonders was die Verehrung von Bildern angeht.

In diesem Zusammenhang ist die Gestalt des aquileischen Patriarchen Paolino (gest. 802) von großer Bedeutung. er war in Freundschaft und im Geiste großzügiger Zusammenarbeit Karl dem Großen und der pfälzischen Schule verbunden – aber dennoch empfänglich für die neuen Bedürfnisse, die durch die Christianisierung der Volksgruppen auftraten, die sich in den Ostalpen niedergelassen hatten und ins Königreich und dann in das Reich des fränkischen Kaisers aufgenommen wurden. Der Realismus und die Weisheit, die die Gestalt Paolinos charakterisieren, geben ihm die Möglichkeit, als Autorität wirksam zu werden, so nahm er z. B. die Loslösung der nördlichen Regionen aus der aquileischen Rechtshoheit zu Gunsten Salzburgs an. Ein anderes Beispiel ist sein Engagement gegenüber seiner Kunst und Kultur, die zweifellos jahrhundertealte Traditionen aufweist und die der „friaulische" Klerus gesammelt und erhalten hat.

Die Kontroverse der Lehrmeinung, die 794 auf dem Konzil von Frankfurt ihren Höhepunkt fand, auf welchem die Exzesse in der Bilderverehrung verurteilt wurden, beeinträchtigten die harmonische Entwicklung der Künste in aquileischen und salzburgischen Landen nicht, wie sie auch Karl und seine Schule nicht hinderte, die fast kanonische Bedeutung der Gültigkeit der Bilder wahrzunehmen, welche die Maler in den letzten Jahrzehnten des langobardischen Königreichs schufen. Durch die Malerei, von der das „tempietto" in Cividale, S. Salvadore in Brescia oder S. Maria Antiqua in Rom Zeugnis geben, wird jene Schule genährt und unterstützt, welcher wir die Wiedergeburt des „Karolingischen" im klassischen Sinn verdanken, wie z. B. das Evangeliar von Godescalce, und — um im Alpengebiet zu bleiben — die Fresken von S. Benedetto in Malles und von S. Giovanni in Müstair.

Das 8. Jh. stellt sich also als das Jahrhundert dar, in dem die Kunst gestaltet wurde, die wir auch im oberadriatischen Raum und in den mitteleuropäischen Zonen konventionell als frühromanisch bezeichnen. Schon in diesem Jahrhundert — auch als für die Langobarden die politische Trennung hart war und häufig Sonderinteressen begünstigte — tritt das Wesen und die Berufung der Kultur dieser „Wegkreuzung Europas" zu Tage, das heißt, ihre Funktion der Durchlässigkeit und des Filterns, was Kunst und Kultur betrifft, die zwar aus anderen Gegenden kamen, deren Weg aber durch diese Lande ging, wo sie häufig zu völlig neuen Ergebnissen eingeschmolzen wurden.

Man sollte sich nicht unbedingt — auch wenn es sehr instruktiv ist — genau an die Charakteristiken der Provinzen halten und z. B. die romanische Kunst zwischen der oberen Adria und der Donau ansetzen. Man sollte außerdem auch jene These fallen lassen, die eine regionale Kunst nur dadurch charakterisiert, daß sie vorwiegend antiklassisch genannt wird oder daß man mit einer wenig fundierten, ja sogar negativen Definition von „un-klassisch" spricht. In solchen Definitionen drückt sich das Mißverständnis aus, welches das Ablehnen der Klassik aus einer Resistenz gegen das Römische herleitet, und welches die regionale Kunst als offensichtliche Entstellung der hellenistisch-römischen Kunst betrachtet, die, organisch auf naturalistischen Voraussetzungen gründend, eine Wertkategorie für sich darstellen könnte, oder wie die Volkskunst, die auf linguistischem Gebiet ausdruckslos und ohne Geschichte sei, eher vergleichbar mit einem aus „höheren Kulturen" abgeleiteten Element. Man sollte nicht zögern, in diesem Rahmen auch einige autonome Leistungen der sog. barbarischen, langobardischen oder primitiven Kunst einzuordnen, bei denen sich leicht die Elemente der gesammelten Traditionen (Kunst der Steppe, Kunst der Kelten)

60

isolieren lassen, die durch die Unerfahrenheit der „neuen" Handwerker häufig entartet und entstellt sind.

Die Suche nach Werten der Kunst schließt nicht notwendig das Interesse für die künstlerischen Ausdrucksmöglichkeiten einer Volkskunst aus – als ethnographische Dokumente im weitesten Sinne des Wortes verstanden.

Im Hintergrund bleibt dennoch die Verschiedenheit der Volkskunst-Arten, von Natur aus eigentümlich und einzelgängerisch. Aber auch und gerade im Kaleidoskop der traditionellen Kulturen der Völker, die Mitteleuropa ausmachen, kann man einerseits die starke zentrifugale Tendenz feststellen, die vielleicht in diesen Zonen seit je bestand, andererseits eine Form von Abflachung, Vereinigung oder Ausgleich in der Annahme der gemeinsamen Zivilisation oder in der Art, wie dazu beigetragen wird, sie zu bilden.

Das schließt nicht aus, daß sich neben und häufig auch unter solch verschiedenen Formen von Kunst ein homogener kultureller „Humus" befindet. Das gilt auch für die tiefste Schicht, auf der man von einer mitteleuropäischen Schule sprechen kann oder genauer von einer aquileischen Schule, was die Kunst der Mosaiken und vor noch nicht allzu langer Zeit die Volksreligion oder die Liturgie betrifft. Man braucht nur an die traditionelle *Visitatio Sepulchri* erinnern, die, wenn auch von Ort zu Ort völlig verschieden praktiziert, doch in den Kirchen von Aquileia, Cividale, Moggio, St. Lambrecht, Seckau, Salzburg, Augsburg, Prag und Cracovia zwischen dem 10. und 12. Jh. einheitlicher Brauch war. Alle genannten Kirchen waren im Altertum eng mit dem Patriarchat v. Aquileia verbunden. Es ist der Abglanz einer Situation, die bis ins frühe Mittelalter reicht, bis zu dem Zeitpunkt also, als Mitteleuropa auf der Basis kirchlicher Organisation zum ersten Mal eine geschichtliche Größe geworden war.

Ferner muß aufgezeigt werden, ob dem Einfluß dieser Struktur durch eine übernationale Mission auch das Verdienst für die Dauer zugeschrieben werden kann: es steht fest, daß gerade dieser tiefe Sinn für Maß, Realität und Gleichgewicht grundlegend für diese ganze antike Kultur von Aquileia und auch ganz besonders prägend für die christliche und die gesamte Kultur des Reiches war bis in jüngst vergangene Zeiten hinein.

Man kann jedoch in keinem Fall dieser antiken Mittlerrolle zwischen ethnologisch verschiedenen Gruppen und der notwendig internationalen und universellen Position das Verdienst zuschreiben, dem Reich diese Eigenschaften vermittelt zu haben. Die Universalität, die im Grunde eine der Konstanten der deutschen Geschichte ist, hat eine völlig andere Herkunft. Das frühe Mittelalter kannte außerdem keine Vorstellung von einem Mitteleuropa als autonomer Entität oder als autonomem Wirkungszentrum, da es von der Vorstellung eines Westreiches – das zwar auch christlich und universell war – beherrscht war. Von diesem Gesichtspunkt aus war auch die Kunst in diesem Gebiet direkte oder indirekte Emanation westlicher Kunstformen, in denen sich die möglichen gültigen irischen und byzantinischen Beiträge bereits wieder verarbeitet hatten und miteinander verbunden waren.

Außer im Falle Ungarns, wo zwischen dem 4. und 7. Jh. (und auch früher schon) aus dem Süden massive östliche Einflüsse einströmten (durch Skythen, Hunnen und Avaren), die sich ausbreiteten und sich bis in die romanische Zeit hielten, hat die Mehrzahl der mitteleuropäischen Ausbreitungs-Linien der Kunst eine west-östliche oder eine südwestlich-nordöstliche Richtung, und zwar für das ganze Frühmittelalter und auch weiterhin. Eine Ausnahme bildet das obere Adriagebiet, wo sich schon vor der Zeit der Gründung Venedigs Ideen, Formen und Menschen – aus dem Süden und Südosten kommend – angesiedelt hatten, wie man sagt auf Grund der Diaspora, welche durch die Araber und durch die ikonoklastischen Kämpfe entstand.

Tatsache ist, daß in Mitteleuropa während des ganzen Mittelalter eine westliche Strömung zu spüren ist. Das gilt auch für die Slawen (Böhmen, Slovenen etc.) und die Ungarn, die auf diese Weise zunehmend in das slawisch-byzantinische Gravitations-Feld einbezogen wurden; was z. B. für die Serben und Bulgaren offensichtlich aus politischen und religiösen Gründen nicht zutrifft.

Vielleicht kann man heute in dem Gebiet zwischen der Adria und der Donau nur in der Architektur die kontinuierliche Kraft einer Tradition erkennen, die sich offensichtlich auf eine konstruktive Praxis handwerklicher Art gründet, wo sie länger und besser als in anderen Kunstbereichen wirkt und in der Lage ist, fast automatisch bestimmte Modelle und Schemata zu erhalten, die sich noch im Laufe des frühen Mittelalters als Leitlinie für Baugewohnheiten erweisen. Älteste Modelle von exemplarischer Klassizität sind auf diese Tatsache zurückzuführen oder durch sie tradiert worden.

Eines der Elemente der frühmittelalterlichen und mitteleuropäischen Architektur, dem vielleicht mehr als anderen eine frühchristliche Tradition des nördlichen Italien und besonders des oberen Adriagebietes zukommt, ist wahrscheinlich die Neigung zum System der Bogen, welche meist blind sind und die Oberflächen der äußeren Mauern betonen. Das fragliche System wurde in Ravenna angewandt, im sog. Mausoleum der Galla Placidia und in Pula, in S. Maria Formosa, hatte aber auch schon ältere Vorläufer, z. B. in Armenien. Das erste und einzige Bauwerk, das in Friaul dieses besonders elegante architektonische Detail aufweist, ist die erwähnte Kirche S. Maria in Valle in Cividale, die in vieler Hinsicht eine knappe und intelligente Wiederholung inzwischen kanonisch gewordener Modelle darstellt.

Diese elegante Art, die äußeren Mauern rhythmisch miteinander zu verbinden, fand dann breiteste Anwendung in der karolingischen und nachkarolingischen Architektur. Man kann sie in einem Baukomplex in S. Grigioni antreffen, ebenso wie in S. Martino di Cazis (6.–7. Jh.) und im „tempietto" von Cividale, die als spätantike norditalienische Beispiele einen deutlichen Ring von Verbindungen darstellen. Beachtlich auch die blinden Arkaden der sehr in die Höhe gezogenen Pfeiler in der Kirche S. Giovanni in Müstair (Anfang des 8. Jh.). Zu nennen sind hier auch S. Pietro di Novalesa oder S. Lucio di S. Vittore und im adriatischen Raum S. Donato in Zara. Die Anwendung erstreckt sich über lange Zeit und ist weit verbreitet von Comasco bis ins Rheinland, wo die Spätantike ebenfalls einen starken Niederschlag fand.

In diesem Rahmen erscheint die Mittlerfunktion des Venesta-Tals und der Grigionen in ihrer ganzen Bedeutung, weil dorthin aus drei Richtungen Vorschläge kamen und von dort aus ebensoviele Anregungen jeder Art ausgingen: im Südosten öffnet sich das adriatische Gebiet, besonders empfänglich für östliche Einflüsse, gegen Südwesten verteilen sich die Verkehrswege zur Lombardei hin, und nach Norden entwickeln sich Kontakte mit der fränkisch-germanischen Kultur. Gerade diese Empfänglichkeit und dieses Aufgeschlossensein verschiedensten Richtungen gegenüber bringen Früchte zur Reife, die nicht einheitlich sind und sich auch nicht auf einheitliche Schemata zurückführen lassen.

Das einzigartige und wohl auch rätselhafteste Bauwerk in diesem stark ausgeprägten Zusammenhang ist sicherlich das „Tempietto" von Cividale, das man vergeblich mit Bauwerken wie S. Benedetto di Malles oder S. Maria d'Aurona in Mailand vergleicht, die nur im Plan eine vage Ähnlichkeit mit dem „tempietto" aus Cividale aufweisen, das in Wirklichkeit kein Bauwerk rechtwinkligen Grundrisses ist, abgeschlossen durch drei Nischen, die im Mauerwerk der Ostwand eingelassen sind. In Cividale haben wir ein Bauwerk, das vom Plan her zentral angelegt ist, genauer gesagt quadratisch mit Armen, die nach drei Seiten ausgreifen und einen untergeordneten, stützenden Anhang gegen Osten, eingeteilt in 3 kleine Schiffe mit Tonnengewölben. Das cividalesische Bauwerk zeigt eine architektonische Raffiniertheit, noch stark durchdrungen von einer Lehre, die man bis nach Vitruvio zurückverfolgen kann und die sicherlich in eindrucksvollsten Bauwerken klar formuliert war. Die Proportionen der drei Teile und die geniale Strukturierung des Innenraums, mit einer ausgeprägten Sensibilität für die perspektivischen und rhythmischen Werte der gewählten Modelle, machen das cividalesische Bauwerk zu einem Phänomen von höchstem Wert in der frühmittelalterlichen Architektur-Geschichte. Es konnte nur schwer Verständnis und Nachahmung finden.

In Malles dagegen ist die Struktur des Bauwerks (S. Benedetto, Ende des 7. Jh.) vollständig auf die eine Richtung der Längsachse ausgerichtet, im Grunde ziemlich einfach und sofort wahrnehmbar. Es handelt sich um eine einfache Aula, gegen Osten mit drei Nischen abgeschlossen, umschlossen von Säulen wie ein Tabernakel. Andere Beispiele treffen wir in Disentis (S. Agata, 8. Jh.) und in Zillis. Die ersten Modelle kamen sicher über die Adria aus dem Mittelmeerraum, aus Syrien und auch aus Ägypten. Dort finden wir sehr alte Beispiele für diese Lösung, die klar die Bedeutung der geometrischen und rechteckigen äußeren Hülle betont, während sie der Gestaltung des Innenraums die Aufgabe zuweist, die Räume zu bestimmen und die Maße zu betonen oder abzuschwächen, oder dynamisch-koloristisch Geschichten darzustellen, wofür das frühe Mittelalter im Westen besonderes Interesse zeigte.

Istrische Beispiele, typologisch und chronologisch dazwischen liegend, können hier als Richtungsweiser für die faszinierenden östlichen Modelle eingefügt werden, die hier Pate standen.

Trotzdem der Ausgangspunkt für unsere Betrachtung der eigentlichen einfachen rechteckigen Aula analog ist, bilden die Kirchen, die mit äußeren Apsiden abschließen, eine eindeutig eigene Gruppe. Hier kommt gerade dieser Konvexität die wichtigste Aufgabe der Verfeinerung der Struktur zu, wie es am Beispiel S. Pietro di Mistail der Fall ist. Häufig nehmen die Apsiden und die Bogen die Form eines Hufeisens an, welches diese Konvexität auf das äußerste treibt oder die Bogen in einer Weise formt, die für westliche Verhältnisse völlig ungewöhnlich ist. Die hufeisenförmige Apsis hat sowohl in Italien direkte Vorbilder, z. B. in der Kirche S. Maria foris portas in Castelseprio (Anf. des 7. Jh.) oder in S. Salvatore in Brescia (ca. 753), als auch an anderen Orten, besonders aber auf der iberischen Halbinsel, z. B. in Terrasa (S. Maria, 7. Jh.) oder in S. Fructuoso bei Barga (656–665).

Diese Lösung treffen wir besonders oft auf der iberischen Halbinsel an, besonders nachdem der islamische Einfluß sich bemerkbar machte, der seinerseits syrischen und byzantinischen Kulturkreisen angehört. Von Spanien aus gelangt er sicherlich in das restliche Europa, wie die Architektur und die Dekorationsart z. B. von Germigny des Prées beweisen, das nachweislich Anfang des 8. Jh. von iberischen Arbeitskräften für Theodulf gebaut wurde.

Es ist von besonderer Bedeutung, daß im 7. Jh. in Italien hufeisenförmige Apsiden und Bogen in solchen Bauwerken vorgefunden werden, deren Fresken eine durch östlichen Einfluß geprägte Sprache aufweisen, wie z. B. in Castelseprio und in Brescia.

Auch in den Alpenregionen und besonders bei den Grigionen haben wir Apsiden mit hufeisenförmigem Grundriß, besonders ausgeprägt z. B. in S. Giovanni in Müstair, aber auch in S. Pietro in Mistail oder in der Kirche S. Vincenzo in Villa-Pleif und in der Pfarrkirche v. Ramosch, beide aus dem 8. Jh. In Malles nehmen die Apsiden oben eine „pilzförmige" Entwicklung, auf Grund deren man sie auch dieser bedeutenden Gruppe zurechnet. Solche Komplexe und häufig auch die prächtige innere und äußere Ausstattung spiegeln die kulturellen und auf Repräsentation ausgerichteten Bedürfnisse ziemlich deutlich: Man findet sie fast immer in bischöflichen oder in solchen Bauten, die irgendeinen Bezug zu Klöstern haben, wo man eben voraussetzen kann, daß die vorhandenen Ideen auch realisiert werden konnten, und zwar von den aufgeschlossenen und lebendigen Handwerkern, die Europa geprägt haben.

Einen völlig anderen Aspekt bietet die Architektur der kleineren und kleinsten Zentren besonders dort, wo die missionarische Arbeit kaum hingelangte. Tatsächlich setzt sich die größere Anzahl der mittelalterlichen Gebäude – gut dokumentiert in den Alpenregionen und auch sonst – aus kleinen Kirchen mit rechtwinkligem Grundriß zusammen, in dem eine äußerste Einfachheit herrscht, die an Elementarität grenzt: zu den schlichten Wänden, die meist auch geradlinig sind, kommt in sicherer Folgerichtigkeit eine noch schematischere Apsis, wenn möglich viereckig, d. h. meist rechteckig im Längssinn.

Die Einförmigkeit des architektonischen Typs und die gleich einförmigen Proportionen lassen an eine Baupraxis denken oder vielmehr an die Beachtung von einheitlichen Richtlinien, die, im Hinblick auf eine weite Verbreitung – auch in entlegeneren Gegenden – vorgeschlagen und ausgearbeitet wurden.

Die Elementarität des Typs kann nicht als zufälliges Ergebnis einer gleichzeitigen Auswahl in einem so weiten Gebiet betrachtet werden. Es ist eine Auswahl, die nicht so sehr die angesehenen Modelle berücksichtigt, die im übrigen bekannt sind, sondern sie wird mehr durch die technische Fertigkeit der einzelnen Volksgruppen bestimmt, denen diese Architektur nahegelegt wurde.

Es gibt 40–50 Kirchlein dieser Art, verstreut in den Alpen, in Mitteleuropa und im Rheinland bis in die Niederlande. Die Mitteilungen, die ihre Konstruktion betreffen, kommen fast alle aus der Zeit zwischen der 2. Hälfte des 7. und dem Anfang des 8. Jh. Die interessanteste und älteste Gruppe liegt am Bodensee, diesem wichtigen Kreuzungspunkt im Verlauf des Mittelalters. Es ist sehr wahrscheinlich, daß dort das Schema erarbeitet wurde und daß von dort auch das Modell stammt, das so weite Verbreitung fand.

Es ist eigenartig, daß wir auch im frühmittelalterlichen Friaul ein Glied dieser langen Kette finden: das Kirchlein der hll. Gervasius und Protasius in Nimis ist wahrscheinlich für die zum Christentum bekehrte Bevölkerung im Laufe des 7. Jh. gebaut worden.

Ganz anders ist der Fall jener dreischiffigen Basilika, die eine viereckige Apsis hatte, wie die Basilika von Aquileia, die in der karolingischen Zeit durch einen Umbau des Ostteils diese Form annahm – nur um die beiden Seitenschiffe zu verkürzen, damit die halbkreisförmige Apsis in das entsprechende Quadrat einbezogen werden konnte, das dann auch die Krypta aufnahm. Der gesamte Ostteil der Basilika von Aquileia wird so radikal umgebaut, daß die Kirche einen kreuzförmigen Grundriß bekommt, was der Tendenz entsprach – die im Laufe des 8. Jh. sehr geschätzt war –, sich von den großen Basiliken in Rom inspirieren zu lassen. Damals glich die Kirche anderen nordischen Kirchen (Höchst, Steinbach im Oderwald, Hersfeld).

Eine sehr interessante Parallele bietet hier auch der alte Dom von Trient, dem auf ähnliche Weise an der Ostseite zwei Kapellen mit Apsiden angebaut wurden, die ihm einen kreuzförmigen Grundriß verliehen. Das ist übrigens bereits in einigen frühchristlichen Basiliken vage angedeutet.

Bleiben wir jedoch in Aquileia. Das erstaunlichste frühmittelalterliche Bauwerk, das erhalten ist, ist sicherlich die sog. „Heidenkirche", die vor der Basilika steht und sie mit dem Baptisterium verbindet, das mehr westlich steht. Dieses

Bauwerk, teilweise erhalten, umschließt zwei Stockwerke und weist ein seltenes Raumsystem auf, das zum Durchgang oder als Eingang dient: ein Bau mit einem zentralen Grundriß setzt sich in einer anderen Längsrichtung fort. Vorläufer dafür sind Höfe aus comaskischem Ambiente und also islamischer Herkunft. Die Einzigartigkeit der aquileischen Architektur ist ferner durch die Reihe von hohen und tiefen Nischen charakterisiert, welche die Längsmauer skandieren: das ist ein Element, das mit besonderem Geschick in karolingischer Architektur auftaucht, angefangen bei der Kirche St. Martin in Linz, die wahrscheinlich aus dem 8. Jh. stammt.

Die Kirche von Linz entsteht in einer *Torhalle,* die Bischof Waltrisch im Jahre 774 erbauen ließ, um Kaiser Karl triumphal empfangen zu können. Anregung dazu gab die Torhalle von Lorch, die kurz vorher gebaut worden war. Es ist ein typisch karolingisches Gebilde, und zwar wegen der besonderen Art, von der Idee her antike Schemata aufzunehmen, und sie mit neuen und aktuellen Mitteln wieder zu beleben. Diese Martinskirche von Linz weist tatsächlich, das große Gebäude vorwegnehmend, drei weite offene Bögen auf, wie es in Lorch mit seinen romanischen Bögen der Fall ist. Die Bögen wurden ausgemauert, und im neuen Mauerwerk öffneten sich viele Nischen mit verschiedenen Unterteilungen.

Auch die „Heidenkirche" von Aquileia diente zur Aufnahme und Weiterleitung derer, die die Basilika oder das Baptisterium betreten wollten: Die drei Bögen waren Teil des äußeren Porticus während jedoch das geschlossene Gebäude eher mit der schmalen Seite auf die Basilika ausgerichtet war als mit der Längsseite, wie es z. B. in Lorch und in Linz der Fall ist. Es handelt sich auch immer um eine eigene Interpretation des einen „klassischen" Schemas.

Noch eine andere Lösung, aber im Verhältnis zu Aquileia nicht sehr verschieden, ist die Eingangskapelle der Abtei Frauenchiemsee, die aus der ersten Hälfte des 8. Jh. stammt. Das Bauwerk hatte einen breiten Quergang und bestand aus zwei Stockwerken: die obere Kapelle war dem hl. Michael geweiht, wie in Aquileia und die untere dem hl. Nikolaus.

Die karolingische Renaissance engagierte sich auf ihre Weise in der Wiederaufnahme antiker Themen, und zwar auch in der Architektur und nicht nur in der Malerei und Bildhauerei. Die Vorbereitung auf diese glückliche Zeit hat sich in der kulturellen und künstlerischen Aktivität des 7. Jh. angekündigt, aus der diese karolingische Renaissance dann mit vollen Händen schöpfte.

In diesem Zusammenhang ist auch eine Untersuchung der unter dem Dom liegenden Basilika von Salzburg (ca. 774) sehr instruktiv. Hier war ganz offensichtlich das klassische Beispiel der frühchristlichen Basiliken prägend und gläubiger interpretiert als anderswo. Es ist wahrscheinlich, daß Salzburg, als es die Bedeutung einer Metropole wie Aquileia annahm, auf alte und wirkungsvolle Modelle zurückgreifen wollte, um in der neuen Metropole mit dem Adel zu verhandeln. Es handelt sich also nicht um eine Neubearbeitung oder eine neue Interpretation, wie wir es bei anderen Architekturen antreffen, die von romanischen oder spätromanischen Modellen inspiriert sind, sondern um eine gläubige Nachahmung, welche nur die neue Salzburger Kathedrale in ihrer ganzen Bedeutung zum Ausdruck bringen konnte.

Aus dem reichen und vielgestaltigen Vermögen karolingischer Kunst leitete sich eine neue europäische Synthese ab, besonders in der ottonischen Epoche, und damit eine neue organische Verzweigung von Schulen in einer Epoche, die im eigentlichen Sinn romanisch ist. Mitteleuropa nahm damals regen Anteil an diesem Ereignis und war integrierender Bestandteil desselben. Symbol dafür ist die Basilika von Aquileia, die Patriarch Poppo 1031 wieder aufbauen ließ. Er behielt die frühchristliche und karolingische Anlage im wesentlichen bei, und so kam es zu einer Physiognomie, die den germanischen Architekturen und besonders den rheinländischen sehr nahekommt. Die neuen Fresken, ihrem Geist nach ottonisch, fanden eine genaue Entsprechung in der mitteleuropäischen Malkunst in Lambach, Regensburg und auf der Reichenau. Aber bei den neuen Kapitellen wollte man von der Vorgeschichte des mittelalterlichen Westens absehen; mit großer Selbstverständlichkeit wurde hier jene Bauplastik byzantinischer Prägung einbezogen, die an das obere Adriagebiet verpflanzt worden war.

Auf diese Weise kommt es, daß das wichtigste Bauwerk des Patriarchats von Aquileia, sein eigentliches Sinnbild, in einer ureigenen Synthese mehrere Sprachen spricht, was sich folgerichtig aus seiner langen Geschichte und seiner verpflichtenden Mission ergibt.

Akten zum III. intern. Kongreß für Frühmittelalterforschung, Olten-Lausanne 1954.

G. *de Francovich*: Osservazioni sull'altare di Ratchis e sui rapporti fra Occidente e Oriente nei secoli VII e VIII, in Scritti di stori d. arte in on. di M. Salmi, Roma 1961, pp. 173–236.

M. C. *Magni*: Sopravvivenze carolinge e ottoniane nell'architettura romanica dell'arco alpino centrale, in „Arte Lombarda" XIV, 1 (1969), pp. 34–44; XVI, 2 (1969), pp. 77–87.

F. *Oswald*/L. *Schäfer*/H. R. *Sennhauser*: Vorromanische Kirchenbauten, München 1966 (1970).

S. *Tavano*: Aquileia cristiana, „AAA" III, Udine 1972.

D. *Gioseffi*: Cividale e Castelseprio, in Aquileia e Milano „AAA" IV, Udine 1973, pp. 365–381.

C. *Perogalli*: Architettura dell'altomedioevo occidentale, Milano 1974.

S. *Tavano*: Note sul „tempietto" di Cividale, in Studi cividalesi, „AAA" VII Udine 1975, pp. 59–88.

S. *Tavano*: Grado. Guida storica e artistica, Udine 1976.

S. *Tavano*: Architettura altomedioevale in Friuli e nelle regioni alpine, in Aquileia e l'arco alpino orientale, „AAA" IX, Udine 1976, pp. 437–465.

C. *Gaberscek*: La scultura altomediovale in Friuli e nelle regioni alpine, ibidem, pp. 467–486.

F. *Sforza Vattovani*: Pittura altomedioevale nelle regioni alpine: Malles, Münster, Naturno, ibidem, pp. 487–503.

Friaulische Mark und adriatische Ostküste im 9. Jahrhundert n. Ch.

Ivanka Nikolajević

Im Saal für Goldschmiedearbeit und Manuskripte des Archäologischen Museums von Cividale, in der Sammlung sehr bedeutender Denkmäler, welche nach den schweren Erdbeben, von welchen Friaul betroffen wurde, gewiß eines besonderen Schutzes bedürfen, wird auch ein außerordentlich kostbares handschriftliches Buch – ein Evangeliar aus der frühbyzantinischen Epoche (5. Jh.) aufbewahrt. Neben dem absoluten Wert, der jedem solchen Denkmal zukommt, ist dieses Manuskript auch deshalb besonders wichtig, weil darin in späteren Zeiten auch einige Aufzeichnungen profanen Inhalts eingetragen wurden. So sind z. B. unter zahlreichen Aufzeichnungen aus dem 9. Jh. im Evangeliar auch die Namen einiger slawischer Würdenträger eingeschrieben. Besonders fallen die Namen *Domni Tripimero* und *Petrus, filius Domni Tripimero* auf – also die in lateinischer Sprache ausgeschriebenen Namen des Herrn Trpimir und seines Sohnes Petar.

Trpimir war Fürst *(dux)* der Kroaten (845–864), welcher mit seinem Sohn und mit einigen seiner Edelleute zu einem jetzt unbekannten Kloster in der weiteren Umgebung von Cividale, wo sich das Evangeliar in dieser Zeit befand, wallfahrtete. Bei Gelegenheit dieses Besuchs wurden ihre Namen in das Buch eingetragen. Der Kodex diente eigentlich als das Buch zur Einschreibung von Namen berühmter Pilger, die zugleich auch als Spender dem Kloster Geld oder andere kostbaren Gaben schenkten. So wurden neben den Pilgern aus den höchsten Ständen Kroatiens – welches zu dieser Zeit die Oberherrschaft des italischen Königs anerkannte – im Manuskript auch die Namen einiger anderer Fürsten aus Ostprovinzen, so des bulgarischen Fürsten Boris (852–889) und seines Bruders aufgezeichnet. Der kroatische und der bulgarische Fürst standen an der Spitze neuer Staaten, welche zu Anfang des 9. Jh. auf dem Boden ehemaliger byzantinischer Besitztümer organisiert wurden. Kroatien befand sich auf dem Gebiet der ehemaligen byzantinischen Provinz Dalmatien, während Bulgarien, obwohl es viel weiter gegen Osten entstanden war, im 9. Jh. in großer Expansion begriffen war und im Westen einen großen Teil der Balkanhalbinsel einnahm.

Aus welchem Grund haben sich die Herrscher junger slawischer Staaten auf die Pilgerfahrt nach dem Kloster in der Friaulischen Mark begeben? Die Antwort auf diese Frage ist nicht so einfach, weil die religionspolitischen Verhältnisse sehr kompliziert waren. Am wahrscheinlichsten ist es, daß die weiten und oft sehr beschwerliche Reisen darum unternommen wurden, weil die religiösen

Festlichkeiten in den Wallfahrtsorten Gelegenheit nicht nur zur Bezeigung christlicher Frömmigkeit, sondern auch zu vielen gegenseitigen Begegnungen, die von politischen Gründen diktiert wurden, boten. Der bulgarische Fürst Boris, obwohl bis zum Jahre 864 ein Heide, hatte ein Bündnis mit dem deutschen König Ludwig gegen dessen Sohn Karlmann geschlossen. In den Verhandlungen über das Bündnis im Jahre 862 in Tulln (östlich von Wien) war auch darüber die Rede, daß die Missionäre aus den westlichen kirchlichen Zentren noch die große Anzahl heidnischer Bulgaren taufen sollten. Das Bündnis war aber kurzlebig, und die Bulgaren wurden 864 von den byzantinischen Priestern zum Christentum bekehrt. Bei dieser Gelegenheit erhielt der Fürst Boris den Namen seines Taufpaten, des byzantinischen Kaisers Michael. In der Aufzeichnung im Evangeliar von Cividale ist sein Name sowie der Name seines Bruders in christlicher Version eingetragen: „Rex Michael ... frater eius Gabriel"; dies bezeugt, daß sie nach 864 die Pilgerfahrt machten. Aus ziemlich zahlreichen zeitgenössischen Daten ist bekannt, daß Boris-Michael, indem er die Autonomie für die bulgarische Kirche zu erreichen suchte, sich bereits 866 an den Papst Nikolaus I. wandte. Wahrscheinlich hat er im Zusammenhang mit dem Wunsch, dieses Privileg vom Papst zu bekommen (was sich freilich nicht verwirklichte), die Wallfahrt nach Friaul unternommen.

Während die Taufe von Bulgaren Gegenstand zahlreicher religionspolitischer Kombinationen war, verlief die Taufe der Kroaten, am Anfang des 9. Jahrhunderts, viel einfacher. Sie wurden hauptsächlich von den Missionären aus westlichen, fränkischen Gegenden zum Christentum bekehrt. Aus diesem Grunde ist es ganz verständlich, daß sich der kroatische Herrscher wahrscheinlich bereits zu Anfang seiner Regierung auf die Pilgerfahrt zu einem berühmten Kloster im fränkischen Gebiet begab. Es ist möglich, daß Trpimir bei seinem Aufenthalt in Friaul auch dem Markgrafen Eberhard (828–866) begegnete bzw. an seinem Hofe weilte. Auf diesen Aufenthalt kann man mittelbar aus zwei Umständen schließen: Die zeitgenössischen Dichter nennen Eberhard oft den „Sieger über die unruhigen Slawen" und denken dabei wahrscheinlich an jene Slawen, welche nördlich von Trpimir bei Staat am mittleren Lauf der Save angesiedelt waren. Eberhard wünschte vielleicht während des Aufenthaltes von Trpimir in Friaul, diesen für ein Bündnis zu gewinnen oder wenigstens seine Neutralität in den Plänkeleien, die er mit dessen slawischen Nachbarn hatte, zu erreichen. Andererseits ist bekannt, daß der gelehrte Benediktiner Gottschalk – ein großer Anhänger und Verfechter der Lehre von der Prädestination, die von der Kirche verworfen wurde – Eberhards Hof, wo er zeitweilig Schutz vor den Verfolgungen orthodoxen Theologen gefunden hatte verlassen mußte. Seine Ausweisung wurde von Eberhards Freund Hrabanus Maurus, Erzbischof von Mainz, verlangt. Gottschalk barg sich auf dem Hof Trpimirs, wo er mehrere Monate verbrachte, und es ist sehr wahrscheinlich, daß sich Gottschalk zu Trpimir begab, indem er dem Rat Eberhards folgte. Es besteht auch die Hypothese, daß Fürst Trpimir auf

Anregung des Abtes Gottschalk hin die Benediktiner aufforderte, nach Kroatien zu kommen und daß er für sie ein Kloster gründete, dessen Trümmer sich nördlich von Split befinden.

Die Herrscherbesuche, der Austausch von Abordnungen und Gaben sind nur einige von vielen Beziehungen, die sich im 9. Jahrhundert zwischen Friaul und der adriatischen Ostküste entwickelten, deren größter Teil formell von Byzanz abhängig war. Diese Beziehungen können zwar nur mehr vermutet als dokumentiert werden, trotzdem bringen die beharrlichen Untersuchungen immer wieder neue Entdeckungen, und manchmal tauchen auch neue Denkmäler auf, so daß auf diese Weise die Epoche des 9. Jahrhunderts an der adriatischen Küste und in deren Hinterland allmählich eine neue Beleuchtung erhält und es gelingt, die Leute und die Kultur dieses Zeitalters näher kennenzulernen und klarer vor Augen zu haben.

Das Meer war zu allen Zeiten ein einigendes Element – dies gilt besonders für das Adriatische Meer, dessen Ostküste reich gegliedert und zur Schiffahrt, die sich auch im 9. Jh. intensiv entfaltete, sehr geeignet ist. So gesehen ist die Hypothese einer gemeinsamen Stil-Sprache der Kirchenkunst im 8./9. Jh. im Umkreis von Cividale und im heutigen Griechenland – durch die künstlerischen Beziehungen reisender Künstler – nicht allzu befremdend.

Die Träger dieser künstlerischen Bewegungen und die demographische Zusammensetzung der Bevölkerung der adriatischen Ostküste waren wie die gesamte europäische Gesellschaft zu dieser Zeit sehr bunt. Die meisten Einwohner waren autochthonen, romanischen Ursprungs, seit dem Anfang des 9. Jahrhunderts finden sich aber auch immer deutlichere Zeichen der Anwesenheit angesiedelter Slawen. Zum Studium demographischer Bewegungen sind natürlich jene Inskriptionen am wichtigsten, welche Personennamen enthalten, aus ihnen kann man gewöhnlich recht gut auf den Ursprung der Bevölkerung schließen. Die Zahl bisher bekanntgewordener Denkmäler dieser Art ist an der Ostküste des Adriatischen Meeres nicht gering. Für unsere Frage nach den Beziehungen dieser Gebiete mit Friaul ist vor allem eine Votivinskription aus der Umgebung der Bucht von Kotor interessant. Auf ihr wird als Stifter ein gewisser *Hu/n/rocus* genannt, welcher mit einer Frau slawischen Ursprungs verheiratet war, sie hieß *Dana.* Der Name des Stifters verweist auf fränkische Abstammung. Er war ziemlich verbreitet, und es ist interessant, daß er auch in der Familie des friaulischen Markgrafen Eberhard üblich war, dessen Vater und ältester Sohn z. B. Unroch hießen.

So informiert diese Inschrift über die fränkisch-slawische Symbiose in der zweiten Hälfte des 9. Jahrhunderts auch in Gebieten außerhalb der fränkischen Territorien.

Friaul und die Patriarchen von Aquileia

Heinrich Schmidinger

Die Nordoststrecke der Apenninenhalbinsel mit dem heutigen Friaul und Istrien zählte von jeher bis in unsere Gegenwart zu den Gebieten, die gleich Erdbebenzonen immer wieder in besonderem Maße politischen Erschütterungen ausgesetzt waren und im Mittelpunkt heftiger Kämpfe standen. Als natürliches Einfallstor aller Völker, die aus dem Norden nach Italien vordrangen und als Ausgangsbasis aller von Italien nach dem Norden und Nordosten zielenden Bestrebungen mußte der Besitz dieses Grenzlandes für jeden Machthaber in diesem Raum eine Lebensfrage darstellen.

Der in der damaligen Metropole dieser Provinz gegründete Bischofssitz und spätere Metropolitansitz Aquileia wurde zum Ausgangspunkt der Christianisierung der Ostalpenländer, deren Geschichte ohne die Aquileias in vielen Phasen gar nicht verständlich sein würde. Wie es den Inhabern dieses Bischofsstuhles, die sich den Titel eines „Patriarchen" beilegten, gelang, ihre durch Salzburg und Grado bzw. Venedig beengte Macht bis zum „Patriarchenstaat" auszubauen, wird immer eines der interessantesten Kapitel der Kirchengeschichte, besonders der Geschichte Norditaliens und der östlichen Alpenländer bleiben.

I. Die geistliche Herrschaft

Jede Darstellung der weltlichen Herrschaft eines geistlichen Fürsten wird dessen geistliche Stellung und kirchliche Wirksamkeit nicht völlig außer acht lassen können. Schon allein der Umstand, daß sich der weltliche und kirchliche Verwaltungsbezirk keineswegs immer decken mußten, macht dies erforderlich. Im Falle Aquileias ist ein kurzes Eingehen auf die geistliche Komponente umso wichtiger, weil es wie kaum ein anderer Bischofs- bzw. Metropolitansitz auf eine so bewegte und verworrene Vergangenheit zurückblickt, und Aufstieg und Verfall der weltlichen Herrschaft weitgehend aus der Wechselwirkung mit der geistlichen Seite der Herrschaft zu erklären und zu verstehen sind. Besonders deutlich wird dieser Zusammenhang in der Frage der Besetzung des Bischofsstuhles. Die freie Bischofswahl, wie sie im Römerreich üblich war, behauptete sich hier zwar erheblich länger als nördlich der Alpen, aber die Kirche von Aquileia verlor diese Freiheit dann doch — zunächst an den König und, als durch den Ausgang des Investiturstreites dessen Einfluß zurückgedrängt war, an den Papst. Sicherte die Freiheit der Wahl zwar die Selbständigkeit der Patriarchen, so dürfen wir auf der anderen Seite doch auch nicht die Vorteile übersehen, die das Patriarchat gerade aus der Einflußnahme der Herrscher auf die Wahlen zog.

Aquileia (Aglei) zwischen Ansa (Alsa) und Natisone (Natiso) einst am Meer, heute ein beträchtliches Stück von der Adriaküste entfernt gelegen, wurde um 180 v. Chr. von den Römern als Militärkolonie gegründet. Von Augustus, der die Stadt zur Capitale der „decima regio Venetiarum et Istriae" erhob, und von Tiberius sehr gefördert, wurde Aquileia über seine militärische Wichtigkeit hinaus zu einer der bedeutendsten Städte Italiens, einem wichtigen Hafen und zum Ausgangspunkt für den Handel über die Alpen. Neben der Bedeutung der Stadt als zeitweilige Kaiserresidenz, als Zentrum der Zivil- und Militärverwaltung wurde Aquileia gerade auch wegen seiner handelspolitischen Funktion zum Ausgangspunkt für die Christianisierung Noricums.

Die Kirche von Aquileia leitete ihre Gründung auf den hl. Markus zurück und sah in dessen Schüler Hermagoras ihren ersten Bischof. Wie Rudolf Egger nachgewiesen hat, stammt die Markus- bzw. Hermagoraslegende aus der 2. Hälfte des 5. Jh. Sie sollte analog zu der des Barnabas für Mailand und des Apollinaris für Ravenna einfach die Apostolizität der christlichen Gemeinde von Aquileia erweisen, um damit das Ansehen der durch die Zerstörung der Stadt schwer geschädigten Kirche von Aquileia zu steigern und die Metropolitanansprüche der Bischöfe von Aquileia zu legitimieren. Da die Kirche von Aquileia zum ersten Mal auf dem Konzil von Arles 314 erscheint, kann man deren Gründung mit ziemlicher Sicherheit um die Mitte des 3. Jh. ansetzen oder kurz davor annehmen. Vielleicht ging es auch beim Patriarchentitel, der uns in einem Brief Papst Pelagius' I. aus den Jahren 558/60 zum ersten Mal begegnet, um das Streben nach Apostolizität. Es ist aber festzuhalten, daß der Patriarchentitel vor allem bei den aus arianischen Stammeskirchen sich entwickelnden Landes- und Staatskirchen der Germanen als Titel von Oberbischöfen vorkommt. Zu einem stehenden Prädikat wird der Titel für den Bischof von Aquileia erst seit der Karolingerzeit.

Wie die Anfänge der Kirche von Aquileia liegt auch der Ursprung der Metropolitangewalt im Dunkel. Während Mailand, als Metropole der Diözese Italia und kaiserliche Residenz, nachweisbar seit der Mitte des 4. Jh. Metropolitanrechte über die Bischöfe Norditaliens ausübte, begegnet uns der Bischof von Aquileia erst seit dem Anfang des 5. Jh., als Mailand durch die Verlegung der Kaiserresidenz nach Ravenna an Bedeutung verlor, als Metropolit. Aquileia trat von da ab gleichberechtigt neben Mailand und erhob den Anspruch, nach Rom der erste Bischofssitz Italiens zu sein.

Die Bischöfe von Aquileia waren Metropoliten von Venetien und Istrien. In der Folge dehnten sie ihre Gewalt über das westliche Illyrien, die beiden Noricum und Rhaetia secunda, nach dem Untergang der Metropole durch die Hunnen bis an die Grenze Pannoniens und Saviens aus.

Durch Jahrhunderte standen die geschichtliche Entwicklung und das Schicksal des Patriarchats unter dem Zeichen des Rechtsstreites und der wechselvollen Kämpfe mit dem Bischofsitz von *Grado.* Diese Auseinandersetzungen wurden heraufbeschworen durch die tiefgreifenden Änderungen, die der Langobardeneinfall von 568 mit sich brachte.

Kam es zuerst zur Spaltung der politischen Einheit der Kirchenprovinz, so sollte dieser im Verlauf des Streites bald auch die Spaltung der kirchlichen Einheit folgen. Der 568 vor den Langobarden nach Grado geflüchtete Patriarch Paulinus I. stand im Dreikapitelstreit gegen Rom, ebenso seine Nachfolger, bis 607 der neugewählte Patriarch Candidianus dem Schisma abschwor. Da daraufhin die langobardischen Suffragane einen eigenen Metropoliten wählten, gab es nun zwei Patriarchate Aquileia: das unierte byzantinische *Grado* (Aquileia Nova) und das schismatisch-langobardische (Alt-)*Aquileia,* das zuerst in Cormons, dann in Cividale seinen Sitz hatte. Die beiden Patriarchate blieben auch dann bestehen, als kurz vor 700 Aquileia zur Einheit mit Rom zurückkehrte. Der Streit um die rechtmäßige Nachfolge des alten Patriarchats währte jedoch mit wechselndem Erfolg bis 1180.

Unter Paulinus II. verlor Aquileia 798 im Norden das Bistum Säben endgültig an den bayerischen Kirchenverband, dafür gewann es die Metropolitangewalt über die istrischen Bistümer. Wenn auch zeitweise umstritten, zählten in der Folge zur Kirchenprovinz Aquileia zehn Suffraganbistümer auf dem Boden Venetiens: Verona, Trient, Vicenza, Padua, Mantua, Feltre, Belluno, Ceneda, Treviso und Concordia, und wahrscheinlich sechs in Istrien: Triest, Capodistria, Cittanova, Parenzo, Pola und Pedena. Da hinter Aquileia die fränkische Großmacht mit ihrem Vordringen gegen die slawischen Gebiete trat, wurde, wie Paul Fridolin Kehr es ausgedrückt hat, aus dem „kleinen langobardischen Metropoliten in der äußersten Ecke des alten Reiches der Langobarden" (Rom und Venedig, in: Quellen u. Forsch. aus ital. Arch. u. Bibl. 19 [1927] 53) fast über Nacht ein expansionslustiger fränkischer Kirchenfürst, der seine Grenzen bis an die Drau vorschob.

Im Streit mit der Metropole *Salzburg* um die kirchliche Zugehörigkeit Kärntens wurde von Karl d. Großen 811 in Aachen die Drau als Grenze der beiden Diözesen bestimmt. Sie sollte es fast tausend Jahre bis in die Zeit Kaiser Josefs II. bleiben.

In dem Auf und Ab des jahrhundertelangen Streites zwischen Aquileia und Grado ist einmal zu berücksichtigen, daß es für das halb selbständige, halb vom byzantinischen Reich abhängige venezianische Gemeinwesen geradezu eine Lebensfrage war, die kirchliche Unabhängigkeit vom langobardischen Reich zu behaupten, die durch den Bestand eines eigenen Patriarchates verbürgt war. In diesem Licht ist auch die Entwendung der Markusreliquien durch die Venezianer aus Alexandrien im Jahre 829 zu sehen, zwei Jahre nach den Beschlüssen einer Synode von Mantua, die Grado dem Patriarchen von Aquileia unterstellt hatte. Wie sollte Aquileia als Gründung des Evangelisten Markus gegenüber Grado auf Vorrechte pochen, wenn dieser selbst seine Ruhestätte in dem im

Sprengel von Grado liegenden Venedig wählte? Hatte damit nicht der Heilige selbst in diesem Streit das Urteil gesprochen?

Zum zweiten ist bei diesem Streit zu berücksichtigen, daß es sich nicht bloß um den Kampf zweier Kirchenfürsten in einem eng gesteckten Rahmen handelte, sondern daß in ihm große weltgeschichtliche Auseinandersetzungen sichtbar werden: der Gegensatz zwischen dem byzantinischen und dem fränkischen Reich und die Rivalität der beiden politischen Mächte Oberitaliens, der Republik Venedig und des Regnum Italicum.

Der Streit endete in der Folge des Friedens von Venedig von 1177 im Jahre 1180 durch einen Kompromiß, in dem der Patriarch von Aquileia der Gewinner war, der Gradenser mit Ausnahme der Einkünfte des Bistums Capodistria auf die Metropolitanrechte in Istrien verzichten mußte. Grado, dessen Patriarch seit 1156 seinen ständigen Sitz am Rialto hatte, wurde nur als Metropole der Lagune anerkannt. Damit hatte der jahrhundertelange Streit eigentlich ein stilles Ende gefunden und der Metroplitansprengel von Aquileia im wesentlichen die Gestalt erreicht, die er durch die folgenden Jahrhunderte beibehielt.

Patriarch Berthold verlegte 1238 wegen der ungesunden Lage Aquileias seinen Sitz nach Udine, das als natürliches Zentrum von Friaul, von wenigen Ausnahmen abgesehen, auch die späteren Patriarchen als Residenz beibehielten. Die Aufhebung des Patriarchats aber erfolgte, nachdem die weltliche Herrschaft der Patriarchen bereits 1445 an Venedig übergegangen war, im Jahre 1751. Papst Benedikt XIV. beendete die langen Streitigkeiten zwischen Österreich und Venedig um die Besetzung des Patriarchenstuhles dadurch, daß er das Patriarchat auflöste und an dessen Stelle 1752 zwei Erzbistümer errichtete: *Udine* für das venezianische und *Görz* für das österreichische Friaul. Die bisherige Patriarchalkirche in Aquileia wurde in eine dem päpstlichen Stuhl unmittelbar unterstellte Pfarrkirche umgewandelt. Einer der bedeutendsten und angesehensten Metropolitansitze des Abendlandes war damit einer politischen Konstellation zum Opfer gefallen, deren Ursachen bis in die von uns hier zu behandelnde Periode zurückreichen.

II. Grundlagen und Anfänge der weltlichen Herrschaft

Wie zur Entstehung jeder sogenannten Landeshoheit haben auch zur Ausbildung der weltlichen Herrschaft der Kirche von Aquileia verschiedene Komponenten zusammengewirkt. Die Frage, die sich hier stellt, ist: Welches sind die Grundlagen der Territorialherrschaft der Patriarchen? Welche Momente gaben den Anstoß und standen im Vordergrund? Zeigt dieses geistliche Territorium an der Grenze, dem durch Jahrhunderte deutsche Kirchenfürsten vorstanden, in seiner Entwicklung wesentliche Verschiedenheiten gegenüber anderen geistlichen Fürstentümern des Reiches? Worin lag seine Besonderheit und warum mußte es diese Entwicklung nehmen?

1. Zur Zeit der Karolinger

Die Anfänge des Territorialbesitzes der Kirche von Aquileia entziehen sich unserer Kenntnis. Aus den Urkunden Karls d. Gr. geht hervor, daß die Bedingungen, denen sich das Patriarchat in der Langobardenzeit gegenübersah, günstig waren. Wenn außerdem im 8. Jh. die Hälfte der Steuern in Istrien durch die Kirche von Aquileia geleistet wurde, läßt das auf einen ausgedehnten Patrimonialbesitz schließen.

Aus der Zeit der Karolinger kennen wir wohl umfangreiche Schenkungen, aber über die Besitzverhältnisse des Patriarchats sind wir bei der geringen Zahl der Urkunden und der aus dieser Epoche überlieferten topographischen Nachrichten nur sehr schlecht unterrichtet.

Auf Bitten des Patriarchen Paulinus II. erhält die Kirche von Aquileia im Jahre 792 von Karl ihre sämtlichen in seinem Reiche gelegenen Besitzungen bestätigt und dafür auch die Immunität zugesichert. Die Regelung des Gebietsstreites zwischen Aquileia und Salzburg von 811, durch welche die Drau als Grenze der beiden Diözesen festgelegt wurde, legt die Annahme nahe, daß Aquileia schon damals auch in Kärnten, und zwar nicht nur südlich, sondern auch nördlich der Drau, Besitzungen hatte. Es wird nämlich bestimmt, daß beiden Kirchen der Besitz, den sie am anderen Ufer haben, gewahrt bleiben solle.

In Italien begann die Bildung des geistlichen Territoriums damit, daß der Bischof zum Stadtherren wurde. Da hier die Bistümer die Fortsetzung römischer Stadtbistümer waren und die Stadt älter war als das Bistum, verfügte die Kirche in der Stadt über Grundbesitz, hatte aber eine Menge anderer Grundbesitzer neben sich. So waren die Patriarchen in den Städten, in denen sie residierten, zunächst wohl auch nicht Grundherren, weshalb sie danach streben mußten, möglichst viele Rechte an sich zu ziehen. Den großen Vergabungen von seiten der Herrscher schloß sich zweifellos eine Fülle von Schenkungen privater Natur an. Schließlich werden sich auch viele freiwillig in den Schutz der Kirche begeben haben, da deren Leuten viele Vergünstigungen eingeräumt wurden. So kam es, daß besonders im engeren Umkreis der Patriarch bald keinen Nachbarn mehr ernstlich zu fürchten hatte. Wesentlich für die Behauptung dieser Herrschaft war dabei die für die Besitzungen des Patriarchen verliehene Immunität.

Waren im Anschluß an die spätrömische Immunität schon unter den Langobarden die Kirchengüter von öffentlichen Leistungen befreit, so ging die fränkische Immunität inhaltlich noch weit darüber hinaus. Das den öffentlichen Beamten geltende Verbot, das Immunitätsgebiet in amtlicher Eigenschaft zu betreten *(introitus)*, die Amtsgewalt gegen Immunitätsleute anzuwenden *(districtio)* und Abgaben aller Art zu erheben, Herberge zu verlangen und öffentliche Frondienste, sogenannte „*functiones publicae*", geltend zu machen *(exactio),* brachte die mehr oder weniger völlige Exemtion von der Tätigkeit des öffentlichen Beamten der lokalen Verwaltung.

Wenn nach der Änderung des Immunitätsformulars seit dem Regierungsantritt Ludwigs des Frommen 814 auch für Aquileia die Immunität mit dem Königsschutz verbunden erscheint, wird sie damit auf eine andere Grundlage gestellt, indem sie aus dem Königsschutz abgeleitet wird. Das Bistum wurde durch diese vielleicht auf Benedikt von Aniane zurückgehende Änderung in eine Königskirche und „in das System des feudalen Staates" (Th. Mayer, Fürsten und Staat, Weimar 1950, 31 f.) eingegliedert. Der durch die Versetzung fränkischer Vasallen nach Italien verpflanzte Feudalismus erfaßte zwar durch den Eintritt vieler Langobarden in das Vasallitätsverhältnis und durch die Verleihung der Ämter als „beneficium" alle Bereiche, wurde aber in Italien nie ganz heimisch.

2. Ungarneinfälle und ottonisch-salische Periode

Im Falle des Patriarchen Paulinus II. legten persönliche Beziehungen zum Hofe Karls d. Gr. und die Bedeutung Aquileias als Metropolitansitz eine besondere Privilegierung dieser Kirche nahe. Aquileia und Grado wurden wie andere Metropolitankirchen des Reiches von Karl in seinem Testament mit Schenkungen bedacht, ohne daß wir wüßten, worin diese bestanden. Es ging dem Kaiser und seinen Nachfolgern vor allem um die Festigung der von Aufständen bedrohten fränkischen Herrschaft im Langobardenreich, um die Politik gegen Byzanz und schließlich um die Sicherung Italiens und des fränkischen Reiches gegen die Avaren an einem Punkt von besonderer Wichtigkeit. Dieses letzte Moment des Friedensschutzes und der Friedenswahrung bleibt in der folgenden Periode der „Nationalkönige" aus italienischen Familien und der Herrscher aus dem sächsischen Haus das entscheidende und zeigt sich uns als der wichtigste Anstoß zur Bildung einer weltlichen Herrschaft der Patriarchen von Aquileia.

Seit dem Ausgang des 9. Jh. suchten die Ungarn immer wieder Italien und vor allem dessen Grenzland Friaul mit ihren Raubzügen und Verwüstungen heim. Wurden auch sonst bei dem Versagen der weltlichen Gewalten die Bischöfe geradezu zwangsläufig zu Vertretern und Verteidigern ihrer Residenzstädte, so fiel der Kirche von Aquileia für ihren Sprengel die wichtige Aufgabe zu, die Verteidigung des Landes zu organisieren.

Abgesehen von kleineren Schenkungen und des Kastells Pozzuoli durch König Berengar erhielt die Kirche von Aquileia 928 von König Hugo das Bistum Concordia übertragen, damit sie mit Hilfe reicherer Mittel dem feindlichen Angriff leichter zu widerstehen vermöge. Der Patriarch ist damit Herr eines Landstriches, der zwischen Tagliamento und Livenza von den Alpen bis zum Meere reicht.

Besonders reich waren die Verleihungen und Schenkungen, die Aquileia von den Ottonen und Saliern empfing. Auch hier war der Beweggrund zuerst die Sicherung gegen etwaige Einfälle der Ungarn, die auf dem Rückzug von Belgien und Frankreich 954 zum letztenmal durch Italien kamen. Dann freilich lag diese reiche Privilegierung ganz im Sinne der ottonischen Politik, die sich auf die geistlichen Fürsten stützte und sich um Parteigänger im eben unterworfenen Königreich bemühte.

Der Patriarch wird allmählich der größte und der am meisten privilegierte Territorialherr in Friaul. Dabei beschränkte sich sein Besitz nicht nur auf dieses, sondern griff frühzeitig schon auf Istrien über. Durch eine Schenkung Heinrichs III. von fünfzig Königshuben in Zirknitz bei Laibach drang das Patriarchat auch in das spätere Krain ein.

Die Herrscher begnügten sich nicht nur, durch Schenkungen den Patriarchen die Möglichkeit zu geben, den Schutz und die Verteidigung des Landes gegen die Ungarn auszubauen und zu organisieren. Sie übereigneten ihnen dazu auch zahlreiche befestigte Burgen. In einzelnen Fällen bis auf die Römer zurückgehend, liegen sie meist wie die Städte Friauls an den großen, das Land durchziehenden Verkehrsstraßen. Daß es deren zu viele gab und die Spannungen zu vielgestaltig waren, bildet wohl einen der Hauptgründe dafür, daß keine einzelne Burg auf die Dauer von politischer Bedeutung für das Land wurde und sich keine selbständige Stadt herausbilden konnte.

Stellt die Burg, die meist einen der wichtigsten Punkte des Geländes beherrschte, eine ständige Bedrohung des Kirchengutes dar, bot sie umgekehrt in der Hand von bischöflichen Vasallen und Ministerialen für die vielfach weit verstreuten Besitzungen der betreffenden Kirche einen wirksamen Schutz. Nicht nur militärischen Zwecken dienend, war die Burg in der Regel gleichzeitig Mittelpunkt geschlossener Grundherrschaften. Gerade in Italien wurde die Burg, um die sich in den meisten Fällen eine Pfarrei, ein Immunitätsbezirk und ein Markt legten, zum Gerichtsort und damit zum Sitz einer unteren Territorialorganisation.

Daß auch für das Patriarchat der Besitz von Kirchen und Klöstern von großer Bedeutung war, bedarf in Hinblick auf das Eigenkirchen- und Lehenswesen keiner besonderen Erläuterung.

Ergänzt und ausgebaut wurde die durch den Erwerb der vollen Hochgerichtsbarkeit bis dahin erlangte höchste Etappe der weltlichen Herrschaft der Patriarchen noch durch einen Entscheid des Königsgerichtes vom 19. Mai 1027 zu St. Zeno in Verona. Dieser geht mit der auf der römischen Synode kurz vorher von Kaiser und Papst gegebenen feierlichen Bestätigung der Metropolitanrechte der Patriarchen und deren vorübergehendem Sieg über Grado parallel. Im Veroneser Urteilsspruch wurde Aquileia von der Unterordnung unter Kärnten, dessen Herzog dem Patriarchat die volle Immunität der Besitzungen nicht zuerkennen wollte, befreit und unmittelbar dem Reich unterstellt. Ohne Zweifel hatten dieser Machtzuwachs des Patriarchen und die sonstige Förderung Aquileias durch den Kaiser nicht zuletzt ihren Grund in dessen Gegnerschaft gegen den Kärntner Herzog aus dem Hause der Eppensteiner, den er als Eindringling in die Rechte des eigenen Hauses betrachtete. Wie schon vorher und später noch zu wiederholten Malen wird hier ein Charakteristikum der Entwicklung der weltlichen Herrschaft der Patriarchen von Aquileia deutlich: sie verdankten ihre Erfolge immer wieder der großen Politik des Reiches bzw. seiner Herrscher, die sich ihrer zu bestimmten Zeiten bedienten oder bedienen wollten.

Eines besonderen Hinweises bedarf die Vogtei, sowohl wegen ihrer Bedeutung für die Immunitätsbezirke als auch wegen der später sich immer wiederholenden Auseinandersetzungen der Patriarchen mit ihren Vögten. Aber nicht die Aufgabe der Vögte als Vertreter vor Gericht und als Richter über die Immunitätsleute des geistlichen Fürsten beschwor die Kämpfe herauf, vielmehr die Ausbildung der Vogteigewalt als Schutz- und Schirmvogtei. Wenn dabei betont werden muß, daß die Stellung der Vögte von Aquileia nach deutschem Maßstab zu messen sei, so ist damit der Unterschied gegenüber der sonstigen Stellung der Vögte in Italien gemeint.

Die Namen der Vögte der Kirche von Aquileia aus der älteren Zeit sind uns nicht bekannt. 966 erscheint ein Azo und 1027 ein Walpertus. Bei der Neuordnung des Kapitels im Jahre 1031 wird bestimmt, daß neben dem jeweiligen Kaiser, dem Patriarchen, den Bischöfen von Concordia und Capodistria auch der Graf von Görz Mitglied des Domkapitels sei.

Graf von Görz war damals Marquard II. aus dem Hause Eppenstein. In der Hand des Grafen von Görz blieb die Schutzvogtei auch dann, als die Familie ausstarb und ihr um 1125 die Lurngauer im Besitz der Grafschaft folgten.

Eine der für die spätere Territorialhoheit des Patriarchen wichtigsten königlichen Gunstbezeugungen bildet die Urkunde Konrads II. vom 9. Oktober 1028, in der dieser der Kirche von Aquileia den Waldbann über ein Gebiet in Friaul vom Isonzo bis an die Livenza und Meduna und vom Meere bis an die Ungarnstraße verleiht. Die bezeichneten Grenzen umschließen ein Gebiet von erheblicher Größe mit Orten wie Aquileia, S. Vito und Concordia. Dieser ganze Besitz war zur Zeit der Verleihung bestimmt nicht mehr mit Wald bedeckt. Der Ausdruck „quedam silva" wird also schwerlich so aufzufassen sein, daß man an einen zusammenhängenden Wald denken müßte. Der Wert unserer Urkunde liegt darin, daß sie dem Patriarchen in dem bezeichneten Gebiet nicht nur das Recht auf Jagd, sondern auch auf Waldnutzung und Rodung und damit auf die Gründung neuer Siedlungen verleiht. Da Rodung und Neubesiedlung zum Erwerb der Hoheitsrechte führten, war der Waldbann von solcher Bedeutung für die Ausbildung eines Territoriums und der späteren Landeshoheit.

Als einer der ersten unter den italienischen Prälaten erhielt der Patriarch das Recht, in Aquileia eine Münze zu errichten und den Veronesern gleichwertige oder mehrwertige Silberdenare prägen zu lassen.

Im Unterschied zur späteren Zeit waren in dieser Periode die Einkünfte des Patriarchen sehr bedeutend. Das ihm aus den reichen Gütern zufließende Einkommen wurde durch die erlangte Immunität mit den damit verbundenen Einkünften aus der Gerichtsbarkeit einerseits und der Abgabenfreiheit andererseits noch gesteigert. Jedenfalls läßt auch die Tätigkeit des Patriarchen Poppo

(1019–1042) auf großen Reichtum schließen. Er erhöhte die Zahl der Kanoniker auf fünfzig, baut den Dom, den Patriarchenpalast, läßt die Stadtmauer zum Teil neu und im ganzen verteidigungsfähig ausbauen, machte Straßen für den wieder aufblühenden Handel fahrbar, unterstützte gewerbliche Unternehmungen und bemühte sich auch sonst sehr, das seit den Ungarneinfällen darniederliegende Land zu neuem Leben zu erwecken. Zur Förderung des Marktes von Aquileia richtete er dort „stationes", offenbar Verkaufsbuden, ein. Sie waren einerseits für die Venezianer und die istrischen Kaufleute, anderseits für die Kaufleute von jenseits der Alpen gedacht.

Nicht nur vom Standpunkt der anfallenden Einnahmen, sondern im Hinblick auf den Erwerb der Hoheitsrechte war für ein Durchzugsland in handelspolitisch so günstiger Lage, wie es das Gebiet des Patriarchen darstellte, der Besitz des Zollregals von höchster Wichtigkeit. Die Honorantiae Civitatis Papiae führen in Friaul drei Zollstellen an: S. Pietro di Carnia, Cividale und „prope Aquilegiam".

Nicht nur die strategische und machtpolitische Schlüsselstellung, sondern vor allem auch die für den Handel so vorteilhafte Lage des Patriarchengebietes mußten früh das Augenmerk der damals aufsteigenden Großhandelsmacht *Venedig* auf sich lenken. Da Venedig im Laufe des 10. und 11. Jh. langsam seine Herrschaft über den Handel auf dem Po und den anderen lombardischen Flüssen ausdehnte und sich dann in einem Generationen überdauernden Ringen die Herrschaft über die Adria eroberte, konnte es auch hier keine Konkurrenz dulden. Nicht zuletzt verfolgte das geschickte Ausspielen des Patriarchats Grado gegen Aquileia auch diesen Zweck.

III. Der Aufstieg zur Territorialherrschaft

Es erscheint fast als der notwendige Abschluß der Entwicklung, daß König Heinrich IV. zur Sicherung des Weges nach Italien seinem einstigen Kanzler Sigehard die Grafschaft Friaul übertrug und wenige Monate später noch die Grafschaft Istrien und die Mark Krain hinzufügte. Die damit geschaffene Vereinigung der drei Grenzlandschaften wiederholte sich im 13. Jh. unter ganz anderen Voraussetzungen. Man könnte meinen, es sei damit der Gipfel dieser Entwicklung erreicht. Große Hoffnungen knüpften sich an dieses Jahr, und neue glänzende Aussichten eröffneten sich, aber nach einem vorübergehenden gewaltigen Erfolg brachte derselbe Investiturstreit, der das Patriarchat zu solcher Höhe erhob, ihm auch wieder eine Schmälerung seiner Rechte.

Es handelt sich hier nicht wie sonst vielfach in Italien bei der Verleihung von Grafschaften an Bischöfe nur um die Grafengewalt in der Bischofsstadt selbst und einem beschränkten Umkreis, sondern um die Übertragung der ganzen Grafschaft. Während sonst in zahlreichen Bistümern dem Titel eines Grafen, den die Bischöfe häufig führten, durchaus nicht eine wirkliche Übung der gräflichen

Befugnisse entsprach, gelangte hier, wo deutscher Einfluß sich geltend macht, auf solche Grundlage der Bischof zu landesfürstlicher Gewalt.

Die Langobarden hatten hier in Friaul ihr erstes Herzogtum errichtet und zu einem starken Bollwerk gegen die Bayern im Norden, die Byzantiner im Süden und gegen die aus dem Osten eindringenden Avaren und Slawen ausgebaut. Als die Franken das Land eroberten und ihrem Reiche einverleibten, diente es dem gleichen Zwecke. Es wurde zum Mittelpunkt einer Mark, die ein sehr weites, in Grafschaften unterteiltes Territorium umfaßte. Die Gebieter Friauls zählten zu den mächtigsten Fürsten der Apenninenhalbinsel. Wie die Herzöge Ratchis und Aistulf im 8. Jh. sich zu langobardischen Königen aufschwangen, so errang Markgraf Berengar zu Ende des folgenden Jahrhunderts die Krone Italiens.

Karl d. Gr. ließ bei der Einverleibung des Langobardischen Reiches in seine Herrschaft als Grundlage der Verwaltung zunächst das Langobardische Herzogtum neben der fränkischen Grafschaft bestehen. Er legte eine fränkische Besatzung nach Pavia, während Friaul und die angrenzenden Gebiete, wie Vicenza und Treviso, noch keine fränkischen Beamten erhielten. Das trat erst als Folge des Aufstandes des Herzogs Hrodgaud ein. In den rebellischen Städten wurden fränkische Grafen eingesetzt. Da diese Grafen an die Stelle der langobardischen Herzöge traten, findet sich für sie neben dem Titel „comes" auch noch vielfach der eines „dux". Daß sich die Gewalt dieser „duces" zur besseren Durchführung des militärischen Schutzes manchmal über mehrere Grafschaften erstreckte, mag zu dieser Bezeichnung beigetragen haben, war aber nicht in erster Linie maßgebend.

Zu besonderer Bedeutung gelangte Friaul in den Avarenkämpfen, die zum großen Teil von Italien aus geführt wurden. Friaul gab der einen der beiden Marken, die Karl d. Gr. im Osten errichtete, den Namen. Den Markgrafen bzw. Präfekten oder Herzögen von Friaul unterstanden unter eigenen Fürsten die unterworfenen Völkerschaften. Zu ihren Untergebenen zählte wohl auch der „dux" von Istrien und der durch seinen Aufruhr zu großer Bedeutung gelangte Slawenfürst Liudewit. Räumlich umfaßte die Mark Friaul, das südliche Karantanien, Krain, das Land zwischen Drau und Save und das als Dalmatien bezeichnete Küstengebiet. Schon 828 wird die Mark in vier Grafschaften aufgeteilt.

Die Ungarnstürme mit ihren Verwüstungen und der teilweisen Ausrottung der Feudalherren brachten dem Patriarchen, der sich große Verdienste um die Abwehr der Feinde und um den Wiederaufbau des Landes erwarb, ein gewaltiges Übergewicht in Friaul. Es wandelte sich immer mehr aus einem weltlichen in ein geistliches Fürstentum und schließlich aus einer italienischen Grenzmark in ein Verbindungsland zwischen den Gebieten südlich und nördlich der Alpen. Deshalb wurde Friaul, das jetzt Mark Verona genannt wurde, wenn auch nicht staatsrechtlich, so doch tatsächlich von Italien abgetrennt und als eine abhängige Grafschaft zuerst 952 an das Herzogtum Bayern und dann 976 an Kärnten angegliedert.

Diese Mark Verona zerfiel in drei Grafschaften, nämlich Verona, Treviso und Friaul, die mehrere Untergrafschaften in sich schlossen und alle ihre eigenen Grafen hatten, unter denen jene von Verona den Titel Markgraf führten. Die Grafen von Friaul, auch Grafen von Cividale genannt, regierten im Namen der Herzöge von Kärnten über einen Teil der Grafschaft, während der Patriarch durch kaiserliche Verleihung die hohe Immunität besaß und daher von jeder Gerichtsbarkeit der Herzöge, Markgrafen und Grafen befreit war.

In Pavia wurde nun 1077 der von König Heinrich IV. 1068 zum Patriarchen erhobenen Sigehard mit der vollen Herzogsgewalt über Friaul betraut. Sämtliche Regalien und die hohe Gerichtsbarkeit standen ihm nun zu Gebote. Wenn auch der größte Teil der Grafschaft schon vorher in seinen Händen war, erfolgte doch jetzt eine rechtliche Bindung der im Land verstreuten Komplexe. Dadurch war die Voraussetzung für die Bildung eines „Territoriums" und damit für die Landesherrschaft, die Herrschaft nicht über irgendein Gebiet, sondern über ein „Land" geschaffen (vgl. O. Brunner, Land und Herrschaft, Brünn [3]1943, 208, 270). Es handelt sich hiebei nicht um ein Herzogtum, sondern um die Grafschaft Friaul mit allen Rechten, die bisher der Herzog von Kärnten geübt und für die unmittelbaren Besitzungen der Kirche von Aquileia schon 1027 verloren hatte.

Nicht nur die bisher dem Grafen zustehenden Befugnisse wurden verliehen, sondern auch die darauf haftenden herzoglichen Rechte, zu denen, wenn sie auch nicht ausdrücklich genannt sind, die Wahrung des Landesfriedens, die Blutgerichtsbarkeit, die oberste Heerführung der Provinz, das Hoftagsrecht und das königliche Heimfallrecht zählten. In der dann immer wiederkehrenden Bestätigung des „ducatus" drückt sich das noch bestimmter aus. Dabei ist zu bedenken, daß damit das „Herzogtum" und die „Landesherrschaft" nicht schon effektiv gegeben sein mußten. Die mittelalterlichen Privilegien waren nicht selten nur Anweisungen, bei denen es darauf ankam, was der Privilegierte aus ihnen zu machen imstande war.

Der Bedeutungswandel zum Herzogtum im räumlichen Sinne, wie wir ihn im Privilegium minus von 1156 und in der Würzburger Herzogsurkunde von 1168 mit der Gleichsetzung von „ducatus" und „episcopatus" finden, zeigt sich auch in den Privilegien für Aquileia. So wird in den Urkunden Friedrichs I. von 1186, Heinrichs VI. von 1193 und Ottos IV. von 1208 den Patriarchen der „ducatus" Foroiulii bestätigt.

In Deutschland sowohl wie in Italien reichte die bloße Verleihung einer oder mehrerer Grafschaften oder von Teilen von Grafschaften an ein Bistum nicht hin, die Bildung eines geistlichen Fürstentums sicherzustellen. Es ging darum, ob der Kirchenfürst fähig war, die Verwaltung seines Territoriums in seiner Hand zu behalten. Wenn der Bischof gezwungen war, die Grafschaft als Lehen an einen mächtigen Laien zu geben oder wenn das kirchliche Patrimonium zur Gänze an einen vornehmen Laien überging und erblich in dessen Familie blieb, so konnte nur ein weltliches Fürstentum entstehen, das als Grundlage Kirchenlehen hatte. Dieser Fall begegnet uns in Tirol.

Wenn man das auch bei *Friaul* mehrmals befürchten mußte, so geschah es hier doch nicht, denn die Patriarchen hüteten sich davor, ihre Grafschaft bzw. ihr Herzogtum als Lehen zu vergeben, und auch davor, allzu schnell eine einzige Vogtei einzurichten, die sich auf das ganze Gebiet erstreckt hätte. Gegen die Mitte des 12. Jh. konstituiert sich vielmehr Friaul politisch und administrativ als Territorium. Dies zeigt auch der Ausdruck „patria", den wir seit dieser Zeit in Gebrauch finden, womit die territoriale Ausdehnung seiner Rechtsgewohnheiten wiedergegeben wird. Es entsteht also ein „Land" mit eigenem Recht, Landessitte und Landesbewußtsein. Friaul bleibt den Patriarchen erhalten und wird ihnen von Kaiser und Papst im Laufe des 12. Jh. wiederholt zugesichert.

Weniger Erfolg war dem Patriarchen bei der Erwerbung der Grafschaft *Istrien* und der Mark *Krain* beschieden, die der König nur wenige Monate nach der Verleihung Friauls dem Patriarchen übertrug. Istrien wurde schon dem Nachfolger Sigehards, wohl infolge seiner papstfreundlichen Einstellung wieder entzogen. Krain geht wie Istrien zunächst in die Verwaltung des Herzogs von Kärnten, Heinrich von Eppenstein, über, wird aber 1093 dem Patriarchen, einem Bruder des Herzogs, Ulrich von Eppenstein, neuerdings verliehen. Die Zersplitterung des Landes durch die großen geistlichen Immunitätsbezirke und durch den ausgedehnten Allodialbesitz des weltlichen Adels war jedoch bereits zu weit fortgeschritten, als daß eine einheitliche Landesherrschaft des Patriarchen hier noch möglich gewesen wäre. Er mußte das Markgrafenamt einem in Krain ansässigen Herrengeschlecht, den Andechs-Meraniern, überlassen, die sich geschickt zu behaupten wußten. Das Patriarchat erhält durch zahlreiche Schenkungen, namentlich privater Natur, meist aus nahestehenden Adelsgeschlechtern in Istrien und Krain, einen beträchtlichen Güterzuwachs. Trotzdem läßt sich nicht verhehlen, daß im 12. Jh. durch innere Zerrüttung und Verschuldung, vor allem durch Anfeindungen von außen der Besitzstand und sogar die Unabhängigkeit des Patriarchats immer wieder in Gefahr gerieten.

Von den Nachbargebieten her drohte die städtische Bewegung. Die machtlosen Suffragenbistümer von Ceneda, Feltre und Belluno reizen das austrebende *Treviso,* sie seiner Hoheit zu unterwerfen.

Der andere bedeutende Bedränger, gegen den sich der Patriarch zur Wehr setzen mußte, waren die eigenen Vögte, die *Grafen von Görz,* zuerst aus dem Hause der Eppensteiner, dann der Peilsteiner, schließlich der Lurngauer, die sich nach ihrem Besitz Grafen von Görz nennen. 1149 kommt es sogar zur Gefangennahme des Patriarchen durch seinen Vogt, was benachbarte große und mächtige Vasallen zum Einschreiten veranlaßt. Als sich ein halbes Jahrhundert später die Grafen von Görz mit Treviso gegen den Patriarchen verbünden und diesem am Tagliamento eine schwere Niederlage zufügen, sieht sich dieser gezwungen, mit dem einstigen Todfeind *Venedig* in Unterhandlungen zu treten, das harte Bedingungen stellt und sich bemüht, den Patriarchen in eine ähnliche Abhängigkeit herabzudrücken, wie es ihm bei den istrischen Städten gelungen war. Nun erhält aber der Patriarch Hilfe von den benachbarten Fürsten. Die Herzöge Leopold VI. von Österreich und Steiermark, Berthold III. von Meranien, Bernhard von Kärnten, die Grafen Ulrich von Eppan und Albert von Tirol vermitteln zwischen dem Patriarchen und seinen Vögten, den Grafen Meinhard II. und Engelbert III. von Görz, und garantieren den am 27. Januar 1202 in S. Quirino bei Cormons abgeschlossenen Vergleich.

Daß in Friaul die kommunale Bewegung nicht durchdrang, ja sich kaum Andeutungen kommunaler Ansprüche finden, hat seine Ursache in dem ausgeprägt feudalen Charakter des Landes.

Nach dem allmählichen Aufstieg bis zum Investiturstreit, durch den der Patriarch aus einem wohl reichen und mächtigen, mit vielen Vorrechten ausgestatteten Gebieter über Land und Leute zum Träger der Regierungsgewalt wurde, gerät seine Macht im 12. Jh. nach außen wie nach innen in Verfall. Da er auf einen vollen Schutz von seiten des Reiches nicht rechnen kann, blieb ihm keine andere Wahl, als sich nach fremder Hilfe umzusehen. Dabei lief er Gefahr, einerseits unter die Vormundschaft Venedigs, andererseits unter die des hohen deutschen Laienfürstentums zu geraten.

IV. Höhepunkt und beginnender Verfall des „Patriarchenstaates"

Als Markgraf Heinrich IV. von Istrien aus dem Hause Andechs der Teilnahme an der Ermordung König Philipps von Schwaben bezichtigt, geächtet und seiner Lehen verlustig erklärt wurde, kamen diese an den Herzog Ludwig von Bayern. Nun meldete aber Patriarch *Wolfger* (1204—18) auf dem Hoftag zu Augsburg am 13. Januar 1209 die Rechtsansprüche der Kirche von Aquileia aus der Zeit Heinrichs IV. an. Er erreichte, daß der Bayernherzog auf Zureden des Königs und der versammelten Fürsten zugunsten des Patriarchen verzichtete und dieser mit der Mark Krain und Istrien belehnt wurde. Die neue Verleihung stellt eine Wiederholung der Schenkung Heinrichs IV. dar. In kluger Erkenntnis des Augenblicks erhob Wolfger den im 12. Jahrhundert verloren gegangenen Anspruch auf Krain und Istrien.

Otto IV. gab der Beschwerde des Patriarchen sicher nicht bloß aus Rücksicht auf die frühere Verleihung Heinrichs IV. nach, sondern die neuerliche Belehnung war der Preis, mit dem er den Übergang des ehemaligen staufischen Gegners zahlte. Am selben Tag erhält Wolfger vom König auch das Herzogtum Friaul neu bestätigt mit ausdrücklicher Hervorhebung der Blutgerichtsbarkeit und der herzoglichen Gewalt sowie gleichzeitiger Anerkennung der von den Patriarchen mit ihren Vögten abgeschlossenen Verträge. Gleichzeitig nimmt der König die Kirche von Aquileia in seinen besonderen Schutz und bestätigt ihr die einzeln aufgeführten Besitzungen sowie die Vogteirechte.

Patriarch Wolfger verstand es ausgezeichnet, die Gegensätze zwischen den landesherrlichen Interessen und denen des städtischen Elements, wie sie uns vor allem in Istrien begegnen, desgleichen die Spannung mit Treviso, wenn schon nicht auszugleichen, so doch zu besänftigen. Sein Nachfolger, *Berthold von Andechs* (1218–51), war weniger konziliant und kompromißbereit. Bei ihm verband sich mit zäher Beharrlichkeit eine selbstbewußte, schroffe Art, die vielfach zum Widerstand aufreizte und sicherlich auch ihren Teil zum neuerlichen Aufruhr beitrug.

Nach dem berühmten Privilegium Friedrichs II. von 1220 für die geistlichen Fürsten, das diesen die Territorialität verbriefte und die geistlichen Fürstentümer für alle Zeiten als in sich geschlossene und nach oben hin abgegrenzte Großimmunitäten anerkannte, erhielt Patriarch Berthold noch im gleichen Jahr die Privilegien seiner Kirche und ein Weistum über seine Hoheitsrechte bestätigt.

Die Bestimmungen decken sich zum Teil unmittelbar mit denen des „Privilegium in favorem principum ecclesiasticorum", zum Teil sind sie durch die besonderen Umstände des Patriarchats bedingt und unmittelbar aktueller Natur. Das Verbot von Eidgenossenschaften für die Freien, Vasallen und Ministerialen des Patriarchen hat friaulische Verhältnisse im Auge und richtet sich gegen deren Bündnis mit Treviso, während sich das Verbot der freien Wahl der städtischen Obrigkeiten und das Verbot an die Venezianer, Zins und Treueid von Land und Leuten des Patriarchats zu fordern, vor allem auf Istrien bezieht.

In allen Punkten begegnen wir dem Bestreben, so weit wie möglich alle Schranken niederzulegen, die der vollen Landeshoheit des Patriarchen im Wege stehen. Dabei sicherte das Rechtsweistum diesem die Zustimmung nicht bloß der Fürsten, sondern auch der Krone und bedeutete so die reichsrechtliche Anerkennung seiner Herrschaftsansprüche. Freilich ließ deren Durchsetzen zunächst auf sich warten. Dazu bedurfte es der Hilfe des Kaisers, der zunächst mit der Neuordnung der Verwaltung Siziliens und mit der Kreuzzugsangelegenheit beschäftigt war.

Zu einer Annäherung der beiden kam es wieder gegen Ende der zwanziger Jahre des 13. Jh., als mit zunehmender Verschärfung der Spannung zwischen Kaiser, lombardischer Liga und Papst die Bedeutung des Patriarchenstaates erneut aktuell wurde. Durch Friaul stand, während die Liga die Pässe sperrte, die Verbindung nach Deutschland und von den Häfen des Patriarchenstaates die Überfahrt nach Italien offen. Friedrich II. bestätigte Berthold, der sich bei den Verhandlungen von S. Germano 1225 hervortat, Schenkungen in Kärnten und beurkundete auch den endgültigen Verzicht Herzog Ottos I. von Meranien auf Krain und Istrien zugunsten des Patriarchats, an dessen Spitze des Herzogs Bruder stand.

Der Patriarch war auf dem Reichstag zu Ravenna im Dezember 1231 anwesend, und als der Kaiser im März 1232 unverrichteter Dinge von dort aufbrach, begleitete ihn Berthold nach Venedig und weiter nach Friaul. Gleich zu Beginn des Reichstages erwirkten die anwesenden Bischöfe das bekannte Privileg, das sich gegen die Autonomie der bischöflichen Städte richtete und alle diesbezüglichen früheren Verordnungen in Form eines Reichsgesetzes zusammenfaßte. Berthold strengte daraufhin gleich eine Klage an, die sich auf die Städte und Orte des Patriarchats, vor allem aber auf Pola, Capodistria und Parenzo bezog.

Er beschwerte sich, daß diese sich erkühnten, Potestaten, Konsuln und Rektoren zu wählen, Steuern einzuziehen, Münzen zu prägen, Zölle aufzuschlagen, Schuldner zu schützen und sich an Dienstlehen und selbst an Regalien zu vergreifen. Er verwahrte sich gegen die Aneignung seiner Gerichtsbarkeit durch Freie und Edelleute („per herimannos aut nobiles qui vocantur edelinges").

Auf die Bitte des Patriarchen erklärte der Kaiser diese Anmaßungen für nichtig und bestimmte, daß die Gerichtsbarkeit in ganz Istrien dem Patriarchen zustehe und Güter – „quae pertinent ad regalia" – nicht veräußert werden dürfen. Auf die antivenezianische Klausel, die der Kaiser nach 1220 genehmigt hatte, mußte der Patriarch allerdings jetzt verzichten.

Vielleicht wäre ein Versuch, den Rechtsspruch allein aus eigenen Machtmitteln zu vollstrecken, wieder gescheitert. Nun aber stand er nicht mehr allein, denn er hatte sich mittlerweile dem Kaiser unentbehrlich zu machen gewußt. Wie seine Erfolge in Istrien zeigen, war die mit Hilfe des Kaisers errungene Herrschaft des Patriarchen zunächst tatsächlich von Dauer.

Welche Gründe Berthold veranlaßten, seine Politik plötzlich zu ändern, läßt sich nicht eindeutig klären. Es waren wohl politische Überlegungen. Nun hätte nämlich die Verbindung mit der Krone, die bisherige Grundlage für die Macht des Patriarchen, durch deren Sturz das Patriarchat mitreißen können, hätte es sich nicht vorher zurückgezogen. Der plötzliche Übergang legt nahe, daß ihm der neue Weg gar nicht zur Wahl stand und ihm auch nicht viel Zeit zur Überlegung blieb.

Die Reaktion ergab sich wohl aus der besonderen Lage, in der sich der Patriarch infolge des Sieges der Commune und des Papsttums befand, und schließlich auch aus dem gewalttätigen Vorgehen Ezzelinos da Romano und Guecellos di Prata. Sicher war schließlich auch die beherrschende Stellung maßgebend, die Friedrich II. den Grafen von Görz für die das Patriarchat vom Norden her umschließenden Länder jenseits der Alpen übertragen hatte. Das war eine Gefahr für den Bestand des Patriarchats selbst.

Berthold suchte in mehrfachen Bündnissen Hilfe bei der Gegenseite. Beide, Kaiser und Patriarch, lebten aber nicht mehr lange. Kaum war also die neue Machtstellung des Patriarchen mühsam begründet, riß auch schon wieder die Verkettung, der sie ihr Dasein verdankte.

Der Gegensatz der Interessen, um die es hier ging, wurde offenbar in der Wahl des neuen Patriarchen. Durch Jahrhunderte hatten Angehörige des deutschen Adels den Patriarchenstuhl innegehabt, und gerade unter den beiden letzten Patriarchen Wolfger und Berthold war die politische Zuordnung des Patriarchenstaates zur deutschen Machtsphäre besonders hervorgetreten. Nun wurde ein Italiener Patriarch, und zwar *Gregor von Montelongo (1251–1269),* der Neffe Papst Gregors IX., der als päpstlicher Legat in Oberitalien den Widerstand gegen Friedrich II. und dessen Anhänger entfacht und geleitet hatte. „In dem Augenblick, da das Kaisertum vom Schauplatz abtrat, streckte das Papsttum die Hand nach dem Patriarchenstaate aus, um ihn der deutschen Machtsphäre zu entreißen" (W. Lenel, Venezianisch-Istrische Studien, Straßburg 1911, 153). Friaul wurde der wichtigste Stützpunkt der guelfischen Liga und blieb es auf lange Zeit.

Konrad IV. wollte die mit Hilfe seines Vaters wieder erstarkte Macht des Patriarchen treffen, aber seine Bemühungen hatten keinen Erfolg, und in den wenigen Jahren seiner Regierung kam er nicht mehr dazu, in die Verhältnisse einzugreifen. Die Herrschaft des Patriarchen blieb in Istrien auch den Städten gegenüber vorerst unerschüttert. Sie war zu fest gegründet, als daß sie durch einen bloßen Widerruf hätte gestürzt werden können.

König Wilhelm macht Gregor zu seinem Vikar in Italien. Als solcher begegnet er uns allerdings nur einmal, und zwar 1252 beim Kampf zwischen Parma und Cremona. König Richard dankte 1258 dem Patriarchen für dessen Glückwünsche und kündigte sein Kommen an, worauf Gregor an den Papst schrieb und diesen bat, Richard nach Italien einzuladen und zum Kaiser zu krönen.

Da in den fünfziger Jahren die allgemeine politische Lage den Anhängern des Papsttums und insofern auch den Patriarchen günstig war, behauptete dieser einstweilen seinen territorialen Besitzstand. Freilich, den eigentlichen Höhepunkt der Macht hatte er schon überschritten, was zunächst in dem Niedergang auf wirtschaftlichem Gebiet sichtbar wurde. Sobald aber im folgenden Jahrzehnt bei dem Fehlen der Unterstützung durch das Kaisertum auch die politische Konjunktur wegfiel, zeigte sich die Schwäche dieser Herrschaftsbildung.

Es würde zu weit führen, auf die *innere Verwaltung,* die verschiedenen Funktionäre, deren sich der Patriarch zur Regierung bediente, die Gerichtsbarkeit, das Münzrecht und die Finanzlage des Patriarchates einzugehen. Wie überall in der Zeit beruhen auch im Patriarchenstaat die öffentlichen Institutionen auf der Lehensverfassung, die dann immer mehr dem Beamtenstaat weichen muß, wobei die ständische Gliederung im allgemeinen der im übrigen Italien entspricht.

Die größte Bedeutung erreichte für die Verfassung und Verwaltung Friauls das *Parlament,* der „terminus generalis" wie es bis zum Ende des 13. oder das „colloquium generale", wie es im 14. Jahrhundert meist genannt wird, bevor sich der Vulgärausdruck „parlamentum" immer mehr durchsetzt. Es entsprach im allgemeinen der Entwicklung und Zusammensetzung nach den deutschen Reichs- und Landtagen, zeigte aber hier schon in der Frühzeit Formen, die dort erst viel später auftraten. Aus Vertretern des Klerus, des Adels und der Städte zusammengesetzt, ist es unter den mittelalterlichen italienischen Parlamenten eines der interessantesten und übertrifft an Bedeutung ähnliche Institutionen auch in anderen Ländern.

Die bedrängte Lage, in der sich die Patriarchen seit der Mitte des 13. Jh. meist befanden, und die Sedisvakanzen sicherten dem Parlament immer größeren Einfluß und führten schließlich dazu, daß der Patriarchenstaat um die Wende des 14. Jh. zu einer Art „konstitutioneller Monarchie" wurde, in welcher der Patriarch nur mehr als ausübendes Organ des Parlaments und bloßer Repräsentant des Landes erschien. Allerdings büßte im Zusammenhang mit der Wiederbelebung der deutschen Lehenshoheit durch Kaiser Sigismund auch das Parlament seine Bedeutung ein, um durch die von den Venezianern durchgeführte Neuorganisation zu einem unselbständigen Landtag herabzusinken, der seine Politik von der Markusrepublik vorgeschrieben erhielt.

Im Anschluß Krains an die Habsburger in den achtziger Jahren des 13. Jh. und in der Organisation der venezianischen Herrschaft in Istrien war der Weg vorgezeichnet, den der Patriarchenstaat künftig nehmen sollte. Ein politischer Körper ohne festen Mittelpunkt und ohne starke innere Macht, auf äußere Bündnisse angewiesen, war er seinen aufstrebenden Nachbarn nicht gewachsen. Es war nur mehr eine Frage der Zeit, wann er in der Markusrepublik im Süden auf der einen, im Territorialstaat der Habsburger im Norden auf der anderen Seite aufging *).

P. S. Leicht, I diplomi imperiali concessi ai patriarchi di Aquileia (Studi e regesti), Udine 1895.
- Il parlamento della Patria del Friuli; sua origine, costituzione e legislazione (1231–1420), Udine 1903.
- Parlamento Friulano. Gl'istituti parlamentari nell'età patriarcale, Bologna 1917.
- Studi di storia friulana, Udine 1955.
P. Paschini, La chiesa aquileiese ed il periodo delle origini, Udine 1909.
- I patriarchi d'Aquileia nel secolo XII, Cividale 1914.
- Storia del Friuli, 2 Bände, Udine 1934, ²1953/54.
W. Lenel, Venezianisch-Istrische Studien, Straßburg 1911.
G. Schwartz, Die Besetzung der Bistümer Reichsitaliens 951–1122, Leipzig 1913.
F. Lanzoni, Le diocesi d'Italia dalle origini al principio del secolo VII (Studi e Testi), Roma 1923; dann Faenza 1927.
G. De Vergottini, Lineamenti storici della costituzione politica dell'Istria durante il Medioevo, Roma 1924.
A. V. Jaksch, Geschichte Kärntens bis 1335, I, Klagenfurt 1928.
G. Brusin, Aquileia, Udine 1929.
- Aquileia e Grado. Guida storico-ecclesiastica, Padova 1964.
A. Calderini, Aquileia Romana, Milano 1930.

---

*) Der vorliegende Beitrag stellt die verkürzte Fassung eines Referates dar, das während eines vom Verfasser geleiteten Seminars über „Die weltliche Herrschaft der geistlichen Fürsten in Italien und Deutschland" im September 1976 in Trient gehalten wurde und im 1. Band der „Quaderni dell'Istituto storico italo-germanico in Trento" im vollen Wortlaut in italienischer Sprache veröffentlicht wird.

S. *Mochi Onory,* Vescovi e città, Bologna 1933.

G. *Romano – A. Solmi,* Le dominazioni barbariche in Italia (395–888), Milano 1940.

G. *Fasoli,* Le incursioni ungare in Europa nel secolo X, Firenze 1945.

C. G. *Mor,* L'età feudale, 2 Bände, Milano 1952.

R. *Egger,* Der heilige Hermagoras, Klagenfurt 1948.

E. *Klebel,* Zur Geschichte der Patriarchen von Aquileia, in: Festschrift für Rudolf Egger 1, Klagenfurt 1952, 396 ff.

H. *Schmidinger,* Patriarch und Landesherr. Die weltliche Herrschaft der Patriarchen von Aquileia bis zum Ende der Staufer, Graz – Köln 1954.

G. C. *Menis,* Storia del Friuli – dalle origini alla caduta dello stato patriarcale (1420), Udine 1969.

B. *Marin,* Friuli – Venezia Giulia, Milano 1971.

G. *Marchetti,* Il Friuli: Uomini e tempi, Udine ²1974.

K. *Sotriffer,* Friaul und Julisch Venetien, Linz 1976.

Friaul unter venezianischer Oberhoheit

Nicolò Rasmo

Der Einzug der Venezianer in Udine im Jahre 1420 stellte den letzten Schritt zur Vereinigung des Veneto unter venezianischer Oberhoheit dar. Für das von Parteikämpfen gespaltene und ständig vom Zugriff übermächtiger Nachbarn – vorab der Grafen von Görz, mit denen der einheimische Adel vielfach verbündet war – bedrohte Friaul setzte damit eine jahrhundertelange, nur durch das Zwischenspiel der Liga von Cambrai unterbrochene Friedensperiode ein, deren wirtschaftliche Segnungen auch der kulturellen Entwicklung zugute kamen. Bis zu ihrem Untergang im Jahre 1797 schirmte die mächtige Republik von S. Marco das Land gegen auswärtige Einfälle ab; venezianische und österreichische Interessen trafen sich hier in der Abwehr der gemeinsamen Türkengefahr. Die Selbständigkeit der lokalen Verwaltungstraditionen blieb im wesentlichen unangetastet, was einem Gebot politischer Klugheit entsprach, denn ohne das Zugeständnis kultureller Eigenart hätten sich die Bewohner des Veneto und der ganzen Ostalpenregion schwerlich konfliktlos mit der venezianischen Herrschaft abgefunden.

So vollzog sich, zumindest im Teilbereich südlich des Alpenkammes, nach über einem Jahrtausend neuerdings der Zusammenschluß der illyro-venetischen Volksstämme, deren ethnisch-kulturelle Einheit sich schon in vorgeschichtlicher Zeit in der sogenannten Situlenkunst eindrucksvoll dokumentiert: ihre Zeugnisse reichen in weiter Streuung vom Wipptal bis in die venetische Tiefebene und nach Slowenien und vermitteln das Bild einer künstlerisch hochentwickelten bäuerlichen Kultur, deren friedliche Neigungen in einem durch anscheinend weibliche Schutzgottheiten personifizierten Fruchtbarkeitskult anklingen. Selbst die Römer respektierten späterhin, sehr zum eigenen Vorteil, das liberale Selbstverwaltungssystem dieser Agrargemeinschaften. Die Christianisierung unterstellte den ganzen illyro-venetischen Raum der kirchlichen Oberhoheit von Aquileia und knüpfte die einigenden Bande noch fester. Zwar hatten die Umwälzungen der Völkerwanderungszeit die alten territorialen Zusammenhänge zerrissen, und Randgebiete des Patriarchats, zumal nördlich der Alpen, waren durch die Germanisierung bzw. Slawisierung abgesprengt worden; aber die sprachlichen Verschiedenheiten vermochten den Kern der ethnischen Eigenart nicht anzutasten, die unter wechselndem äußerem Habitus unverletzt erhalten blieb und sich im Laufe der Jahrhunderte immer wieder in der Wesensgleichheit der künstlerischen Erscheinungen manifestiert. Die Langobarden dagegen, die bei der Eroberung des Veneto auch in Friaul ihre Machtstützpunkte geschaffen hatten, waren als Minderheit rasch vom bodenständigen Element aufgesogen worden.

Während des frühen Mittelalters und bis in das Hochmittelalter hinein spielte Friaul eine in kultureller und künstlerischer Hinsicht hervorragende Rolle, deren Bedeutung kaum zu überschätzen ist. Vor allem trat es als Vermittlerin der aus dem Osten zuströmenden geistigen und kulturellen Impulse auf, die von Aquileia und Cividale aus in das gesamte christliche Europa ausstrahlten. Mit dem politischen Machtverfall des Patriarchates Aquileia, dessen deutsche Kirchenfürsten vom 10. bis in das 13. Jahrhundert die vielfach sehr fruchtbar zurückwirkenden Beziehungen zum deutschen und österreichischen Kulturraum aufrecht erhalten hatten, verlagerten sich die Schwerpunkte nach Westen: Padua rückte dank seiner Universität unter die führenden Pflegestätten europäischer Kunst und Geistigkeit auf, und als Mittlerin byzantinischen Kulturgutes löste Venedig immer mehr die alte Diözesanmetropole Aquileia ab.

Die venezianische Machtergreifung im Jahre 1420 besiegelte daher einen schicksalhaften und innerlich längst abgeschlossenen Entwicklungsprozeß: Friaul war zur venezianischen Kulturprovinz geworden. Seine vermittelnde Rolle zwischen Osten und Westen war damit keineswegs ausgespielt, nur in bescheidenere Grenzen gedrängt. Nach wie vor durchzog das Land eine der Hauptadern des europäischen Handelsverkehrs, die „via d'Alemagna", die Venedig und den Mittelmeerraum mit Österreich und den nördlichen Reichsgebieten verband. In dem Jahrhundert des krisenhaften Umbruchs, der Anpassung und Selbstbesinnung, das dem Übergang unter venezianische Herrschaft folgt, wächst Friaul in eine neue Aufgabe als europäisches Verbindungsglied hinein. Schon die venetischen (oder friulanischen) Malergruppen, die auf der „via d'Alemagna" das früheste Echo der künstlerischen Revolution Giottos nach Österreich trugen (wir nennen nur die Freskenzyklen in Stein bei Krems und Bruck an der Mur), erschlossen den Weg für einen Kulturaustausch von weitwirkender Resonanz. Auf gleicher Bahn drangen umgekehrt die Neuheiten des in Böhmen gereiften „weichen Stils" aus Österreich hinüber, und noch heute überrascht der Reichtum der künstlerischen Aussaat, der wir auf allen Etappen seiner Wanderungen bis tief nach Mittelitalien hinein begegnen. Vor allem der lyrisch verinnerlichte Darstellungstypus des Vesperbildes fand zahllose Gestaltungen in Stadt- und Landkirchen (Venzone, Gemona, Cividale, Aquileia, Sesto al Reghena, Venedig), und in seiner Nachfolge entstand das aus gleicher Gefühlsstimmung erwachsene Meisterwerk des jungen Michelangelo, die Pietà im Petersdom. Die „via d' Alemagna" führte den Bildhauer *Ägydius* von Wiener Neustadt nach Padua und einen hervorragenden steirischen Plastiker – in dem wir *Hans von Judenburg* zu erkennen glauben – nach Venedig, wo die dramatisch aufgewühlte Bildsprache seines Gekreuzigten auf der Isola di S. Giorgio selbst einen Donatello beeindruckte: deutlich fühlen wir ihren Nachklang in der Statue des Täufers in S. Maria dei Frari.

Vor allem im engeren lokalen Bereich reißt der Strom künstlerischer Wechselbeziehungen nicht ab. Allenthalben in Friaul ist die Tätigkeit österreichischer und Südtiroler Bildschnitzer faßbar; so läßt sich etwa die auffällige Stilkonkordanz zwischen der Muttergottes von S. Maria in Bevazzana und Werken Meisters Leonhard von Brixen kaum anders als durch persönliche Kontakte erklären, und für die Schnitzgruppe der Kreuzabnahme in San Daniele di Friuli ist uns sogar der Name eines österreichischen Meisters, *Leonhard Thanner,* überliefert, der dem italienischen Kunstklima aufgeschlossen gegenüberstand und gewiß neue Bildanregungen mit zurück in seine Heimat nahm. Vorbilder der deutschen Plastik bestimmen nachdrücklich den Stil der Tolmezziner Werkstätten und besonders des *Domenico da Tolmezzo,* der Formgedanken der Renaissance mit dem vermutlich durch Pustertaler Bildschnitzer vermittelten scharfbrüchigen Gewandstil der nordischen Spätgotik verbindet.

Dieser rege Erfahrungsaustausch beschränkt sich keineswegs auf die Plastik allein. Die Gnadenstuhltafel von *Friedrich Pacher* in der Österreichischen Galerie in Wien wurde im venezianischen Antiquitätenhandel erworben und dürfte als Mittelbild eines ehemaligen Altars aus einem der vielen Pilgerhospize stammen, wie sie die Bergstraßen im Veneto und in Friaul säumen. Lernte auch Friedrich zuerst durch seinen großen Meister Michael Pacher die Bedeutung der venezianischen Renaissance als Mittel atmosphärischer Neubelebung der erstarrenden spätgotischen Formenwelt erkennen, so drückt sich in der eigenwilligen Auswahl seiner engeren Vorbilder doch unbewußt, aber sehr bestimmt, eine persönliche Wahlverwandtschaft aus: noch unmittelbarer als *Crivelli* scheint ihn die herbe Kunst friulanischer Freskanten von der Art eines *Andrea Bellunello* und *Gianfrancesco da Tolmezzo* angezogen zu haben, die ihrerseits wieder auf deutsche, hauptsächlich durch die Graphik verbreitete Bildvorlagen zurückgreift.

In der ersten Hälfte des 16. Jahrhunderts, als religiöse Wirren und soziale Unruhen der Reformationskrise im Pustertal und den benachbarten Gebieten

Österreichs die kirchliche Kunst in ihrer Entfaltung lähmten, fanden zahlreiche deutsche Maler und Bildhauer Zuflucht und Arbeit im friaulischen Alpengebiet. Sie traten zuerst in den kleinen deutschsprachigen Berggemeinden auf, bald aber erschlossen ihnen Kunstfertigkeit und gediegene handwerkliche Tradition einen größeren Auftragsbereich – bis nach Udine reichen die Spuren ihrer Tätigkeit. Hier sind vor allem Meister *Nikolaus* und *Michael Parth* zu nennen, beide aus Bruneck, letzterer jahrzehntelang vorwiegend für friaulische Bergkirchen tätig, in denen die anderswo längst erloschene Tradition der spätgotischen Flügelaltäre bis um die Jahrhundertmitte fortlebt. Aus dem benachbarten Kärnten kam wohl der Schnitzer des Altars von Pontebba, und auch der Altar in Mediis, den man dem Pustertaler Kreis zugewiesen hat, dürfte stilmäßig eher in Österreich anzusiedeln sein.

In diesem offenen Klima der Begegnung und des vielseitigen Austauschs reift in Friaul allmählich ein selbständiges Kunstwollen, das aus den Quellen der durch Padua vermittelten toskanischen Renaissance wie aus österreichischer und Südtiroler Formüberlieferung Wesensverwandtes übernimmt und in eigene Bildvorstellungen übersetzt. Rezeptives Verständnis und Fähigkeit zu künstlerischer Transposition sichern diesem Grenzland neuerdings eine gewichtige Vermittlerrolle in einem Kulturaustausch von europäischer Weite, aus dem die Kunst *Albrecht Altdorfers* und das einmalige Phänomen des Donaustils hervorgehen. Unverkennbar ist etwa die Bedeutung eines *Giovanni da Udine* in der Ausbildung eines neuen Ornamentstils, der Groteskenmalerei, die von Rom aus ihren Triumphzug durch ganz Europa antritt und durch Jahrhunderte weiterwirkt: aus generationenlanger Bereitschaft zur Verschmelzung und Verwandlung vielfältigster äußerer Formanleihen erwächst hier eine schöpferisch neue Bildsprache. Ähnliches gilt auch für *Giovanni Antonio da Pordenone,* der nach einer provinziellen Ausbildung bei Gianfrancesco da Tolmezzo mit sicherem Blick alles Zukunftsweisende in der Malerei seiner großen Zeitgenossen, eines Giorgione und Correggio, Raffael und Michelangelo erfaßt und in seinem kurzen Lebenswerk den Boden für die Entwicklung des Manierismus bereitet, der die europäische Kunst des späteren Cinquecento beherrscht. Mit einem anderen Sohn des venetischen Berglandes, dem Cadoriner *Tizian,* gehört er zu den Erscheinungen, die das künstlerische Gesicht ihrer Epoche am nachhaltigsten geprägt haben.

Die Idee eines Weltbürgertums in der Malerei des 14. bis 16. Jahrhunderts in Friaul

Maria Walcher

Die Geschichte der Malerei in Friaul im Zeitraum vom 14. bis zum 16. Jh. kreist um drei bedeutende Gestalten: Vitale da Bologna, Gianfrancesco da Tolmezzo und Pordenone.

Die Arbeiten von *Vitale* im Dom von Udine sind in zahlreichen Aufsätzen behandelt worden, angefangen mit del Longhi (1931), der als erster mit glänzender Intuition Vitale als den Maler der Fresken der Kapelle S. Nicolò bekannt machte – bis zu den jüngsten Thesen (1975), die ihm auch die Capella Maggiore zuschreiben. Sowohl die Fresken der Kapelle von S. Nicolò als auch, und vielleicht noch mehr, die Fresken der Capella Maggiore beweisen – auf Grund bestimmter „Abweichungen" von der typischen vitalesischen Handschrift – die Mitarbeit von einem oder mehreren Gehilfen. – Bei diesen Gehilfen (die dann die Schule des Vitale in Friaul initiierten), möchte ich hier verweilen, um die These Colettis über den Meister der Baldachine (1933) noch einmal aufzugreifen – nach einer Zeit von mehr als 40 Jahren und daher auch mit den unvermeidlichen Richtigstellungen. Die These Colettis ist sehr umstritten, und man zog sie in der Folgezeit gar nicht mehr in Betracht, obwohl sie im Grunde für jene Zeit einen festen Ausgangspunkt für eine Rekonstruktion der Geschichte der friaulischen Malerei im 14. Jh. darstellt.

Nach Ansicht Colettis waren diesem Meister (der wegen des alten Motivs eines Baldachins oder eines gestreiften Zeltes so genannt wurde) folgende Arbeiten zuzuschreiben: Das Bild mit der *„Krönung der Jungfrau",* die *„Nikolaus-Legende"* (von ihm für die Legende des Sel. Bertrando gehalten) in der Kapelle S. Nikolaus im Dom v. Udine, ein Kreuzigungsfresko, das jetzt im Museum von Udine ist, die Fresken in der mittleren Apsis des Doms von Spilimbergo, die Fresken in der Kirche von S. Maria dei Battuti in Valeriano und jene in der Gonfalone-Kapelle des zerstörten Domes von Venzone.

Wenn wir die Kreuzigung (die vom Restaurateur zu sehr manipuliert wurde) und die Fresken von Valeriano und Venzone beiseite lassen, so bleiben in den *Aufzeichnungen* des „Meisters der Baldachine" nur das Bild mit der *„Krönung der Jungfrau",* die *„Nikolaus-Legende"* und die Fresken des Spilimberger Domes, die vielleicht ein geringeres Werk scheinen könnten, die für mich jedoch gerade von beachtlichem Interesse sind, was den Einfluß betrifft, den sie auf die Entwicklung der Malerei in Friaul hatten. Sie gewinnen an Bedeutung, weil wir für diese Arbeiten einen festen Anhaltspunkt für ihr Entstehen haben – etwa um 1350 –, und genau dieses Datum ist ein springender Punkt: denn gerade darauf gründet sich die Lösung für das Problem der „bolognesischen Gehilfen" des Vitale, ebenso wie für das Problem der „Schule" des Vitale, die sie, als Vitale (wahrscheinlich 1349) gegangen war, mit den an „Ort und Stelle" gebliebenen Malern gründeten: d. h. mit all den Künstlern, die durchaus zu malen verstanden, die aber „nach" Vitales Weggang in bolognesischer Art weitermalten.

Man kann also nicht das Altarbild mit der *„Krönung der Jungfrau"* und die *„Nikolaus-Legende"* auf das Jahr 1370 verschieben – was Pallucchini (1964) und Zuliani (1970) bestätigen –, und zwar aus zweierlei Gründen: Es war das Altarbild in der Kapelle des S. Nicolò, und man kann kaum annehmen, daß man es mehr als 20 Jahre nach den Wandfresken in Auftrag gab, und zweitens hat es dieselbe Art und steht unmißverständlich in Beziehung zum selben Maler, der die Mittelapsis des Spilimberger Doms ausgemalt hat. Auch diese Apsis „muß" etwa um 1350 (oder wenig später) ausgemalt worden sein, denn genau dieses Datum erscheint als Inschrift auf einer „Anbetung der Weisen" und in einem Bild „Christus in Mandorla von Engeln umgeben", Wandbilder der linken Apsis dieses Domes. Der größeren Genauigkeit wegen gebe ich den vollständigen Text der Inschrift wieder: MCCCL MENSE JUNII OC OPUS FECIT FIERI PAULUS. Wenn also im Monat Juni des Jahres 1350 Paolo die südl. Wand der linken Apsis bemalen ließ, wie kann man da annehmen, daß sich die Ausmalung der viel wichtigeren mittleren Apsis um mehr als 20 Jahre verzögerte? Aus diesem Grund glaube ich, daß dieses Datum ziemlich aufschlußreich ist und daß seine Tragweite von denen, die sich mit diesem Problem beschäftigt haben, nicht voll ausgewertet worden ist. Es bestätigt einen Arbeitsvorgang im Dom von Spilimbergo, der anderweitig nicht mit einem Datum belegbar ist, und legt hier den Verdacht nahe, ob nicht außer der linken Apsis (auf der das datierte Fresko ist) auch die mittlere Apsis in diesem Arbeitsgang mit ausgemalt wurde und wahrscheinlich auch von derselben *„Equipe"*. Im übrigen ist das Datum vom 26. Dez. 1358 ein Terminus ante quem, der schwer von der Hand zu weisen ist, was die vollständige Ausmalung der mittleren Apsis betrifft, da an diesem Tag die feierliche Einweihung des Hauptaltars stattfand (Bianchi, 1856).

Nun könnte man einwenden, daß das Datum nur wenig relevant sei, da die Bilder *„Anbetung der Weisen"* und *„Christus in der Mandorla"* nicht gut „lesbar" sind und die Fresken oberhalb des Datums auch einen anderen Charakter haben könnten als die der mittleren Apsis. An diesem Punkt schlage ich vor, die Gestaltung der gesamten Wand mit größerer Aufmerksamkeit zu betrachten (übrigens schon von Zuliani untersucht, der sie dennoch um etwa 20 Jahre früher ansetzt als die der mittleren Apsis), da sie einige sehr interessante Motive aufweist. In dem dekorativen Band, das um die oben erwähnte Szene läuft, sind in einem ausgesparten Rahmen noch deutlich erkennbare Brustbilder eingefügt, die ganz entschieden vitalesischen Charakter aufweisen und die unmißverständlich mit den Fresken der mittleren Apsis im Zusammenhang stehen. Man braucht nur folgende Ausschnitte zu vergleichen, die für alle

gelten: „Gesicht einer Heiligen" in der linken Apsis, das „Gesicht eines Zu-
schauers" beim „Einzug in Jerusalem" in der mittleren Apsis und das Antlitz
Christi bei der „Gefangennahme" ebenfalls in der mittleren Apsis (Dokum.
Photo siehe: Arte in Friuli, Arte a Trieste, 2).

Diese Vergleiche lassen keinen Zweifel übrig: das Antlitz Christi – das von
höchster Qualität und zweifellos vom verantwortlichen Meister der Arbeiten
ausgeführt wurde (dieselbe Position der Szene von der „Gefangennahme", die
weiter unten vorkommt, also vor den Augen aller liegt, bestätigt das) – ist eindeutig der Gesichtstyp Vitales, wie auch die beiden anderen Gesichter, wenngleich
diese von weniger kunstvoller Hand sind. Bleibt also keine andere Alternative:
„Hier", zu „diesem Zeitpunkt", konnte nur ein bologneser Schüler des Vitale
arbeiten und nicht etwa ein Schüler oder Neffe des Tomaso da Modena. Ein bologneser Schüler, der nach den Vorlagen des Vitale arbeitete (Kreuzigung, Geißelung, Susanna im Bade) und der sich natürlich „auch" die Hilfe zunutze
machte, die er „in loco" fand. Von da her die „qualitativen" Differenzen innerhalb desselben Zyklus und – was schwerer wiegt – die „Vulgarisierung", die von
Spilimbergo ab mit den vitalesischen Vorbildern vor sich geht, die später in
ganz Friaul (Venzone, Strassoldo, Valeriano etc.) mit den Bildern des Tomaso in
Zusammenhang gebracht wird.

Da diesem Maler eine gewiße Bedeutung zukommt, wird es angebracht sein,
weitere Nachforschungen über ihn zu machen. Vitale hat ihn mit großer Wahrscheinlichkeit beauftragt, für ihn die neuesten Aufträge seiner friaulischen
Kundschaft auszuführen – auf diese Weise kam er zu einer „Führer-Rolle" innerhalb des lokalen Rahmens. Um diesen Meister besser zu verstehen, müssen
wir wieder „hinaufsteigen", um die bestimmenden Charakteristika der Werke
des Vitale festzustellen. Wenn wir die Einzelheiten betrachten, welche am meisten typisch sind für Vitale, sehen wir, daß sie von einem immer wiederkehrenden stilistischen Motiv gekennzeichnet sind: Das Licht ist bei ihm immer in
Form von Streifen oder als Band gemalt – Gegensatz zum Dunkel, das mehr in
der Umgebung vorkommt (als ob Vitale seine Entwürfe oder Skizzen mit
schwarzem und weißem Stift auf einen farbigen Untergrund gemalt hätte). Die
Figuren sind von einer stereometrischen Vitalität, vergleichbar mit den Bildern
der toskanischen Meister des 15. Jh. Und gerade dieses Wesensmerkmal scheint
in den Werken des Meisters der Baldachine „aufgelöst". Hier ist die Zeichnung
zwar mit einer herrlichen graphischen Begeisterung ausgeführt, aber das Hell-
Dunkel zeigt sich nur schwach, so daß die folgende Gleichung von Decio Gioseffi: „Der Meister der Baldachine verhält sich zu Vitale wie sich Masolino zu
Masaccio verhält", mir als wirklich einleuchtend erscheint.

Unter diesem Gesichtspunkt scheint es nicht abwegig zu sein, einen Vergleich
zwischen den Werken des Meisters der Baldachine und dem „Corpus" der
Werke anzustellen, die von Longhi unter dem Namen Cristoforo da Bologna zu-
sammengefaßt werden, wie z. B.: „Der Einzug Jesu in Jerusalem" in den städti-

schen Museen von Pesaro. Beiden Meistern gemeinsam ist die Art, die Farbe aufzutragen (hier beziehe ich mich, was den Meister der Baldachine betrifft, vor allem auf das Bild *„Krönung der Jungfrau"* und die *„Nikolaus-Legende"*, da die Verhältnisse bei den Fresken andere sind). Ähnlich ist übrigens, auch was die Fresken betrifft, die außerordentlich lebhafte Wiederaufnahme des vitalesischen Modells (wenn auch ohne den formenden Strich Vitales); ähnlich ist die „auflösende" Art, die Mittel einzusetzen und das Hell-Dunkel-Spiel; ähnlich sind schließlich die Architekturen, wenn wir diesen letzten Vergleich zwischen der *„Nikolaus-Legende"* des Altarbildes aus Udine und den Architekturen zulassen, die im Hintergrund der Bilder mit den *„Josefs-Geschichten"* der National-Pinakothek von Bologna aus der Gruppe des „longhianischen" Cristoforo (1950) erscheinen.

Auf diese Weise ist es vielleicht möglich, dem Meister der Baldachine zu helfen, seine „Identitäts-Krise" zu überwinden und ihn als einen der fähigsten Mitarbeiter des Vitale anzuerkennen, der als erster dazu beigetragen hat, den guten Klang des Wortes „bolognese" in Friaul zu verbreiten.

Es wäre respektlos gegenüber der Wahrheit, wenn man sich darauf beschränken würde, die Schule des Vitale nur im Gebiet Friaul zu untersuchen, weil die vitalesischen Komponenten in der Malerei jenseits der Alpen und vor allem in Kärnten eine gesicherte und unbestreitbare Tatsache sind. Dies bestätigen viele österreichische Fresken, die in jüngster Zeit wiederentdeckt wurden, z. B. die *„Apostel"* im Chor der Pfarrkirche von Hermagor, die Demus und Bacher (1969) einem *„nicht seßhaften"* Künstler zuschreiben, der zur friaulischen Malerei des späten 14. Jh. gerechnet wird.

Zwar sprechen weder Demus noch Bacher ausdrücklich von vitalesischen Eigenschaften, aber aus dem ganzen Kontext geht klar hervor, daß sie sich wirklich auf diesen Typ von Malerei beziehen. Demus stellt z. B. fest, daß die *Apostel* von Hermagor *gotischer und sienesischer* sind als die Figuren der Westfassade der Pfarrkirche von Lienz (Figuren, die seiner Meinung nach zur *friaulischen Volkskunst* zu rechnen sind). Bacher besteht auf einer besonderen Farbgebung bei den *Aposteln,* einer manierierten Farbgebung, die man selten findet: *mit dominierenden rötlichen Tönen, einem Hellgrün, Gelb und Rot.* Nun ist genau das „Sienesische" das ursprüngliche Modell der Kunst Vitales, und die von Bacher erwähnten Farben sind genau diejenigen, die (von Udine und von Spilimbergo ab) in so vielen friaulischen Fresken vorkommen.

Aber es geht noch weiter. Demus, der feststellt, daß die Figuren von Lienz *zur friaulischen Volkskunst* zu rechnen sind, berührt damit das äußerst brennende und aktuelle Problem der Beziehungen der österreichischen Malerei „auch" zu jener „facies" der friaulischen Malerei des 14. Jh., die im allgemeinen immun gegen vitalesischen Einfluß ist. Tatsächlich kann man meiner Ansicht nach die Fresken von Lienz mit den ältesten Überresten der linken Apsis des zerstörten Doms von Venzone in Verbindung bringen, die erst vor einigen Jahren entdeckt worden waren und von denen glücklicherweise Photos vorhanden sind (Rizzi 1975).

Dies bestätigt auch der unmittelbare Vergleich zwischen den *Aposteln* der *Deesis* in Lienz und *S. Giacomo* in Venzone. Dieser *S. Giacomo* (inzwischen halb begraben in den Trümmern) ist dem Maler Nicolò di Gemona zuzuschreiben, dessen Wirken im Jahre 1329 beginnt (so jedenfalls geben es die aufgefundenen Dokumente an; Tusulin, 1966–1967), also ca. 20 Jahre, bevor Vitale nach Friaul kam, und zeichnet sich auf diese Weise als einziger bekannter Vertreter dieser friaulischen Malerei aus, die Demus als *Volkskunst* bezeichnet.

Solche Tatsachen bestätigen die Lebenskraft jenes kulturellen (konsequenterweise malerischen) „Weltbürgertums", das seit dem 13. Jh. in der Kunst des Patriarchen von Aquileia anzutreffen ist. Die bedeutendsten Dinge des 13. Jh. (die Apostel von Summaga und die Fresken der rechten kleinen Apsis von Santa Maria del Castello in Udine) sind daher nichts anderes als ein neuer Beweis für das Vorhandensein einer *Koiné,* die in ganz Europa verbreitet ist (Dalla Barba Brusin/Lorenzoni, 1968; Vattorani Sforza, 1976).

Das ist genau die Perspektive – Austausch zwischen dem restlichen Italien und Europa –, unter der man die Kunst in Friaul auch in den folgenden Jahrhunderten betrachten muß, um zu einer genaueren Bewertung zu kommen. Aus diesem Grund scheint es mir hier angebracht, *Gianfrancesco da Tolmezzo* zu betrachten, weil er der Künstler ist, der am deutlichsten die Erneuerung aufzeigt, die für die Malerei des 15. Jahrhunderts von der Renaissance ausgeht und in deren Sprache man die Bipolarität der (italienischen und deutschen) Komponenten antrifft, die sich in den vorangegangenen Jahrhunderten bereits abgezeichnet hatten.

Gianfrancesco (geb. um 1450) begann sein Schaffen mit den Fresken der Kirche von S. Nicolò in Comelico im Jahre 1482; wie Valcanover (1955) bereits feststellte, zeigte sich dabei ein Kontakt zu den Meistern aus Murano, genauer gesagt zu Bartolomeo Vivarini. Dann in den Gewölbefresken der kleinen Kirche von Barbeano mit den vier Kirchenlehrern nimmt er die Einteilung der Gewölbe der Ovetari-Kapelle der Eremiten-Kirche in Padua wieder auf – Ergebnis der Zusammenarbeit zwischen Giovanni d'Alemagna u. Antonio und Bartolomeo Vivarini. Es folgen die Fresken von Forni di Sotto (1492), von Socchieve (1493), Provesano (1496), Castel d'Alviano (1497) und von Forni di Sopra (1500).

Für Marini (1962) zeigt sich bei Gianfrancesco derselbe Charakter, *volkstümlich und ländlich,* den wir in der Malerei des Bellunello haben, jedoch mit weniger archaischen Elementen und mit einer akzentuierten bäuerlichen und teutonischen Kraft ..., die eine engere Bindung an den eigenen Charakter und an die Substanz des eigenen Landes aufweist. Weiter vermerkt Marini eine *heitere und männliche Monumentalität* in den Fresken von Socchieve, und in den Fresken von Provesano eine *dramatische Gewalt.* Seiner Meinung nach sind dies die beiden tragenden Kräfte in der Kunst dieses Malers. Marini behauptet, Gianfrancesco habe über Bellunello bei Mantegna gesehen, wie man die *Monumentalität der Gestalten* zum Ausdruck bringt, und bei Martin Schongauer, wie man *das Böse möglichst wirklichkeitsnah und brutal* malt. Die genaue Übernahme der Art Schongauers, schon von Cavalcaselle (Gioseffi, 1973) erkannt, und in drei dramatischen Szenen in Provesano angewendet: *Christus vor Pilatus, die Geißelung, Christus und Veronika,* wird auf unwiderlegbare Weise von Marini (1962) dargestellt und zeigt einmal mehr auf, daß die deutsche Komponente in der friaulischen Malerei zu dieser Zeit unverkennbar ist, auch wenn die Verbreitung der deutschen Modelle in dieser Zeit ebenso spontan und natürlich ist wie die Verbreitung der Kupferstiche des Mantegna in nordischen Ländern.

Dennoch scheint es mir möglich, die Kunst des Gianfrancesco mehr zu präzisieren, wenn man – neben der Einflüsse des Bellunello, der Vivarini, des Mantegna und des Schongauer, die schon von der Kritik erkannt worden waren – auch die castagnesische Komponente in Betracht zieht, die von den Fresken der S. Tarasio-Kapelle in der Zacharias-Kirche in Venedig von Andrea del Castagno ausgeht. Die eindrucksvolle, ausgeprägte und liebenswürdige (kurz castagnesische) Linienführung bei bestimmten Figuren des Gianfrancesco (*Kreuzigung* in Provesano und die *Putten* beim *Einzug Jesu in Jerusalem* in Castel d'Alviano) und der weite und räumliche Faltenwurf bei den *Aposteln* in Socchieve kommt direkt von dem Vorbild der *Apostel* der Tarasio-Kapelle und hat, wie mir scheint, nichts mit dem metallisch anmutenden Faltenwurf des Mantegna zu tun.

Betrachten wir noch eines der wenigen Tafelbilder des Gianfrancesco: das Altarbild in Socchieve mit *S. Martin zu Pferde:* Man steht bestürzt vor der Tatsache, daß – obwohl die architektonische Aufteilung dem Altarbild in S. Zeno in Verona noch entsprechen mag – wenig übriggeblieben zu sein scheint von Mantegna und noch weniger von Andrea del Castagno. Die Unbeweglichkeit bestimmter Haltungen, die Gewichtsverteilung der Figuren, der einfältige Ausdruck und die Unkorrektheit in der Verkürzung der Gesichter: das alles sind schließlich die bestimmenden Charakterzüge der gesamten Malerei des Gianfrancesco, die sich hier symbolisch und außerordentlich wirksam darstellen und beim Pordenone neu zur Blüte gelangen.

Mir scheint, daß ich gerade auf diese Charakteristika eingehen muß, weil sie den Manierismus des *Pordenone* besser erklären. Wenn man das Wirken des Pordenone überblicken will *(vom Triptychon von Valeriano bis zum Altarbild der Madonna della Misericordia, von den Fresken in Cremona bis zu den Fresken in Piacenza)* und wenn man in zwei Worten seine Bedeutung im Rahmen der friaulischen Malerei darstellen wollte, müßte man das Vorhandensein von zwei einander scheinbar widersprechenden Motiven feststellen; vor allem die Tatsache, daß der Pordenone der erste war, der mit dem Altarbild der *Madonna della Misericordia* aus dem Jahre 1515 den Manierismus nach Norditalien gebracht hat – Giulio Romano vorwegnehmend, der erst 1524 nach Mantua kommt. Zweitens, wohl wegen des von Gianfrancesco überkommenen Erbes, ist der Pordenone eine Art „Abtrünniger", was die eigentliche Bedeutung der Revolution betrifft, die durch Michelangelo und Leonardo in Gang gekommen war, obgleich er die Bedeutung dieser Meister durchaus erkannt hatte, so sehr sogar, daß er ihre Art selbst in seinen ersten bedeutenderen Werken deutlich reflektiert. Die Drehung in der Gestalt des Hl. Christophorus, die bei Michelangelo vorkommt, und das leonardische Lächeln des Hl. Josef in dem schon erwähnten Altarbild der *Madonna della Misericordia* sind dafür Beispiel genug.

Beim Pordenone hat die ursprüngliche Formung, die auf Gianfrancesco zurückgeht, neben der zuweilen fast genauen Übernahme der deutschen Vorbilder (Cohen, 1975) eine bedeutende Rolle gespielt und hat ihn sozusagen „immunisiert" gegen das Neue, das in der Sprache Michelangelos und Leonardos für seine „Ausgangsposition" hätte verderblich sein können: Die Idee der Nacktheit als *humani corporis fabrica.* Tatsächlich ist Pordenone ein wirklicher Manierist, weil er die Nacktheit Michelangelos und Leonardos zwar aufnimmt, aber nur in einer aufgeblasenen, unbeweglichen, oberflächlichen Weise. Während Michelangelo und Leonardo die Muskelmassen in ein ausgewogenes Gleichgewicht bringen, wobei man das Pulsieren des *carne viva* unter der gespannten Haut spüren kann (wie in der klassischen griechischen Skulptur), versteht Pordenone es überhaupt nicht, sich von der Unbeweglichkeit der Haltung seiner gianfrancescoartigen Figuren zu befreien, die vom Eindruck her der Reflex einer immer noch „gotischen" Interpretation der eigenen Wirklichkeit der nordischen Länder ist, was sich sowohl in der Malerei ausdrückt als auch im Relief und in den Stichen. (Vgl. die Ausstellung der Spät-Gotik in Salzburg, die 1976 stattfand und eine aufsehenerregende Bestätigung dafür war.)

Auf diese Weise macht gerade dieses Durchscheinen eines nördlichen Vorbilds und das, was an Neuem aus dem italienischen Aufbruch (von Giorgione bis Raffael, von Michelangelo bis Leonardo und Correggio) kommt, die Sprache des Pordenone zu einer unverwechselbaren Einheit in dem Panorama der europäischen Malerei des 16. Jh.

P. J. Bianchi: Chronicon spilimbergense, Udine 1856.

A. *Longhi:* Vitale da Bologna e i suoi affreschi nel Camposanto pisano, conferenza tenuta il 26 maggio 1931 all' Università di Pisa e il 5 dicembre dello stesso anno all' Istituto storico – artistico di Firenze; pubblicata in „Mitteilungen des Kunsthistorischen Institutes in Florenz", gennaio-luglio 1933.

L. *Coletti:* Il „Maestro dei Padiglioni" in „Miscellanea di Storia dell'arte in onore di I. B. Supino", Firenze 1933.

R. *Marini:* La scuola di Tolmezzo, Venezia 1942.

R. *Longhi:* Prefazione a „Guida alla Mostra della pittura bolognese del Trecento", Bologna maggio-luglio 1950.

F. *Valcanover:* Contributo a Gianfrancesco da Tolmezzo in „Arte Veneta" 1955.

R. *Marini:* Gianfrancesco da Tolmezzo e le origini della pittura friulana in „Acropoli", 1962, II.

R. *Pallucchini:* La pittura veneziana del Trecento, Venezia – Roma 1964.

G. *Tusulin:* Maestro Nicolò di Gemona. Tesi di laurea. Magistero, Università di Trieste. A. a. 1966–'67.

D. *Dalla Barba Brusin* e G. *Lorenzoni:* L'arte del patriarcato di Aquileia, Padova 1968.

O. *Demus:* Zu den Freskenfunden des letzten Jahrzehnts, in E. Bacher: Neufunde mittelalterlicher Wandmalereien 1959–1969. Katalog: Kärnten in „Österreichische Zeitschrift für Kunst u. Denkmalpflege" 1969, 3–4.

F. *Zuliani:* Lineamenti della pittura trecentesca in Friuli in „Atti del I Convegno internazionale di Storici dell'Arte", Udine 1970.

D. *Gioseffi:* La „pittura friulana" e il mondo critico di G. B. Cavalcaselle in „Memorie storiche forogiuliesi" 1973.

C. E. *Cohen:* Pordenones' Cremona Passion scenes and German art in „Arte Lombarda" 1975, 42–43.

A. *Rizzi:* Profilo di Storia dell'Arte in Friuli 1. Dalla Preistoria al Gotico, Udine 1975.

S. *Skerl Del Conte:* Vitale da Bologna e il Duomo di Udine in „Arte in Friuli – Arte a Trieste" 1, Udine 1975.

Spätgotik in Salzburg. Skulptur und Kunstgewerbe 1400–1530, Catalogo della Mostra, Salisburgo 1976.

F. *Vattovani Sforza:* Persistenze italo-bizantine nella pittura duecentesca dell'Alto Adriatico, Atti della VII settimana di Studi Aquileiesi 24 aprile – 1 maggio 1976, in „Aquileia e l'Oriente mediterraneo" Udine 1977.

M. *Walcher:* In margine alla Mostra: Capolavori d'arte in Friuli in „Arte in Friuli – Arte a Trieste", 2, 1977.

Skulptur und Architektur in Friaul vom 13.–16. Jahrhundert im europäischen Zusammenhang

Decio Gioseffi

Die Tatsache, daß bedeutende Denkmäler aus dem „romanischen" Jahrhundert sehr selten sind, ist keine zufällige – sieht man von den „un-romanischen" Malereien der Krypta von Aquileia ab. Man darf aber dieses Nicht-Vorhandensein von Monumenten aus dem 12. Jahrhundert auf keinen Fall als Zeichen für Unkultur oder Rückständigkeit nehmen.

Es könnte nämlich auch sein, daß diese Monumente zwar vorhanden sind, daß wir sie jedoch in Ermangelung objektiver Daten entweder der vorhergehenden Zeit des 11. Jh. (das *noch nicht* romanisch ist) oder der folgenden Zeit (die wir für *nicht mehr* romanisch halten) des beginnenden 13. Jh. zurechnen.

Diese Eigentümlichkeit eines „unmittelbaren" Übergangs ohne „Zwischenstationen" von der *ottonischen* Kunst zur *Gotik* wäre dann ein Entwicklungsvorgang in der Kunst, der allen mitteleuropäischen Ländern gemeinsam wäre und insbesondere die Kunst in Deutschland kennzeichnen würde, wo übrigens die

Stadt, die *Kommune* und der *Stand der Kaufleute* sich erst zu einem späteren Zeitpunkt für eine gemeinsame Sache *solidarisieren* als im „romanischen" Europa.

Aber auch wenn es aus dem 12. Jh. „keine Monumente" gäbe, dann wäre das, wie gesagt, nicht schon an sich ein Indiz für einen kulturellen Tiefstand. So wie das Vorhandensein von großen Baukomplexen aus der Feudalzeit (Kathedralen, Abteien, Höfe oder Kastelle) nicht an sich schon ein Indiz ist für die wirtschaftliche oder kulturelle Blüte des unmittelbaren Hinterlandes.

Das Grundübel der „Kathedralen in der Wüste" (hier denke ich besonders an die Situation des Gesamtkomplexes „Aquileia" nach der Reform des Jahres 1031, die auf den Patriarchen Poppone zurückgeht) ist nicht die Tatsache, daß keine „Kultur" entstand oder diese keine Ausstrahlung hatte, sondern es ist das Fehlen von ständigen Gesprächspartnern, die fehlende Osmose – d. h. es kam zu keiner oder keiner anhaltenden Resonanz in den Städten.

Das kulturelle Leben der Landbevölkerung ist jedoch nicht zwingend nur im Vorhandensein von Monumenten zu erkennen, wenngleich es schon immer die größeren Monumente waren, auch für diese volkstümliche *„facies"* (Bearbeitung des Holzes, Textilien, Metallarbeiten und „bäuerliche" Keramik), die ein gutes oder schlechtes Zeugnis ablegten. Aus den uns interessierenden Jahrhunderten sind uns auf diesem Gebiet kaum irgendwelche Spuren erhalten.

Da ist zum Beispiel die Art der Bearbeitung des Holzes. Sie ist bei der Beurteilung von Kunstwerken nicht genügend in Betracht gezogen worden und genausowenig wurde beachtet, daß es einen ununterbrochenen Austausch und gegenseitige Anregungen aus der Art und Weise der unterschiedlichen Techniken der Holz- und Steinbearbeitung gibt.

Die ganze „primitiv-einfältige" Dekoration der sog. „barbarischen" Skulptur unterliegt im Bereich der Holzschnitzerei denselben Modalitäten der Bearbeitung, sowohl was die Kompositionsgesetze betrifft als auch den Gegenstand selbst. Hier existieren *eigengesetzliche* Vorgegebenheiten, wie z. B. optimale Dicke der Platten, Beziehung zwischen konvexen und konkaven Teilen, zwischen „positiv" und „negativ" und das Verbot der Aushöhlung.

Es ist ein Phänomen, daß ich immer „verwirrte" schwierige Kodifikationen aufgreife, und meist handelt es sich um eine doppelte „Verwirrung", da die prototypischen Beispiele im allgemeinen von einem gewissen Niveau und von Wichtigkeit sind, wie z. B. das koptische Textil (später wird die Miniatur das bevorzugte Mittel sein), welches von Anfang an der Holzschnitzerei der Volkskunst besondere Schwierigkeiten macht. Für eine weitere Kodifzierung der „Steinbearbeitung" wird ein zweites und weiteres Transponieren notwendig sein. Präzisierung ist hier unerläßlich, um den Begriff „Kultur" von gewissen augenblicklichen Mißverständnissen zu befreien.

Das Mißverständnis besteht im wesentlichen darin, daß man zwei Begriffe miteinander vermengt oder verwechselt, die auseinander gehalten werden müssen: „Kultur" als Begriff aus dem Sprachraum der *Anthropologie* (Kultur als *cultus,* als *Folklore,* das Verhalten sozialisierter Tiere umfassend) und „Kultur" als *humanitas,* die sich – per definitionem – geschichtlich und aufsteigend progressiv verhält (als Unterscheidungsmerkmal des Menschen) und die den Menschen immer mehr von der „animalischen" Ausgangsposition entfernt.

Die „folkloristischen" Kulturen verdienen unsere volle Achtung, werden jedoch nicht vermengt oder verwechselt mit der anderen „Kultur". Diese entsteht und gedeiht und wird selbst geschichtlich, und zwar jedesmal, wenn es einem „höheren" Modell gelingt, von innen oder von außen das stagnierende Leben festgefahrener Konventionen in Bewegung und einen neuen Prozeß in Gang zu bringen – wenn damit also eine neue Phase erreicht wird.

Ziemlich genau datierbar, im Laufe der 2. Hälfte des 14. Jh., mit der Herrschaft der guelfischen Patriarchen, mit dem Auftreten der Bettelorden, mit dem beschleunigten Prozeß der Urbanisierung (besonders in der neuen Metropole von Udine wahrnehmbar) verändert Friaul sein Gesicht und bekommt eine eigene Stimme im Rahmen der italienischen und europäischen Kultur der „Gotik".

Es lohnt sich, an dieser Stelle einen Augenblick lang die beispielhafte Entwicklung der von Mauern umgebenen Dörfer Venzone und Gemona zu betrachten: Marginalien, die nicht am Rande stehen. Beide Orte sind heute leider vom Erdbeben zerstört.

Wir erleben hier im Rahmen der beiden miteinander konkurrierenden Werkstätten des Domes (der nach zisterziensischem Vorbild reformiert wird), wie eine Werkstatt einheimischer Steinhauer zunehmenden Erfolg hat und wie es ihr – kurz vor dem Auftauchen des Jahrhunderts aus dem Limbus „ungeschichtlicher" Zeit des „bäuerlichen" Handwerks – gelingt, im Laufe einer Generation oder wenig mehr, sich mit berühmten Modellen einen Namen zu machen (aufsteigend von der vorausgehenden Tradition bis zur Gotik). Gegen Mitte des 15. Jh. stellen diese Steinhauer eine direkte Konkurrenz für die legitimen Träger dieses Erbes dar und verursachen eine kulturelle Ausstrahlung in die angrenzenden Gebiete.

Wenn nun ein *Magister Johannes* stolz seinen Namen und das Datum 1290 über das Hauptportal des Domes von Gemona schreibt – sein guter Wille möge an dieser Stelle nur über seine rechtliche Unzuständigkeit befinden –, so handelt es sich bei der allgemeinen Unzulänglichkeit des dargestellten Bogenfeldes um dieselbe Unzulänglichkeit, die etwa eine mißverstandene, echt romanisch trompetenartige Öffnung aufweist.

Gewiß ist diese *Deesis* gelungen, und es scheint, daß sie gerade aus der Hand eines Maurers gelingen mußte, der meist Steine nach Maß zu behauen hatte, und zwar für ein von der Miniaturmalerei stammendes Modell, wobei sich niemand die Mühe machte, mit ein paar Worten zu erklären, ob es sich um eine Skulptur oder ein Relief handelte . . .

An dieser Stelle versichert uns inzwischen eine analoge (wenn auch ganz raffinierte) bildhauerische Übertragung des „byzantinischen" Miniaturen-Modells, das sich auf der Vorderseite eines Sarkophags im Wiener Kunsthistorischen Museum befindet, mit demselben Datum und von venetischer oder venezianischer Herkunft, daß mindestens ein Faden (und sei er noch so fein und indirekt) auch (und bis zur Stunde) unserem Meister Johannes mit der „höheren" Kultur seiner Zeit verbindet.

Ich glaube aus diesem Grunde, daß jener „andere" Meister Johannes, der 1308 das Nordportal des Domes von Venzone signiert und datiert – sehr viel reifer in der plastischen Behandlung des Bogenfeldes und sehr viel organischer in der Verbindung der Trompetenöffnung –, genau derselbe Johannes von Gemona ist und daß die ganze übrige Ausschmückung (außer dem Hauptportal) sowohl außen als auch innen, ja sogar selbst der Grundplan des Domes von Venzone im wesentlichen ihm oder seiner Werkstatt zuzuschreiben sind.

Ich bin ferner auch geneigt zu glauben – was die friulischen Gelehrten seit Generationen für gesichert hielten –, daß Meister Johannes ebenfalls identisch ist mit jenem Meister Johannes Griglio, der in den Jahren 1332 bis 1334 *cum filio* an jener gewaltigen Figur des St. Christophorus rechts in der Gemoneser Fassade gearbeitet hat, *die in den Fels gehauen ist* und beim Erdbeben 1348 *über die ganze Länge hinweg gespalten wurde* (Villani) und die dann – entsprechend repariert – allen folgenden Naturkatastrophen trotzte – einschließlich (so Gott will!) der gegenwärtigen ...

Diesem Griglio (oder dem jüngeren Griglio) möchte ich ebenfalls die kleine Kapelle mit der Figur des *hl. Giusto* zuschreiben, die außen (angrenzend an die Stirnseite der Basilika) am *Campanile* (gebaut 1337) der Triester Kathedrale angebracht ist. Und dieselbe Hand, dieselbe „Kultur" ist schließlich in Gemona noch in einzelnen Teilen zu erkennen, in den Statuen, die „gedrechselt wie Kegel" die Galerie über dem Portal schmückten (sie sind heute teilweise heruntergestürzt).

Hier wird die Diskussion jedoch sehr kompliziert. Heute gestattet uns das umfassende Werk von Wolfgang Wolters über „die gotische Skulptur in Venedig", das Gesamtbild dieser außerordentlich reichen und vielgestaltigen venezianischen Skulptur besser zu überblicken und festzustellen, welcher Anteil (wirklich bedeutenden Anteil) dem patriarchischen Auftraggeber in dieser konstituierenden Anfangsphase des neuen Stiles zukommt.

Wolters geht ganz vorsichtig vor (und er tut gut daran) und bemüht sich, keine Abhängigkeiten oder Identitäten einer einzelnen handwerklichen Arbeit oder einer Werkstatt festzustellen, ohne äußere Nachweise dafür zu haben oder klare Vergleiche. Aber angesichts seiner wunderbaren Aufzählung von Daten und Fakten fällt es schwer, der Versuchung zu widerstehen, nicht darüber hinauszugehen und nicht einige weitere Mutmaßungen zu wagen, wenigstens für die Probleme, die uns gerade am Herzen liegen.

So glaube ich, wenn ich den Vorschlag Wolters aufnehme, in dem Band, das die venezianische Kirche *S. Simone Grande* mit *S. Giovanni venerato da Bartolomeo Ravachaulo,* datierbar 1335, verbindet, einen *frühen Andriolo* zu erkennen. Auch die Sarkophage der *Vier aquileischen Jungfrauen* und *der Canziani* (datierbar 1330) in der Basilika von Aquileia können im wesentlichen mit demselben Andriolo oder seinem Kreis in Verbindung gebracht werden: zeitlich also vor dem gut dokumentierten *Portal von S. Lorenzo in Vicenza.*

Wenn dies zutrifft, dann haben wir hier eine engere Verbindung zwischen Filippo de' Santi (der 1331 entstandene herrliche Sarkophag des *Beato Odorico* in der Kirche del Carmine in Udine ist sein Werk) und dem bekannteren und berühmteren Andriolo de Santi. Damit würde die Hypothese bestärkt (die noch einmal einen Hinweis Wolters zum Schrein des *Beato Bertrando* im Dom in Udine aufnimmt), daß alle beide „de Santis" in Bologna ihre Ausbildung hatten, und zwar in der Zeit des bologneser Aufenthalts von Giovanni di Balduccio und im Rahmen der endlosen Arbeiten am *Schrein des S. Domenico,* die der ältere Pisano begonnen hatte.

Hier ist der Ort, erneut von Venzone und dem Bogenfeld mit *der Kreuzigung* des Hauptportals zu sprechen, ebenso von den Kapitellen, die danebenliegend angeordnet sind. Auch dieses große und spätere Portal, mit größter Wahrscheinlichkeit nach dem Erdbeben von 1348 zu datieren, hat (oder hatte) eine Unterschrift: *Scacco me fecit.* Es besteht keine stilistische Unvereinbarkeit zwischen der Ausführung dieses Portals und der Ausführung anderer Arbeiten, die mehr oder weniger ebenfalls mit Andriolo in Verbindung gebracht werden: das Grab des *Rizzardo da Camino* in Serravalle und das Grab des *Nicolò I da Prata* in der Kirche von S. Giovanni dei Cavalieri in Prata bei Pordenone, entsprechend datierbar zwischen 35 und 40; ferner das *Portal von Vicenza* (1342–44) und bestimmte Kapitelle (aus der Reihe derer, die aus dem 14. Jahrhundert stammen) des *Palazzo Ducale* (eines davon ist mit 1344 datiert); schließlich ist noch der Sarkophag von Ludovico della Torre (gest. 1365) zu nennen und ein Kapitell der aquileischen Kathedrale, und zwar aus der unteren nordwestlichen Reihe des Kreuzgangs, den der Patriarch Marquardo (von 1365 an) renovieren ließ.

Das Problem dieses „Scacco" ist also völlig neu zu überdenken. Sein Schaffen in Friaul, sein Anteil an der Definition der gotischen Skulptur in Friaul könnten von höchster Bedeutung sein, wenn sich nachweisen ließe, daß er mit jenem *Magister Scaccus,* alias Nicoletto Scacco identisch ist, der einer der wichtigsten Mitarbeiter des Andriolo in Vicenza ist (1342–44) und der ohne weitere Mitarbeiter in den Jahren zwischen 1345–1347 in S. Zeno/Verona tätig ist.

Wenn also der *Sarkophag des Beato Bertrando* (unter dem so erweiterten Blickfeld) in irgendeiner Weise dem Verantwortungsbereich Andriolos zugeschrieben werden könnte, *trotz* der „vorläuferhaften" Komponente, die er aufweist, dann würde auch plötzlich die Annäherung an die Steinhauer von Gemona (zur Zeit der Skulpturen der Galerie) eine plausible Erklärung finden. Hier wäre der Ort, wo sich endlich eine „friaulische" Skulptur mit eigenen Charakterzügen abzeichnete, zwar unauslöschlich mit Mittelitalien verbunden, aber von einer Art, die sich auch in der Holzplastik als autochthon erweist und die gerade in jener Zeit mit der umbrisch-sienesischen Figur der S. Eufemia von Segnacco beginnt.

Was nun die Holzplastik betrifft, die eine friaulische Eigenart auch der folgenden Jahrhunderte darstellt, muß man sagen, daß nach der Zwischenzeit, in der die Altarbilder „eingeführt" wurden (wie Moranzones Bild in Gemona 1390, oder das Polittico aus Venedig 1441 von Paolo di Amadeo in der Kirche S. Antonio in S. Daniele, wo sich übrigens heute auch eine „Beweinung Christi" des bayerischen Meisters Leonardo Thanner befindet) die erste Werkstatt in Udine eröffnet wird. Sie arbeitet an Ort und Stelle und wurde von Bartolomeo da S. Vito oder Bartolomeo „dall'occhio" gegründet. (Er wurde wegen der großen Augen, die er malte, so genannt, und dies war gleichzeitig das Zeichen seiner Werkstatt und seine „Erkennungs-Marke".)

Das Kruzifix, das jetzt in der Reliquien-Kapelle des Domes von Udine ist und von dem ich vor kurzem noch glaubte, es seiner Hand zuschreiben zu müssen (angeregt von Ioppi, der es seit 1894 als das Kreuz identifiziert hatte, das bei einer Zählung im Jahre 1473 registriert wurde), dieses Kreuz gibt ein sehr interessantes Bild des Meisters: zunächst wegen seiner beherzten Art, das Schnitzmesser zu führen bei den Reliefs der Chorgestühle (Venedig, Kirche der Frari und in Spilimbergo), die der Vicentiner Marco Cozzi in jenen Jahren ausführte, wobei er sich unter anderem (mindestens nach einer nicht unmaßgeblichen Meinung) auch der Hilfe von Mitarbeitern bediente, die aus einer Straßburger Werkstatt kamen.

Im Zusammenhang mit der „Tolmezziner" Schule habe ich nichts hinzuzufügen: es sind Maler und Bildhauer, deren Ausgangsmodell die venezianischen Arbeiten der Vivarini bleiben. Von Domenico Mioni angefangen (Domenico da Tolmezzo, gest. 1505), bis Giovanni Martini (sein Neffe – gest. 1535), über Tironi aus Bergamo und schließlich mit einem letzten Ausblick in Richtung auf den Klassizismus Bramantes.

Von der friulischen Architektur aus der Zeit der Gotik scheint außer den erwähnten Steinmetzen von Gemona die Hauptrolle nur dem Udineser Goldschmied Nicolò Lionello zuzukommen, der (1448) in gotisch-venezianischem Stil die Loggia des Contarena-Platzes (im vergangenen Jahrhundert umgestaltet) entwarf und der sich dennoch eines bedeutenden Technikers bediente, jenes Bartolomeo dalle Cisterne, der lange am Dom gearbeitet hat und dem auch (von 1553 an) der Umbau des Domes von Cividale oblag. Diese Arbeit wurde bis vor kurzem Erardo da Villaco zugeschrieben, der die berühmte Teufelsbrücke termingerecht fertigstellte, jedoch in der Zwischenzeit gestorben war.

In den folgenden Jahrzehnten wird die Architektur fast völig von den lombardischen Steinhauern bestimmt: von Bernardino da Morcote (Kirche S. Giacomo; Loggia von S. Giovanni in Udine und vielleicht die Vollendung des Domes von

Cividale), Pietro Lombardo (der für den Dom von Cividale im Jahre 1502 einen neuen Plan vorgelegt hatte) und schließlich Giovanni Fontana, der das bewährte Modell und den bedeutenderen und stattlicheren Teil des heutigen *Kastells* von Udine gebaut hat.

Giovanni von Udine schien in seiner Heimatstadt nichts anderes gebaut zu haben (er hatte auch das Amt der Bauleitung inne) als den Glockenturm über der Loggia von S. Giovanni und die laufenden Veränderungen –, das Weglassen und das Aufnehmen verschiedener Teile im Plan Fontanas für das Kastell –, die sich für eine bessere Nutzung des ungeheuren Bauwerks als notwendig erwiesen hatten.

Die Mitarbeit Giovannis von Udine hat sicherlich dazu beigetragen, dem horizontalen Bereich mehr Gewicht zu verschaffen und die Vorsprünge der Foren zu betonen, um so ein klassischeres Gleichgewicht herzustellen, welches das Kastell von Udine „römischer" machte und mehr den Vorstellungen des 16. Jh. entsprach.

Nun war die Zeit für Palladio gereift, von dem wir in Udine den *Arco Bollani* haben, auf dem Fundament der Rampe gebaut, die zum Kastell führt, den *Palazzo Antonini* (später umgebaut, es ist dies das erste Bauwerk, das von ihm gebaut wurde und das Palladio in den *Quattro libri* dargestellt hat) und den *Palazzo Pretorio* in Cividale, der erst nach dem Tode Palladios gebaut wurde, der sich aber auf einen Plan des Jahres 1465 bezieht.

Dieser Plan war ziemlich einmalig, da er eine äußerst architektonische Zurückhaltung (fast Ärmlichkeit) aufweist – erkennbar z. B. an der dauernden Wiederholung des Bogenganges im Erdgeschoß, wie wir ihn in vielen venetischen Architekturen einfacherer Art haben –, die er verbunden hat mit einem ausdrücklichen Verweis auf die Rustikalform mit schmalen Pfeilern, wie in den Arenen von Verona und von Pula. Fast als ob er das schlichte Kleid mit dem Adel der kulturellen Beziehung rehabilitieren wollte.

Von diesem Augenblick an ist die Architektur in Friaul von ihrer Tendenz her klassisch, von ihrem Wesen her venetisch, mit einem Wort „palladisch", und zwar in einer Weise, die eine tiefe und zunehmende „Venetisierung" der gesamten städtebaulichen Landschaft bedeutet und die bekräftigt und weiter bis zum Neoklassizismus vervollständigt wird.

Vom städtebaulichen Aspekt her kam es inzwischen zur letzten Emanation des 16. Jh., sie war zu Ende des Jahrhunderts von der Signoria Veneta selbst herbeigeführt, diesmal in eigenem Namen und zur Verteidigung der Grenzen im Osten.

Es war der alte humanistische Traum einer sternenförmigen Stadt, einer vollkommenen Stadt, einer idealen Stadt (mit 100 Toren und 100 Straßen, die strahlenförmig von einem einzigen Platz ausgehen), die paradoxerweise erst gegen Ende des humanistischen Abenteuers Gestalt annahm, und zwar mit der

(1593) Gründung der Festung Palmanova, die für den Krieg und nicht für den Frieden gebaut wurde.

Bei der Gründung war der Vicentiner Vincenzo Scamozzi, enttäuschter und abgefallener Jünger Palladios, anwesend, der außer der Kontrolle der Maße und der Absteckung des Geländes und des Vorbehalts, hier nach eigenem Plan den *Dom und die Tore* zu erbauen, keinerlei entscheidende Macht besaß.

Venedig hätte hier allerdings nicht allzu viele Möglichkeiten gehabt, sich Palmanovas als Basis für kriegerische Handlungen vom Festland aus zu bedienen. Es wäre umgekehrt eine ideale Basis gewesen, um von hier aus Europa im Namen Palladios zu erobern. Da Venedig nicht einmal mehr Gewürze ausführte, sondern Malerei, Musik und Architektur – Geist und Ideen also –, wird es für Scamozzi ein Leichtes sein, von hier aus die Grenze zu überschreiten, da er die Pläne für den neuen Dom und den neuen Erzbischöflichen Palast von Salzburg bereits in der Tasche hat.

Zu kunstgeschichtlichen Fragen Mitteleuropas im 16. und frühen 17. Jahrhundert nördlich der Alpen

Arthur Saliger

Gegenseitige künstlerische Beeinflussung der benachbarten Provinzen in der Ostalpenregion – und hier vor allem Friauls und der angrenzenden österreichischen Provinzen – sind im Mittelalter nachweisbar, und im 15. Jh. in der Spätgotik besonders intensiv. Die Grenzen Friauls gegen diese österreichischen Länder bildeten im 16. Jh. scheinbar auch die „natürliche Grenze" gegen eine gesteigerte Rezeption der in Mittelitalien entfalteten Renaissance. In Friaul hingegen begünstigten die zur Apenninen-Halbinsel offenen Täler wie auch die politische und geographische Nähe der Republik Venedig[1]) und nicht zuletzt auch die Zusammenarbeit eines Friulanen – nämlich *Giovanni da Udine* – mit *Raffael* in Rom die Aufnahme neuer stilistischer Gestaltungsprinzipien und neuer Tendenzen künstlerisch formalen Gestaltens.

Zwei politische Ereignisse von tiefgreifender Wirkung trugen mit dazu bei, daß der Einfluß der italienischen Renaissance auf die Gebiete nördlich der Alpen erheblich gebremst wurde: die Reformation einerseits und die Gefahr der Besetzung durch die Türken andererseits[2]). Die Anhänger der Reformation standen

---

[1]) Mit der Kapitulation Udines vor den venezianischen Truppen, 1420, fand die weltliche Herrschaft des Patriarchats von Aquileia ein Ende, und Westfriaul wurde der Republik Venedig angegliedert.
[2]) Obwohl vereinzelt auch die Region Friaul von Türkeneinfällen (1472, 1477, 1478, 1499) in Mitlei-

der italienischen Renaissance schon allein deshalb reserviert gegenüber, weil diese aus dem Zentrum des Katholizismus ihren Ausgang nahm. Das Anknüpfen an die bodenständige spätgotische Tradition ist in den von Reformationsbestrebungen durchsetzten Gebieten durch die kulturpolitische Situation wesentlich geprägt[3]). Diese Situation ist namentlich im deutschsprachigen Raum, in den Niederlanden und in Nordeuropa gegeben. Dennoch war die Ausstrahlung jener Schöpfungen der italienischen Renaissance-Künstler derartig groß, daß trotz der angedeuteten kulturpolitischen Situation in den Ländern nördlich der Alpen das Formenvokabular der italienischen Renaissance von den Künstlern im transalpinen Raum aufgenommen wurde.

Die Wertschätzung der contemporären italienischen Renaissance manifestiert sich nicht zuletzt in dem Bemühen von Auftraggebern nördlich der Alpen um das Engagement italienischer Künstler: So ließ beispielsweise der bayrische Kurfürst in seiner Residenz das – noch heute komplett erhaltene – Antiquarium in München von italienischen Künstlern errichten und ausstatten und engagierte für die „lebendige" Nutzung des Raumes den Komponisten Orlando di Lasso; im Bau der Landshuter Residenz etwa wurden architektonische Anregungen aus dem Palazzo Ducale zu Urbino bewußt übernommen; selbst der – obwohl selbst Katholik – dem Protestantismus aufgeschlossene Kaiser Maximilian II. ließ nicht nur große Feste nach italienischer Manier feiern, sondern in seiner weitläufigen Festarchitektur des „Neugebäudes" auf der Simmeringer Heide in Wien sollte die einzige erhaltene Architektur nach antiken Traktaten in der baulich realisierten Interpretation des italienischen Manierismus entstehen, die nach dem ursprünglichen Plan und mit der vorgesehen gewesenen künstlerischen Ausstattung in der Reihe der bedeutendsten Renaissance-Anlagen Europas gestanden wäre: für dieses 1569 begonnene Objekt bemühte sich Maximilian II. um die bedeutendsten italienischen Künstler seiner Zeit[4]). Die Großzügigkeit der Planung und deren unikale Stellung zeigen sich unter anderem auch in dem Umstand, daß die Nachfolger Maximilians II. weder die Vollendung noch eine Revitalisierung dieses Bauwerkes und der Gesamtanlage mit Terrassen und Gärten betreiben konnten. Als Rohbau weitgehend erhalten, harrt das Objekt heute noch einer – bereits in Vorbereitung begriffenen – adäquaten Neuwidmung durch die Stadt Wien. Maximilian II. versuchte bezüglich der Planung des Bauwerkes mit Andrea Palladio in Kontakt zu kommen, als Bildhauer wollte er Giovanni da Bologna gewinnen. Auf wessen künstlerische Autorschaft die Planung zurückzuführen ist, konnte bislang noch nicht endgültig geklärt werden– die niemals vollendet gewesene Ausstattung ist, von wenigen Fragmenten abgesehen, verlo-

---

denschaft gezogen war, so gipfelte diese Bedrohung im 16. Jh. doch in der Türkenbelagerung Wiens 1529.

[3]) Renate *Wagner-Rieger,* Architektur des Barock in Steiermark. Tagungsbericht bei der Dreiländer-Fachtagung der Kunsthistoriker in Graz, 1972, S. 9f.

[4]) Rupert *Feuchtmüller,* Das Neugebäude, Wien 1976.

ren gegangen. Die Namen der Künstler, unter ihnen Alexander Colin, Bartholomäus Spranger, weist auch einen Italiener auf – den Friulanen Licino aus Pordenone!

Schon vor Maximilian II. bemühte sich Kaiser Ferdinand I. um oberitalienische – comaskische – Baumeister zwecks Ausbaues der Fortifikationen, um solcherart im Festungsbau gegen die drohende türkische Besetzungsgefahr entsprechende Vorkehrungen zu treffen[5]). Auch der Protestant Hans Wilhelm von Losenstein, der in seinem Hoheitsbereich eine protestantische Hochschule errichten ließ, veranlaßte in seinem Schloß – der Schallaburg in Niederösterreich – die Errichtung einer Terracottengalerie, die in der Architektur oberitalienische Vorbilder verrät, in der Formgebung der Details aber auf niederländische Stichvorlagen, insbesondere in der Ornamentik und der Reliefdarstellungen antiker Themenkreise, weist. In dieser Kombination und in der konstruktiven Anwendung der Terracotten als „Bausteine" ist dieses Bauwerk nicht nur Produkt aus dem Zusammenwirken verschiedener Einflüsse, sondern als solches ein Unikat ohne direktes Vorbild und ohne Nachfolge[6]).

Die Zugkraft der italienischen Renaissance für die transalpinen Länder zeigt sich signifikant in dem merkwürdigen Phänomen, daß die „ständische Stadt" Klagenfurt in Kärnten – die in ihrer rechtlichen Struktur einen Einzelfall in der deutschen Verfassungsgeschichte darstellt – ab 1534 wesentlich vergrößert und befestigt wurde, wobei Vorstellungen der Idealstadt „in italienischer Manier" nach Plänen des italienischen Festungsbaumeisters Domenico de Lalio (auch: dell' Allio) verwirklicht wurden. Ungewöhnlich lang zog sich die Bauzeit in dieser – mittlerweile protestantisch gewordenen – Stadt bis 1592 hin: bemerkenswert ist, daß die ehemalige protestantische Stadtpfarrkirche (heute der katholische Dom) von 1581/82 und das Landhaus der Stände 1581–87 von einem Italiener erbaut wurden. 1593 wurde in der Tiefebene Friauls gleichfalls eine Fortifikationsarchitektur errichtet, in deren städtebaulicher Anlage der Idealplan einer radial angeordneten Stadtstruktur konsequent befolgt wurde: in Palmanova. Zweifellos nahm sich im Vergleich zu dieser neuen Stadtgründung die Klagenfurter Lösung einer Stadterweiterung bescheiden aus, ist aber als Phänomen im Befolgen eines Idealplanes bedeutend genug.

Es ist unmöglich, das scheinbar grenzenlose Fachgebiet der künstlerischen Beziehungen zwischen der Apenninenhalbinsel und dem transalpinen Raum hier auch nur annähernd anzuschneiden. Es genügt festzuhalten, daß derartige Kontaktnahmen auf künstlerischem Gebiet tatsächlich mannigfaltig – auch als Wechselbeziehungen – über alle kulturpolitischen Spannungen hinweg erfolgten. Als sich im 15. Jh. außerhalb Italiens, in den Niederlanden, eine besondere Entfaltung der Malerei ereignete, gelangten Werke der niederländischen Malerei

---

[5]) R. *Wagner-Rieger,* op. cit.
[6]) R. *Feuchtmüller,* Schloß Schallaburg, St. Pölten – Wien 1974.

nach Italien und beeinflußten die Arbeiten italienischer Künstler[7]), wie sich auch italienische Persönlichkeiten gelegentlich ihrer Aufenthalte in den Niederlanden von niederländischen Künstlern porträtieren ließen[8]). Intensive gegenseitige künstlerische Beeinflussung erfolgte auch zwischen Dürer und den venezianischen Malern Giovanni Bellini und Lorenzo Lotto. Im Oeuvre des niederländischen Malers Quentin Massys werden Kompositionsprinzipien Leonardos übernommen, aber gleichzeitig in die spezifisch niederländische Maltradition integrierend transponiert. Heemskerks Zeichnungen, gelegentlich seines Aufenthaltes in Rom angefertigt, geben nicht nur wertvolle topographische Informationen wieder, sondern vermitteln auch michelangeleske Darstellungsprinzipien titanenhaft bewegter Figuren. Trotz italienischer Schulung entstanden im Oeuvre El Grecos und später bei Velazquez, Murillo und Ribera in Spanien Kunstwerke jeweils eigener persönlicher Prägung. In den Niederlanden bildete sich eine Gruppe von Malern mit bewußter Anlehnung an die italienische Malerei, die unter dem kunstgeschichtlichen Begriff der „Romanisten" unter anderem für die Kunst Rembrandts wegbereitend wurde. Auch die Künstler am Hofe Rudolfs II. in Prag versuchten die italienische Vorbildhaftigkeit in ihren persönlichen Stil umzusetzen.

Besondere Bedeutung in der Verbreitung des Formenvokabulars italienischer Kunst in den Kunstlandschaften nördlich der Alpen kommt dem Gebiet der Zeichnung und vor allem der Druckgraphik, und zwar im Speziellen der Reproduktionsgraphik, zu. Noch mehr als auf bildlich-figürliche Vorwürfe bezieht sich dies auf die Ornamentik: die von Raffael und seinen Mitarbeitern — unter ihnen der Friulane Giovanni da Udine — am Sektor des Dekors ins Zentrum gerückte antike Kandelaber-Dekorations-Motivik in den „Grottesken" erfuhren eine persönlich geprägte stilistische Umwandlung[9]). Diese fanden durch das Medium der Druckgraphik rasche Verbreitung. Bei weitgehender Beibehaltung der Motive erfolgten stilistische Umformungen durch den jeweiligen reproduzierenden Künstler. Es entstanden umfassende Ornamentstichfolgen, die nicht selten optischem Selbstzweck galten, jedoch vor allem auf die Dekoration von Architektur und Kunstgewerbe großen Einfluß ausübten. Namentlich bei den niederländischen und deutschen Ornamentstechern fällt eine deutliche Akzentuierung der Grotteskenmotive italienischen Ursprungs zugunsten bizarrer Wirkung auf: dieser Grad der Entfernung vom italienischen Original-Motiv bestimmt den persönlichen kreativen Umsetzungs-Anteil des jeweiligen Künstlers. Wieweit sich — im Falle des Ornamentstiches als Vorlage für eine Dekoration im anderen Medium

---

[7]) Schon damals nach Italien gelangte niederländische Malereien — etwa der Portinari-Altar des Hugo van der Goes (Florenz – Uffizien) – beeinflußte italienische Künstler – so etwa Ghirlandaio.

[8]) Kardinal Albergati ließ sich gelegentlich seines Aufenthaltes in Gent von Jan van Eyck porträtieren: Silberstiftzeichnung im Nationalmuseum in Budapest, Porträt in Ölmalerei im Kunsthistorischen Museum in Wien.

[9]) Vgl. den Ausstellungskatalog „Groteskes Barock", Stift Altenburg bei Horn in NÖ, 1975.

– der ausführende Künstler im Ausmaß von der Stichvorlage entfernt, darin wird sein spezifisch künstlerischer Anteil faßbar. Es ist daher nicht verwunderlich, daß sowohl in der Architektur als auch bei künstlerisch gestalteten Einrichtungsstücken – wie Altären, Kanzeln, Orgelprospekten, Portal- und Fensterumrahmungen, Prunkmöbeln – im deutschsprachigen Raum und in den Niederlanden bizarr anmutende Formen vorzufinden sind, die in ihrem erahnbaren Nachwirken der gotischen Tradition, trotz der Einwirkung italienischer Renaissance-Motive, zu diesen im Gegensatz stehen. Die Struktur dieser Ornamentvorlagen erlaubte bei den Grottesken nicht nur die beliebige Austauschbarkeit der dekorativen Einzelmotive, sondern sie ließ sich auch als Grundschema im barocken Formenvokabular anwenden. Besonders in Arbeiten des Kunstgewerbes – im liturgischen und im profanen Prunkgerät und in Arbeiten der Textilkunst, also in Tapisserien, Paramenten und profanen Prunkgewändern – zeigen sich die Grottesken im Dekor mannigfaltig tradiert.

Rekatholisierungs-Bestrebungen setzten neuerlich den Akzent auf verstärkten Einfluß aus der italienischen Kunst: im Zuge dieser Gegenreformation, die vielfach durch politische Ereignisse begünstigt war, hatte dies auch auf die Schaffung von Kunstwerken erheblichen Einfluß. Zumal die intensivere Aktivität der Orden und die Ausbreitung des neuen Jesuiten-Ordens, der sich vehement für die Anliegen der Gegenreformation einsetzte, brachten im Klosterbau neue Impulse. Für die zahlreichen Kloster-Um- bzw. Erweiterungsbauten übte das spanische Bauwerk der Klosterresidenz von El Escorial – für dessen Ausstattung zahlreiche italienische Künstler engagiert wurden – in seiner Konzeption nicht zu unterschätzenden Einfluß aus. Weitläufigkeit der baulichen Anlagen, Konzentration auf Tor-, Turm- und Kirchenbau in der Entfaltung architektonischer Gliederungsmotive innerhalb der Gesamtanlage sowie Schlichtheit und Zurückhaltung in der dekorativen Entfaltung des ornamentalen Details haben zahlreiche, im 17. Jh. durch italienische Baumeister umgebaute Klosteranlagen mit dem Escorial gemeinsam [10]). Letztlich wirkt in den monumentalen barocken Stiftsbauten mit ihren repräsentativen Kaisertrakten zumindest in der Vereinigung von Konvent- und Kaisertrakt in einem Klosterbau-Komplex das Konzept des Escorial als Archetypus nach. Eine weitere Quelle für den transalpinen Sakralbau ist in der lombardischen Architektur des ausgehenden 16. und frühen 17. Jh. zu finden, wo die liturgischen Bestimmungen des Tridentiner Konzils einerseits und die in die spezifisch lombardische Bautradition abgewandelten Einflüsse des römischen Barock andererseits den Kirchenbau prägten: dieser Umstand findet im Wirken des populären Pestheiligen Carl Borromäus, des damaligen Erzbischofs von Mailand, der zum Abschluß des Tridentiner Konzils beitrug, auch für die Vorbildlichkeit der contemporären lombardischen Architektur seine historische Verankerung [11]). So ist es nicht verwunderlich, daß die Salzburger Erzbischöfe

---

[10]) R. *Wagner-Rieger,* op. cit.
[11]) J. *Sturm,* Der Architekt Carlo Antonio Carlone, ungedruckte Dissertation, Wien, 1969.

Wolf Dietrich von Raittenau und Marcus Sitticus von Hohenems, als Verwandte dieses Mailändischen Heiligen, im ersten Viertel des 17. Jh. im Ringen um das Engagement der Realisierung großer Bauprojekte nach italienischer Manier am erfolgreichsten waren. Der Dombrand von 1598 wurde in Salzburg nicht nur Anlaß zu einem großzügigen Neubauprojekt, sondern auch zu einem städtebaulichen Umbaukonzept mit weitläufigen Plätzen und dem Aufbrechen mittelalterlicher Häusergruppen zu durchgehenden Straßenzügen, wobei vermutlich die Akzentuierung der Pilgerstraßen in Rom, mittels der Versetzung von Obelisken, als fernes Vorbild Pate stand. Der Mitarbeiter Andrea Palladios, Vincenzo Scamozzi, der planende Architekt der erwähnten „Idealstadt" Palmanova in der friulanischen Tiefebene, war für den Salzburger Erzbischof Wolf Dietrich zumindest als Berater tätig. Das für den transalpinen Raum um diese Zeit ungewöhnlich umfassende Mäzenatentum Wolf Dietrichs erstreckte sich nicht nur auf die Errichtung von Monumentalbauten – die übrigens zum überwiegenden Teil unter seinen Nachfolgern vollendet wurden –, sondern auch auf die Ausstattung der Bauten sowie auf die Erweiterung des Domschatzes. Die wenigen, heute noch – teils in Salzburg, teils in Wien und in Florenz – erhaltenen Objekte zeigen deutlich, daß für diese Arbeiten in der Ornamentik italienisches Formenvokabular in der Uminterpretation durch niederländische und deutsche Ornamentstecher zum Vorbild genommen wurden. Auch die umfassenden Stuck-Dekorationen in der ersten Hälfte des 17. Jh. in Salzburg zeigen in der Disposition Anregungen und Dekorations-Tendenzen ober- und mittelitalienischer Architektur-Dekorationen verwertet, in den ornamentalen Details allerdings den Einfluß jener, auch für das Kunstgewerbe vorbildlichen Ornament-Stiche als stilbildenden Faktor.

Trotz engagierten Bemühens gelang es keinem Auftraggeber außerhalb Italiens, die bedeutendsten italienischen Künstler zu gewinnen. Selbst für das Bau- und Ausstattungsprojekt des königlichen Jagdschlosses von Fontainebleau – wo Florentiner Manieristen, gleichsam als Künstlerkolonie, ein künstlerisches Zentrum von großer Auswirkung bildeten – war trotz der verwandtschaftlichen Beziehungen des französischen Königshauses mit den Medici keiner der „größten" italienischen Künstler zu gewinnen. Deren Werke gelangten nur auf dem Weg der Sammlertätigkeit bedeutender Persönlichkeiten in die transalpinen Länder. Der Aufenthalt Leonardos in seinem Sterbeort Amboise in Frankreich, wie auch der triumphale Empfang Berninis in Paris und die Ablehnung seiner Entwürfe sind Ausnahmefälle. Vielfach stammten die nördlich der Alpen tätigen italienischen Künstler aus Grenzgebieten wie etwa dem Intelvi-Tal im Tessin, aus dem Gebiet des Como-Sees, der Lombardei, dem Trentino und aus Friaul: zur Schulung zog es sie in die Kunstzentren Italiens, die bedeutendsten Vertreter unter diesen Künstlern fanden dort auch eine entsprechend auslastende Beschäftigung. Die künstlerische Ausstrahlung ihrer Hauptwerke erfaßte nicht nur die Arbeiten ihrer Landsleute, sondern wirkte, nicht zuletzt durch deren Mithilfe, überregional. Dies und die erwähnten künstlerischen Wechselbeziehungen prägten

außerhalb Italiens im Zusammenwirken von italienischen Einflüssen und bodenständigen künstlerischen Traditionen regionale Sonderformen. So haben beispielsweise Vignolas und Giacomo della Portas Fassadenlösung und Raumtypus
der römischen Jesuitenkirche „Il Gésù" nicht nur zur Entwicklung der spezifisch
römischen barocken Sakralarchitektur leitend beigetragen, sondern innerhalb
Italiens Abwandlungen erfahren, die außerhalb Italiens unter der Leitung italienischer Baumeister, mit Rücksicht auf lokale Bautraditionen, abermals mannigfaltig variierte Realisierung nach sich zogen.

Das Tradieren von formalen Gestaltungsprinzipien und die stilistische Auswirkung signifikanter Merkmale einzelner italienischer Kunstzentren innerhalb des
heutigen Italien können auch im Falle der ausgestellten Kunstwerke aus Friaul
studiert werden. So zeigt sich in den religiösen Madonnen-Bildern wie in den
Darstellungen der „Sacra Conversazione" friulanischer Maler die, gerade bei
diesen Themen, in der venezianischen Malerei entfaltete Bildtradition reflektiert.

Einflüsse von Bildgedanken und Gestaltungsprinzipien, die Hauptwerke bzw.
die signifikanten Eigenschaften von Kunstzentren prägen, werden nicht unbedingt direkt vermittelt, sondern von bereits beeinflußten Zwischengliedern. Gerade aus diesem Genre kommende italienische Künstler vermittelten für italienische Kunstzentren spezifisches Formenvokabular und typische Gestaltungsprinzipien in die europäischen Regionen außerhalb Italiens. In der Auseinandersetzung mit lokalen künstlerischen Traditionen wurde diesen Künstlern – und oft
zumindest dank ihrer Einflußkraft – die Schaffung singulärer Kunstwerke außerhalb Italiens ermöglicht. Unter diesem Aspekt muß es – bislang noch fehlenden
– analytischen Studien vorbehalten bleiben, ob und wie intensiv künstlerische
Beziehungen zwischen Friaul und den benachbarten Gebieten im in Rede
stehenden historischen Zeitraum relevant gegeben sind.

Zu den künstlerischen Beziehungen zwischen Friaul und Europa vom 17. bis zum 20. Jahrhundert

Aldo Rizzi

Die Zeit der wechselnden Einflüsse aus dem Mittelmeerraum und von jenseits
der Alpen, die jahrhundertelang für Friaul bestimmend waren – Ort der Begegnung und der Überschneidung verschiedener Kulturen –, findet ihr Ende mit der
Herrschaft der Guelfischen Patriarchen (1251) und mehr noch mit der Eroberung durch die Venezianer (1420). Trotz der ausgesprochen nach Süden ausgerichteten Orientierung fehlt es aber nicht an Überresten und sporadischen Einflüssen nördlicher Herkunft – wenn auch „filtriert" durch venezianisch-lagunare

Optik, da Venedig das Maß der Dinge auch im Bereich der Ästhetik bestimmt. Hinzu kommt, daß hiesige Künstler neue künstlerische Formen nach Deutschland und Österreich exportieren und die Mittlerrolle für eine indirekte Assimilation der fremden Formen übernehmen, die dann hier im einheimischen Gebiet ihre Verbreitung finden.

Dieses Problem ist sehr komplex und hat bis heute noch keine überzeugende Darstellung gefunden. An dieser Stelle kann nur auf einige Beispiele – stellvertretend für andere – hingewiesen werden; außerdem sollen einige Arbeitshypothesen für eine systematische Untersuchung vorgelegt werden, die zur Klärung der hochinteressanten Thematik beitragen könnte.

Im 17. Jahrhundert finden wir in Friaul eine sehr große Anzahl von Kunstwerken vor, die von Künstlern stammen, die aus dem Norden kamen. Diese werden ohne Schwierigkeiten aufgenommen und den Werken einheimischer Künstler gleichgestellt – was freilich für eine Gegend mit so tiefen Wurzeln für eine kosmopolitische Haltung eine Selbstverständlichkeit ist. Wir brauchen nur an „Das Martyrium des hl. Andreas" von Giuseppe *Heintz* des Jüngeren im Dom von Spilimbergo (1665), an die „Hexenszene" von Giovanni *Heiss* aus der Sammlung Colloredo von S. Maria della Longa, ehemals in der Villa Manin di Passariano (1696), und an die bedeutende Gemälde-Sammlung aus dem Besitz von Melchior Widmar in Gemona (1671–1706) zu denken; doch dies ist noch lange nicht alles. Isak *Fischer,* (wie Heintz) in Augsburg geboren (das mit Venedig intensive Handelsbeziehungen unterhielt), weilt lange in Friaul (Aufzeichnungen von 1650–1674), und die bekanntesten Adelsfamilien lassen sich von ihm porträtieren: die Maniago, die Altan, die Rota, die Porcia etc. Seine Porträts sind von einer entgegenkommenden Art, analytisch und minuziös wie die flämische Malerei (dennoch spürt man auch den Einfluß der Werke Foraboscos) – auf jeden Fall sind sie geeignet, den ehrgeizigen Ansprüchen der Adeligen voll zu entsprechen (im Gegensatz zu Carneo, dessen selbstkritische und strenge Art bei seinen Auftraggebern nur wenig Anerkennung findet). Auch die Bilder mit sakralen Themen, akademisch auch sie und von einem etwas herben volkstümlichen Realismus geprägt, finden leicht ihre Käufer.

Während Fischer in S. Vito am Tagliamento, in Maniago, Porcia, Buttrio usw. sich darum bemüht, die Persönlichkeiten der reichen friaulischen Adelshäuser zu verewigen, arbeitet der aus Udine stammende Giuseppe *Cosattini* als Porträt-Maler am Hof zu Wien (1670–73). Ein ehrenvolles Amt: am 20. Sept. 1671 wird er von Kaiser Leopold I. zum Hofmaler und zum Hofgast ernannt. Am 5. März 1672 wird er Ehren-Kaplan der Kaiserin. Bei seiner Heimkehr nach Italien (auf Grund eines Unfalls, er war beim Malen von einem Gerüst gestürzt und hatte sich ein Bein gebrochen) trug er ein Goldmedaillon mit dem Bildnis der Kaiserin Eleonora und eine goldene Kette bei sich, die ihm als Auszeichnung verliehen worden waren. Leider ist von der glücklichen Wiener Schaffenszeit des Malers kein einziges Werk auffindbar. Man kann sich nur wünschen, daß anläßlich dieser Ausstellung weitere Nachforschungen angestellt werden, die sowohl eine geschichtliche Darstellung der österreichischen Schaffenszeit des Malers als auch seine Vorliebe für Porträt-Malerei veranschaulichen könnten, die uns bis heute unbekannt geblieben ist. An die Stelle Cosattinis tritt *Bombelli:* Sandrart schreibt im Jahre 1685: „Seine kaiserliche Majestät ließ ihn nach Wien kommen, wo er die kaiserliche Familie porträtierte". Auch von diesem Udineser Künstler ist in Wien kein Werk auffindbar.

Zu Beginn des 18. Jahrhunderts arbeiten in Udine gleichzeitig zwei „ausländische" Maler: 1709 malt der Franzose *Dorigny* die Fresken der Wendeltreppenkuppel im erzbischöflichen Palast (vorher hatte er in der Villa Manin di Passariano gearbeitet und später im Dom zu Udine). Der Deutsche Martin *Fischer* malt den Ehrensaal des Palazzo Antonini (jetzt Sitz der Banca d'Italia) mit manieristischen Bildern aus. Dieser Maler – ein berühmter Unbekannter der Kunstgeschichte – stammt wahrscheinlich aus Augsburg wie sein Namensvetter aus dem 17. Jahrhundert und ist vielleicht mit diesem verwandt. Hier haben wir ein weiteres unbekanntes Feld, das erhellt werden sollte, und zwar nicht nur, um die Persönlichkeit des Künstlers besser identifizieren zu können, sondern auch um die Urheberschaft anderer Werke zu klären, die ihm zugeschrieben wurden, sowohl in Udine als auch in der Umgebung (Deckenfresko in der Chiesa del Carmine?).

Da sich der politischen Hauptstadt (Wien) Venedig als künstlerische Hauptstadt widersetzt, erwächst der Grafschaft von Gorizia (reich an Kunst und Kultur – 1509 dem Habsburgischen Kaiserreich einverleibt) die Mittlerrolle zwischen venezianischen, österreichischen und slovenischen Gebieten. Man darf dabei jedoch nicht vergessen, daß in Wien selbst durch die Anwesenheit von Malern, Bildhauern, Architekten, Musikern und Literaten italienisches Geistesgut sehr stark vertreten war, so stark, daß diese Tatsache sogar für die Entwicklung des Barock bestimmend sein wird – auch mit positiven Auswirkungen für die venezianische Kunst. Beispiele dafür sind die Arbeiten *Morlaiters* und vor allem das Werk Gianantonio und Francesco *Guardis,* beides Söhne einer Wienerin; Gianantonio ist sogar in der österreichischen Hauptstadt geboren.

Giulio *Quaglio* arbeitet in allen drei oben genannten Gebieten: nachdem er in Udine Kirchen und Paläste (1692–1700) ausgemalt hatte, arbeitet er in der Pfarrkirche von Gradisca (1700) und in der Kathedrale der Hauptstadt am Isonzo (1702). Von hier geht er nach Ljubljana, malt den Dom aus (1703–06) und arbeitet im Kastell Pustal von Skofja Loka (1707), in der Kathedrale von Triest (1707), im Meerschlössl von Graz (1708) und an der Bischöflichen Residenz von Klesheim (Salzburg 1709). – Schließlich finden wir ihn erneut in Ljubljana, wo er die Bibliothek des Seminars (1721) ausmalt. Im selben Jahr malt Christoph *Tausch,* geboren in Innsbruck, die Kirche S. Ignazio in Gorizia aus. Mit diesem Werk bekundet er die Abhängigkeit von seinem Lehrer, Pater Andreas *Pozzo.*

Es ist sehr wahrscheinlich, daß Nikolaus *Grassi* 1723–1725 dieselbe Reiseroute wie der Maler Quaglio einschlug, da sein Name in der „Zunft" der venezianischen Maler in dieser Zeit nicht genannt wird. Nach einem hypothetischen Aufenthalt in Gorizia begibt er sich nach Dalmatien, arbeitet in der Kirche der Benediktinerinnen in Trogir und im Dom der Insel von Veglia, um sich dann in Österreich und in Deutschland (Augsburg?) einen Namen zu machen. Auch Rosalba *Carriera* war in Gorizia bei der Adelsfamilie Lantieri von 1728–1730 zu Gast und kommt von hier an den Hof Karls VI. nach Wien. Fast gleichzeitig beginnt die Schaffenszeit des deutschen Malers Michael *Lichtenreiter* (1706–1780), dem wir Stilleben und Porträts verdanken.

Etwa um 1740 läßt sich Friedrich *Bencovich* in Gorizia nieder, wo er 13 Jahre lang, bis zu seinem Tod, bleibt. Es ist sicher, daß seine Anwesenheit ebenso wie die Grassis – als Schwerpunkt der künstlerischen Diaspora – unbezweifelbare Anregung für das Entstehen des mitteleuropäischen Rokoko bedeutet: Ganz besonders wird die Schule Bencovichs, in phantasievollem Pathos verschlüsselt, voll Bologneser Humor und lombardisch-venezianisch gewürzt, für die Entwicklung des Franz Anton *Maulbertsch* entscheidend. Ebenso war auch der „Expressionismus" Grassis, begünstigt durch seine alpenländische Herkunft (er ist an der Wasserscheide geboren) und durch die folgenden lagunaren und römischen Einflüsse (Abstraktion der bildlichen Darstellung und bühnenbildhafter Illusionismus), von stärkster Faszination für die Kultur des österreichischen Spätbarocks und der späten Gegenreformation. Vor allem Martin Johann *Schmidt* und Paul *Troger* standen unter diesem Einfluß.

Der Architekt Nikolaus *Pacassi,* Sohn eines Gorizianers, wird im Alter von nur 44 Jahren Erster kaiserlicher Hofarchitekt. In gleicher Weise an französischer wie an venezianischer Architektur interessiert, plant er zahlreiche Bauten, u. a. die Umgestaltung des Schlosses Schönbrunn (1742). In Gorizia haben wir von ihm den Palazzo Attems (1733–45), in dem die Museen untergebracht sind, den Palazzo Attems di Santacroce (1740), in dem sich das Rathaus befindet, und zwei Monumental-Brunnen.

Auch Francesco *Caucig* (1762–1828) kommt aus Gorizia und verwirklicht sein malerisches Talent in Wien, wo er zum Leiter der Akademie der Schönen Künste ernannt wird. Nach einer Periode nostalgischen Rückblickens auf das 18. Jahrhundert verschreibt er sich dem Neoklassizismus und findet im ganzen Reich Anerkennung. Goethe bezeichnet ihn als „uomo di grande talento".

In der Zwischenzeit erhält die Kirche von Palse ein Altarbild von Ignaz *Kolmann* aus Graz (1802).

In den Porträts des Malers Giuseppe *Tominz* (1790–1866) spiegelt sich deutlich die „österreichische Anmut und Feinheit" (Fogolari). Obwohl der Maler nach *romanischer* Lebensart erzogen worden war, nimmt er während seines Aufenthalts in Triest einen Schuß jenes bürgerlichen Realismus *biedermeierlicher* Prägung auf, der dann seine Kunst charakterisiert.

Auch Michelangelo *Grigoletti* (1801–1870) aus Pordenone verbreitet im mitteleuropäischen Raum seine einnehmenden, etwas romantisch verschlüsselten Arbeiten. Man denke an „I due Foscari", in Auftrag gegeben von Kaiser Ferdinand I. v. Österreich, und an die „Assunta" der ungarischen Kathedrale von Esztergom. Unübersehbar sind hier die Anregungen aus jenem kulturellen Kreis (speziell während seines Wiener Aufenthalts) – erkennbar an einem kälteren Licht und an der Hartnäckigkeit der Wahrheitsanalyse.

Ich möchte noch an Raimondo *D'Aronco* (1857–1932) erinnern, den späteren kaiserlichen Superintendenten am Hof von Konstantinopel, der in Graz lebte, und an Max *Fabiani* (1865–1962), einen der bedeutendsten Architekten der „Secessione" und Städtebauer von europäischem Format, der durch seine ungewöhnliche Gelehrsamkeit eine einmalige Stellung im Wiener Kulturleben einnimmt.

A. *Forniz,* Il pittore Isoceo Fischer in Friuli, in: „Arte veneta" 1965, p. 165.

M. *Pozzetto,* Max Fabiani architetto, Gorizia 1966.

A. *Rizzi,* Storia dell' Arte in Friuli: il Settecento, Udine 1967.

A. *Rizzi,* Storia dell' Arte in Friuli: il Seicento, Udine 1969.

G. M. *Pilo,* Michelangelo Grigoletti e il suo tempo, Cat. della mostra (Pordenone), Milano 1971.

A. *Morassi,* Gorizia nella storia e nell'arte, in „Gorizia viva", Gorizia 1973.

A. *Rizzi,* I maestri della pittura veneta del Settecento, Cat. della mostra (Gorizia e Lubiana), Milano 1973.

Italienische Barockmalerei nördlich der Alpen

Rupert Feuchtmüller

Das Barock brachte einen Höhepunkt der künstlerischen Beziehungen zwischen Nord und Süd. Die Intensität der kulturellen Wechselwirkungen übertraf sogar jene des Mittelalters; noch nie waren vorher so viele bedeutende italienische Maler über die Alpen gezogen, noch nie sind sie einem so profilierten Mäzenatentum begegnet, das auch seine eigenen Vorstellungen derart deutlich zu vertreten wußte. Gewiß, solche Beziehungen waren nicht voraussetzungslos entstanden. Die Kunst der Italiener hatte man schon im ausgehenden Mittelalter zu würdigen gewußt. Gemälde und Plastiken von Italienern waren im 16. Jh. hochgeschätzte Meisterwerke der fürstlichen Sammlungen, auch suchte man italienische Künstler ins Land zu rufen, um ihnen hier repräsentative Aufgaben anzuvertrauen. Man hatte dabei aber – wie es uns etwa die Situation am Hofe Kaiser Maximilians II. zeigte – wenig Erfolg. In Wien waren zwar viele italienische Bau- und Maurermeister tätig, doch Palladio selbst war nicht zu verpflichten, auch mit Giovanni da Bologna zerschlugen sich die Verhandlungen; nur einer der lokalen Maler, Giulio Licinio von Pordenone, hatte den Weg über die Alpen angetreten. Den bedeutendsten bischöflichen Residenzen ging es nicht viel anders. Der berühmte Vincenzo Scamozzi, der auch für den Hradschin in Prag gearbeitet hatte, lieferte zwar die Baupläne für den Salzburger Dom, die Ausführung aber war einem Schüler, Santino Solari, anvertraut. Die Maler, denen die Bilder des Domes übertragen waren, wie etwa Donato Mascagni, gehörten nicht zu den führenden Persönlichkeiten. Auch die Klosterbauten der Gegenreformation waren vorwiegend von Italienern geplant, doch gestaltete sich hier das Verhältnis zwischen italienischer und heimischer Kunst familiärer. Die Italiener, Baumeister, Stukkateure und Maler, hatten nördlich der Alpen gleichsam ihre neue Heimat gefunden und sich mit ihren Auftraggebern so identifiziert, daß sie hier Werke schufen, wie sie in Italien selber nicht entstanden wären.

Doch wie war das Verhältnis zwischen Nord und Süd im Bereich der fürstlichen Sammlungen? Man schätzte nördlich der Alpen vor allem den kunstreichen Manierismus, um hier etwa an die Vorliebe Rudolfs II. für Giuseppe Arcimboldo zu erinnern. Bei ihm hatte man, ebenso wie in der Kunst Benvenuto Cellinis Verwandtes gefunden. Man ließ sich vom Italienischen inspirieren, um es im eigenen Bereich aber doch so umzuformen, wie es den persönlichen Vorstellungen entsprach.

Im Bereich des Kunsthandwerkes wurde schon auf dieses schöpferische Weiterbilden verwiesen. Man überließ sich dem Fremden aber dort am wenigsten, wo es um ein inneres und äußeres Abbild gehen sollte: z. B. beim Porträt. Seiseneggers Bildnis Kaiser Karls V., das Tizian als Grundlage für sein berühmtes Gemälde diente, ist ebenso ein Beispiel wie die Portraitmedaillen, die italienische Plastiker von deutschen Persönlichkeiten schufen. Dieses etwas enge Verhältnis zur Kunst Italiens löste sich erst im Barock, nachdem der Realitätsbezug, jener Maßstab, den man an Form und Inhalt angelegt hatte, einer weiteren Auffassung gewichen war. Das Visionäre sprengte die Fesseln des verpflichtenden Abbildes, wurde zur Brücke zwischen Nord und Süd, und zwar in einem Maße, wie es der repräsentativen Allegorie, die im Norden stets dem Literarischen und Spekulativen verpflichtet war, nie gelingen konnte. Die Gegenreformation, die Überwindung der durch Jahrhunderte drohenden Türkengefahr, der Glanz deutscher Fürstenhöfe schufen die Voraussetzungen für die so offene Begegnung zwischen Nord und Süd.

Wir müssen uns daran erinnern, wie viele bedeutende Baumeister und Plastiker im Barock nördlich der Alpen wirkten, wie viele heimische Künstler in Italien studierten und wie sie doch nicht dem Fremden verfielen, sondern ihren eigenen Weg gingen. Auf dem Gebiet der Malerei, mit dem wir uns ja vorwiegend zu befassen haben, sei an das Wirken der Tiroler Familie Schor in Rom erinnert, an die Schule Carl Loths in Venedig, bei dem Johann Michael Rottmayr und Johann Adam Weißenkirchner lernten. Doch wir wollen diese allgemeinen Bezüge, die uns in diesem Rahmen zu weit führen würden, nicht näher verfolgen, sondern uns zunächst auf jene Künstler beschränken, deren Gemälde man in

Friaul als Meisterwerke der Kunst schätzt und die auch in dieser repräsentativen Ausstellung vertreten sind.

An erster Stelle ist hier *Sebastiano Ricci* zu nennen. Aus Belluno gebürtig, stand er anfangs unter dem Einfluß Lodovico Carracis und Guido Renis. Ranuccio II. Farnese, für den er in Parma tätig war, ermöglicht ihm seine weitere Ausbildung in Rom. Über Florenz, Bologna und Mailand, wo er mit Alessandro Magnasco zusammentraf und auch von ihm beeinflußt wurde, kam er nach Venedig, wo er sich niederließ. Dort erhielt er den Ruf nach Wien, um das eben vollendete Schloß des Kaisers mit seiner Kunst zu schmücken. Doch dieses Auftreten des Italieners im Schloß Schönbrunn vollzog sich ganz anders als das seiner Landsleute im 16. und 17. Jh. Sebastiano Ricci war nicht allein, er arbeitete Seite an Seite mit dem aus Salzburg berufenen Johann Michael Rottmayr; auch das Thema seines Freskogemäldes hatte er hier von den künstlerischen Beratern des Kaisers erhalten. Während Rottmayrs auf Leinen gemaltes Gemälde für den großen Saal verlorengegangen ist, können wir Sebastiano Riccis Fresko im Raum der später eingebauten „Blauen Stiege" bewundern. Es dürfte unmittelbar nach der Eroberung der Feste Landau im Jahre 1702, zu Beginn des Spanischen Erbfolgekrieges, gemalt worden sein. Man sieht hier den jungen König Joseph I. als jugendlichen Helden, wie er sich eben von Venus und dem bacchantischen Treiben abwendet, um am Kampf teilzunehmen. Während die Dämonen gestürzt werden, reicht ihm die Lichtgöttin den Lorbeerkranz. Solche Thematik, voll politischer Aktualität, hatte man dem bisher meist in religiöser Thematik arbeitenden Maler noch nicht geboten. Gewiß ging auch vom Ort selber, von dem groß angelegten Schloß des Kaisers, eine starke Inspiration aus. Sebastiano Ricci hatte hier in Wien mit seiner Kunst große Wirkung hinterlassen. Zunächst auf Rottmayr selber, dann aber auf die Maler der nächsten Generation. So wissen wir, daß Fürst Schwarzenberg den Wiener *Daniel Gran,* dessen Talent er durch seinen Architekturmaler *Georg Werle* kennen gelernt hatte, 1719 zur Ausbildung zu Sebastiano Ricci nach Venedig schickte, wo er so erfolgreich war, daß er in einem Landhaus der Familie Carnaro einen Freskoauftrag erhielt. Während zu Beginn des 18. Jh. der in Wien malende *Andrea Pozzo* die Theater- und Perspektivmalerei inspirierte, gingen von Riccis hellen Fresken vor allem koloristische Anregungen aus. Nach Venedig zurückgekehrt, arbeitet Ricci auch in Florenz und zwischen 1709 und 1716 in London. In den Niederlanden erweitert er seinen Gesichtskreis und setzte sich vor allem in Paris mit der französischen Barockmalerei auseinander. Diesen Bemühungen verdankte er 1718 die Mitgliedschaft der Academie Francaise. Sebastiano Ricci hatte der europäischen Barockmalerei viele Anregungen gegeben und von ihr auch viele erhalten. Ein Zeichen dieser Verbundenheit war es auch, daß man für den kaiserlichen Votivbau der Wiener Karlskirche um ein Gemälde Riccis bemüht war. Der Künstler schickte sein letztes großes Werk, ein in seinem Todesjahr 1734 vollendetes Bild, die Himmelfahrt Mariens, nach Wien. Die theatralische mächtige Komposition ist noch dem traditionellen Hochbarock verpflichtet, die fein abgestimmten Farben aber sprechen sein eigenes Bekenntnis, das von Riccis großem Nachfolger, von *Giambattista Tiepolo* nicht mehr geteilt wurde. Die Himmelfahrt Mariens befindet sich in der Wiener Kirche neben dem Gemälde Giovanni Antonio Pellegrinis gegenüber einer Komposition seines ehemaligen Schülers Daniel Gran. Hier begegnen einander Nord und Süd. Wie fruchtbar diese Auseinandersetzung ist, zeigt auch die Schönbrunner Schloßkapelle, wo Riccis Nachfolger, der gleichfalls aus Belluno gebürtige *Giambattista Pittoni* neben der Kunst des Tirolers *Paul Troger* zu Worte kommt.

Giacomo Amigoni, ausgebildet in Venedig, verfolgte eine ähnliche Richtung wie Sebastiano Ricci, auch er hatte sich Francesco Solimena zugewandt. Amigoni war keine so starke Künstlerpersönlichkeit, sein Verdienst liegt in einer eher europäischen Einstellung. Er strebte sowohl dem aufgehenden Stern eines *Tiepolo* nach als auch der stimmungsvollen französischen Genremalerei. Beides, italienische Großartigkeit und französische Galanterie, war am Hof des Kurfürsten von Bayern sehr geschätzt. In seinem Dienst schuf er im Schleißheimer und Nymphenburger Schloß in weiten stimmungsvollen Himmelsräumen große mythologische Szenen und Allegorien, in denen man die Heldentaten des gegen die Türken erfolgreichen Kurfürsten wiederfinden sollte. Amigoni malte auch Altarbilder für die Münchner Frauenkirche und für Benediktbeuren, wobei sich in diesem Genre manche sentimentale Züge bemerkbar machen. In London, wohin Amigoni 1729 übersiedelte, widmete er sich vornehmlich der Dekorationsmalerei, er schuf auch repräsentative und historisch bedeutende Bildnisse, so etwa das des Herzogs Franz Stephan von Lothringen und das des Zaren Peter. Das Porträt des Grafen Colloredo-Mels gibt in der Ausstellung ein Beispiel seiner Bildnismalerei. Amigoni war derart mit Europa verbunden (ab 1736 wirkte er in Paris), daß er in seiner Heimatstadt Venedig, wohin er 1739 zurückkehrte, nur kleine Aufträge fand. So folgte er 1747 dem Ruf König Ferdinands VI. von Spanien, dessen Hofmaler er bis zu seinem Tod in Madrid im Jahre 1752 blieb. Er malte zuletzt an Ausstattungen und historischen Szenen.

Der zweite Barockmaler aus der Nachfolge Riccis, den wir in der Ausstellung vertreten finden, ist der auch aus Belluno stammende, etwas jüngere *Gasparo Diziani.* Er studierte in Vendig und Rom. August III. von Sachsen hatte ihn als Theatermaler nach Dresden berufen, wo er um 1717 tätig war, auch in Rußland soll Diziani gearbeitet haben. Obwohl er sich vorwiegend historischen Wandbildern, Genreszenen und Veduten zugewandt hatte, wirkte er gerade mit seinen religiösen Werken, durch seine sensible Art, auf die spätbarocke Malerei nördlich der Alpen. So hatte man z. B. Entwürfe des österreichischen Barockmalers *Martin Johann Schmidt* in Abhängigkeit zu Diziani gebracht, obwohl eine direkte Beziehung mit der Kunst Dizianis nicht nachweisbar ist.

Wenden wir uns den übrigen ausgestellten Werken des 18. Jh. zu, dann wäre zunächst *Giovanni Antonio Guardi* zu nennen, der sogar ein gebürtiger Wiener war. Sein Onkel, der Priester Don Giovanni, hatte seinem Vater Domenico eine Ausbildung in Wien ermöglicht, wo dieser mit Maria Claudia Pichler die Ehe schloß. Hier in Wien wurde auch sein ältestes Kind Giovanni Antonio geboren. Später ist er Mitglied der Venezianischen Akademie und führt in dieser Stadt auch ein sehr bekanntes Atelier. Sein Stil, den man von Sebastiano Ricci und Giovanni Antonio Pellegrini abgeleitet hat, weist expressive Züge auf, wie sie aus Riccis Begegnung mit Alessandro Magnasco erklärlich sind. Gerade durch diese Ausdrucksstärke ist er der Spätbarockmalerei nördlich der Alpen in gewisser Hinsicht nahe.

Einen weiteren Bezug zu Österreich finden wir im Schaffen *Giulio Quaglios,* ein in Laino gebürtiger Künstler, der in Udine, Görz, in Jugoslawien und Österreich gewirkt hat.

Die beiden Friauler Künstler der Ausstellung haben, so viel wir wissen, gleichfalls über die Alpen gewirkt: *Nicola Grassi* in Görz, Istrien, Österreich und Deutschland. Er vertrat eine Bildauffassung, die sehr wohl auch jenseits der Alpen als Vorbild galt. Der aus Udine stammende Vedutenmaler und Radierer *Luca Carlevarijs,* von dem die bekannte Ansicht seiner Geburtsstadt stammt, hat durch seinen bedeutenden Schüler *Antonio Canaletto* gleichfalls eine starke Beziehung zur barocken Kultur jenseits der Alpen. Diese Liste der Italiener jenseits der Alpen wäre noch um viele bekannte Namen zu vermehren. Antonio Beduzzi, Marcantonio Franceschini, Antonio Bellucci, Marcantonio Quarini, Carlo Carlone und Gregorio Guglielmi sind die bedeutendsten unter ihnen. In Mainz wirkte der Lombarde Giuseppe Appiani als Hofmaler; von ihm stammen die Fresken in Vierzehnheiligen. Doch solche Zusammenhänge gehören in den größeren Rahmen der deutsch-italienischen Beziehungen, um die es hier in diesem engeren Rahmen nicht gehen kann. Ein Künstler aber ist noch besonders hervorzuheben, er überstrahlt sogar alle anderen italienischen Barockmaler, auch Sebastiano Ricci; es ist *Giambattista Tiepolo.*

Tiepolo ist gebürtiger Venezianer. Friaul war, wenn wir in den damaligen politischen Grenzen denken, auch seine Heimat, mehr noch, hier hatte er mit Fresken im Erzbischöflichen Palais in Udine seiner Kunst den Weg bereitet, hier hatte er auch einen Mäzen gefunden, der ihn zu dieser freien Leistung inspiriert hatte. Es kann hier nicht die Aufgabe sein, den künstlerischen Weg Tiepolos zu skizzieren. Im Rahmen der Beziehungen zur Kunst jenseits der Alpen ist sein großartiger Freskenzyklus in der Würzburger Residenz von Interesse. Auch hier sind die Geschicke mannigfaltig verknüpft. Dem Bauherren des Schlosses, dem Fürstbischof Johann Philipp Franz Graf von Schönborn, war die künstlerische Einflußnahme Lucas von Hildebrandts an den Plänen Balthasar Neumanns zu danken. Österreichisches Barock wirkte so nach Franken. Hier mag sich die Frage erheben, wieso Österreich selber keinen so bedeutenden Künstler wie Tiepolo verpflichten konnte. Der wesentliche Grund liegt darin, daß die Blüte des Barock im östlichen Raum des Reiches um Jahrzehnte früher lag, dort waren alle großen Aufgaben bereits erfüllt, oder gerieten nach dem Tod Kaiser Karls VI. ins Stocken. Selbst der Künstler, dessen malerische Kraft an Tiepolo heranreichte, ja ihn an Intensität des spirituellen Ausdrucks sogar übertraf, *Franz Anton Maulbertsch,* hatte sich damals in Österreich mit bescheidenen Aufträgen abzufinden. Einen solchen Raum, wie das Treppenhaus in Würzburg, konnte man in den habsburgischen Ländern nicht bieten. Und hier liegt auch der Grund, der zur Arbeit Tiepolos in Würzburg führte. Wir wissen, daß er zunächst einen Plan der Räume und ein thematisches Konzept für seine Freskenzyklen erhielt, ehe er sich zu dieser Arbeit bereit erklärte. Wir wissen aber auch, wie sehr Tiepolo von den gebotenen Möglichkeiten inspiriert war. Er war sich bewußt, hier in diesem großartigen Schloß ein Werk zu schaffen, wie es ihm bisher noch nicht gegönnt war. Eigentlich genügt im Rahmen unserer Untersuchung dieses Faktum; daß es zur Verpflichtung von Tiepolo kam. Die europäische Kunst ist dadurch um ein bedeutendes Werk, vielleicht Tiepolos großartigstes Fresko, reicher geworden, das in diesem Umfang und dieser Art sonst sicher nicht entstanden wäre. Ein Beitrag des deutschen Raumes waren somit die Treppen und festlichen Säle mit ihren mächtigen Gewölbeflächen, ferner das Programm des Gesamtkunstwerkes an sich und die lokalhistorischen Themen für die Malerei. Doch eines dürfen wir bei aller Bedeutung nicht übersehen: Tiepolo überragte zwar seine im deutschen Raum malenden Landsleute durch seinen festlichen, großartigen Stil, durch seine majestätische Ruhe und seine Freiheit in der Behandlung der Farb- und Lichtprobleme, aber dennoch veränderte er mit seinen Werken in Würzburg keineswegs die Tendenzen der deutschen Freskanten. Ihre Malerei war phantasievoller im Fabulieren, urwüchsiger und spiritueller, trotz mancher formaler Mängel.

Anders war die Situation, die Tiepolo am Ende seines Schaffens in Madrid vorfand. Vielleicht gelangte er so — von der herben Landschaft Kastiliens inspiriert — zu jener Intensität des Ausdrucks und zu der gleichsam aus dem Inneren leuchtenden Farbigkeit. Doch gerade auf diesem letzten künstlerischen Höhepunkt begegnete man ihm mit Unverständnis, das aus der neuen modischen kühlen Auffassung des Klassizismus kam. Doch einer führte — wie Morassi mit Recht schreibt — das Erbe Tiepolos weiter und steigerte die Sinnesfreudigkeit ins Metaphysische: *Francisco Goya.*

Nach diesem kurz skizzierten und so faszinierenden Schauspiel, das dieses europäische Barock bietet, kehren wir zum eigentlichen Thema dieser Ausstellung zurück: zur Barockkunst in Friaul. Aldo Rizzi ist jenen Künstlerpersönlichkeiten nachgegangen, denen eine persönliche Mittlerrolle zugefallen war, er skizzierte auch die europäische Situation in Friaul, das nicht nur durch Venedig und die großen Kunstzentren Italiens geprägt war, sondern auch von seinen Nachbarn im Norden und Osten. Diese europäische Mittlerfunktion ging über einzelne persönliche Kontakte, die wir durch Geburtsort, Studienreisen oder Aufträge nachweisen können, weit hinaus. Dadurch daß Friaul selber zur Mitte wurde, konnte es auch Mittler werden. Es hat dabei nicht viel zu bedeuten, daß Sebastiano Ricci aus Belluno stammte, Amigoni und Tiepolo aus Venedig, oder Louis Dorigny, den Prinz Eugen nach Wien berufen hatte, aus Paris. Alle diese Maler bestimmten die barocke Kultur Friauls und wirkten auch jenseits der Alpen. Wenn wir heute aus Deutschland oder Österreich nach Friaul kommen, finden wir hier Bekanntes; und so mag es auch den Italienern im Norden gehen. Eine so intensive kulturelle Beziehung läßt sich nicht allein in Biographien nachweisen. Es kann auch nicht nur darum gehen, Stilzusammenhänge aufzuzeigen, Unfaßbares im Formalen fassen zu wollen. Das Wesen einer europäischen Kultur scheint für mich nicht nur im Geben und Nehmen oder gar im Übernehmen zu liegen, sondern ganz einfach in der Polyphonie verschiedener Stimmen, die ihre Eigenart behalten müssen, damit das Konzert seinen Reichtum an Melodien zur Wirkung bringen kann.

Aber dennoch wäre noch eine weitere Frage zu stellen: Ist diese Kultur in Friaul nur Mittler gewesen, oder hat sie darüber hinaus diesem europäischen Konzert eine ganz bestimmte Klangfarbe gegeben? – Wenn man dieses Land kennt, muß man ganz einfach an diese besondere Eigenart glauben: Im Süden das Meer, das alte Zentrum antiker und christlicher Kultur, im Westen das weltoffene Venedig, im Osten der Karst Sloweniens und im Norden die schneebedeckten Berge der Alpen. Umschlossen und offen zugleich ist dieses Land. Wenn man vom Kastell in Udine hoch über der Stadt in die Runde blickt, dann wird man sich dieser einmaligen Lage bewußt: hier begegnen einander tatsächlich Nord und Süd und führen zu seltener Harmonie. Hier konnte sich mancher expressive Ausdruck des Nordens mildern, hier war aber auch der Kunst des Nordens, trotz vieler Andersartigkeit, eine Heimat geboten, hier konnte sie einen eigenen Weg zu neuen Dimensionen finden. Andererseits aber hatte selbst Giambattista Tiepolo hier manches gefunden, das ihm sein Venedig, jene Inselmetropole, die Glanz und Elend, Weltoffenheit und spezifische Eigenart so fest umschlossen hält, nicht vermitteln konnte. Es war eben das Land Friaul, das helle reine Licht der nahen Berge, die Eigenart der bäuerlichen Menschen, die anders waren, als jene auf den internationalen Marktplätzen der Lagunenstadt. Irren wir uns, wenn wir in dem Antlitz Sarahs – Tiepolo malte sie in der Galerie des Erzbischöflichen Palais in Udine, wie sie hinter rohem Bretterverschlag vor dem Engel kniet – so etwas wie ein unmittelbares Erlebnis der Menschen in Friaul wieder zu erkennen glauben? Im Hintergrund der Szene „Rachel verbirgt die Götzenbilder" sehen wir doch ganz deutlich die Bauern Friauls vor den Bergen. Ist es ein Zufall, daß die von Tiepolo für den Dom von Udine gemalte Trinität im Hintergrund die Bergstädte, die weiten Täler Friauls und die steilen Gipfel der Alpen zeigt? Hier mitten in dieser Landschaft sehen wir den sterbenden Heiland am Kreuz, kaum anderswo hätte diese Darstellung jene Intensität und auch jene unmittelbare Wirkung erreicht.

Diese Meisterwerke barocker Malerei aus Friaul stehen nun in ihrer ersten

Station am Weg durch Europa, im Refektorium von Dürnstein unter dem Fresko des Barockmalers Martin Johann Schmidt. Dieses ehemalige Chorherrenstift ist eine kleine barocke Welt, an der dieses Europa gleichfalls mitgewirkt hat: die Tiroler Prandtauer und Munggenast, der Salzburger Matthias Steinl, der sich am römischen Barock geschult hatte, ferner der Mailänder Antonio Bedúzzi, der die Huldigungsblätter für Kaiser Karl VI. entworfen hatte, sowie der Comaske Domenico Piazoll, der Stuckateur Santino Bussi und sein Landsmann Bartholomeo Rossaforte. Hier in dieser Atmosphäre wuchs der österreichische Barockmaler Martin Johann Schmidt heran, der nach seinem Wohnort auch Kremser Schmidt genannt wird. Er selbst hatte Italien nicht bereist, hatte für sich aber eine kleine Portraitgalerie seiner großen Vorbilder gemalt. Hier finden wir Bildnisse von Giacomo Amigoni sowie Giovanni Domenico und Lorenzo Tiepolo neben seinen österreichischen Zeitgenossen und Lehrmeistern. In seinem Nachlaß befanden sich Arbeiten von Francesco Solimena, Giambattista Piazetta, Andrea Pozzo, Sebastiano Ricci und Andrea Lanzani. Domenico Tiepolos Stich der Flucht nach Ägypten, Federigo Baroccis Grablegung dienten ihm als direkte Vorbilder.

Nun stehen Werke dieser Großen, von Tiepolo, Ricci, Amigoni und Diziani in jenem Raum, den Kremser Schmidt 1775 mit seinem Fresko „Christus und Magdalena beim Gastmal des Pharisäers" geschmückt hat. Auf engem Raum können wir hier nochmals die Konfrontation von Nord und Süd überblicken. Das Ergebnis solcher Vergleiche ist ganz anders, als es eine klassifizierende Kunstgeschichtsschreibung vorhersagen würde. Es kommt hier zu keiner Rangordnung, sondern zu einer Begegnung, die das beglückende Erlebnis der Vielfalt und der persönlichen Eigenart vermittelt. Haben wir, so könnte eine Frage lauten, in der Vergangenheit nicht so manches separiert (wie man es mit Karteikarten in den Katalogkästen tut) etwas, das im Leben doch zusammengehört?

Dieses Erlebnis des Begegnens ist der große Gewinn, den wir der Friaulausstellung verdanken. Wir erkennen, was uns die Kultur Friauls gegeben hat. Schließlich wollen wir aber in die Kunstwerke noch tiefer eindringen. Wir sollen nicht nur ihre Kunst, sondern auch ihre Sprache verstehen: die Kraft des Glaubens, die in ihrem Auftrag beschlossen liegt, die Weite der Vision, die aus der Enge realer Gebundenheit hinausführt, und jene Botschaft, die uns zur Betrachtung und zur Andacht hinlenkt. Diese Botschaft kommt aus einem Land, das bedeutende Dome und Kirchen durch die furchtbare Erdbebenkatastrophe des Jahres 1976 verloren hat. So ruft uns diese Botschaft der Kunst zur Rettung des Verbliebenen und zur Hilfe beim Wiederaufbau. Kunstgegenstände sind mehr als hochversicherte Wertgegenstände, sie sind Zeichen auf einem Weg, der unserem Leben ein Ziel weist, sie sind in unseren Kirchen Mittelpunkte der Besinnung und Offenbarung; sie selber geben Sicherheit. Diese Summe vergangenen Lebens, das im geistigen Sinne weiterwirkt, läßt sich nicht über Auftrag ersetzen; wer es verliert, verliert Fundamente seiner Existenz. Stellen wir uns doch vor, wie es wäre, wenn wir – in modernen Reihenhäusern lebend – unsere Vergangenheit beraubt wären. In Venzone und Gemona ist diese Vorstellung zur Tatsache geworden. Darum richten diese Kunstwerke aus Friaul den Appell an alle, daß wir uns nicht mit der Bewunderung, mit dem ästhetischen Erlebnis begnügen sollen, sondern daß wir ihre Botschaft hören und aus diesem Erkennen heraus helfen mögen, damit Friaul wieder lebt, im Rahmen der großen abendländischen Tradition, die dieses Land sicher in die Zukunft trägt.

Hans *Tintelnot,* Die barocke Freskomalerei in Deutschland, München 1951.

Max H. *von Freeden* / Carl *Lamb,* Das Meisterwerk des Giovanni Battista Tiepolo. Die Fresken in der Würzburger Residenz, München 1956.

Rupert *Feuchtmüller,* Kunst in Österreich, 2 Bände, Wien 1972/73.

F. *Dworschak* / R. *Feuchtmüller* / K. *Garzarolli-Thurnlackh* / J. *Zykan,* Der Maler Martin Johann Schmidt, Wien 1955.

2. TEIL

DAS ERDBEBEN 1976

Friaul, Erdbeben 1976

Ottorino Burelli

„Der größte Notstand, den Italien und Europa in den letzten 30 Jahren zu verzeichnen hatten" – das ist sicher keine übertriebene Definition für die Erdbeben vom 6. Mai und vom 11. und 15. September 1976 in Friaul. Es handelt sich immerhin um ein Zitat des außerordentlichen Kommissars der italienischen Regierung, Giuseppe Zamberletti, der fast ein Jahr lang zwischen den Trümmern der Dörfer und bei den Behörden verbracht hat, die buchstäblich über ihre Verantwortung entsetzt waren.

Diese Feststellung entspricht voll der Wirklichkeit, denn auf unbarmherzige Weise dokumentieren hier täglich Menschen – durch die Ereignisse völlig verwirrt –, daß sie auf lange Sicht hin nicht in der Lage sein werden, ihre eigene soziale Existenz in die Hand zu nehmen. Dies wird schon allein durch die einfache Tatsache bewiesen, daß es im Verlauf von fast einem Jahr seit der ersten Zerstörung noch nicht gelungen ist, eine ausreichend vollständige Aufzeichnung für das Ausmaß der Katastrophe zusammenzustellen. Niemand kann auch nur annähernd den Bedarf an Quadratmetern vorläufiger Unterkünfte (z. B. Fertighäuser) abschätzen – gemessen an der Zahl der Obdachlosen – oder ermessen, wieviele Arbeitstage nötig sein werden, um den Notstand zu beheben, da niemand die Verluste überblicken kann, die dieses Land erlitten hat. Ein ungeheures Drama: Daß es gelang, mit unsäglichem und glücklicherweise durchgestandenem Engagement unter der Grenze des irreversiblen Bruches zu bleiben, den das Verschwinden eines Volkes und einer Kultur bedeuten würde, das ist das erste Ziel. Eine Art Einhalt-Gebieten, um die schreckliche Reihe von Problemen in Angriff zu nehmen, die das Erdbeben den Leuten auferlegt hat, die gezwungen sind, plötzlich beim Punkt Null zu beginnen, um ihre Identität wieder zu erlangen, nachdem sie sich zuerst noch die Mittel zum puren Überleben zu verschaffen hatten.

Ein wirkliches Erdbeben ist eine heftige und anhaltende Erschütterung, nicht ein Augenblick der Angst vor einem Beben der Erde. Es dürfte für den schwer zu verstehen zu sein, der das nicht am eigenen Leib erfahren hat; auf einer Straße zu stehen, die plötzlich wie das Fell eines erschlagenen Tieres zu sein scheint, daneben Häuser, die zu einem Haufen rauchender Steine zusammenfallen, aus dem die nackten Balken emporragen wie Finger einer abgeschnittenen Hand, und neben sich die Angehörigen, auf deren Gesicht eine nie erfahrene Angst steht. 10, 20, 30, 50 Sekunden und mehr: Eine Zeit, die man eine Ewigkeit nennen kann, weil danach, als es ruhig geworden schien, alles von vorne anfing, wie Irrsinn, der aus Tiefen aufsteigt. Alles ist wie eine makabre Entdeckung, die greifbar geworden ist. Absurde Bilder und eine Leere, deren Gewicht zentnerschwer ist. Instinkt, der den Blick lähmt und das Antlitz zerstört. Dann, nachdem dieses Wahnsinnsfest der Erde zu Ende ging — sie hat sich zwar beruhigt, aber sie gibt nicht nach, sie scheint sich zu stabilisieren, aber sie schüttelt immer noch die Gipfel der Berge, die Bäume und die armseligen Reste von Mauerwerk, die eine Sekunde vorher noch Häuser waren — dann, nach diesen Ewigkeiten dauernden Augenblicken beginnt der Kalvarienberg des Bewußtseins: Die Toten unter den Trümmern zu bergen, die Verwundeten zu befreien, damit sie nicht durch einen neuen Erdstoß völlig erdrückt würden, das Heulen der Sirenen, das die Lebenden an das große Elend ringsum erinnert, die Uniformen der Soldaten, die nach Krieg aussehen, die Ambulanzwagen, die das erste Zusichkommen durch einen Geruch von Blut unterbrechen, den sie hinter sich herziehen. Und dann, wenn es jemandem gelungen ist, zu überleben, wenn die Bewegung der Erde, die den Asphalt aufreißt und die Schatten auslöscht, ihm nicht sein Ende bereitet hat, wenn am Tag darauf der Morgen graut oder wenn er die ersten 10 oder 12 Stunden überlebt hat — dann weiß er, was ein Erdbeben ist.

Schlimmer als ein Krieg jedenfalls: weil nicht einmal das unter Bäumen versteckte Haus auf dem Hügel verschont wird, es gibt keine plausiblen Gründe, es ist das Nichts, das konkret geworden ist im Verschwinden der eigenen individuellen Geographie, es ist das Begraben der Erinnerungen und der jahrhundertelangen Gewohnheiten, es ist die plötzliche Geburt einer Masse von Entwurzelten, von Menschen, deren Dasein als Person ausgelöscht ist, weil sie ohne Vergangenheit sind, ohne Gegenwart, geschleudert in ein unmögliches antlitzloses Morgen. Das Geschehen von Friaul — am 6. Mai 1976, 20 Uhr 59 Minuten 17 Sekunden bis 21 Uhr 0 Minuten 24 Sekunden; 11. September 1976, 18 Uhr 3 Minuten bis 18 Uhr 40 Minuten und am 15. September 5 Uhr 15 und 11 Uhr 21 — ist das blinde und rätselhafte Verschwinden der guten Mutter Erde, die zur Stiefmutter wurde, die haßerfüllt ihre Kinder von sich stößt, als ob es Eindringlinge wären, die es zu zertreten gilt, zu töten, wegzuschleudern, mit all dem, was sie durch Jahrhunderte hindurch aufgebaut hatten, in kindlicher Liebe zu jedem Zoll Erde, zu jedem Stein und zu jedem Pfad. Alle Dinge, die einen Namen hatten, wie die präzise Physiognomie einer Familie, hat das Erdbeben in schrecklichen Augenblicken, die aus den tiefen Abgründen des Unbekannten aufsteigen, vernichtet.

Auch heute, nach fast einem Jahr, ist das Beben der Erde noch nicht zu Ende: wenn sich auch jene tragischen Stöße mit 8° und 9° Stärke (Mercalli) nicht wiederholten, so suchten doch hunderte von Beben, in einigen Tagen Abstand voneinander, diesen breiten Bogen von Trümmerstädten heim, wo die Lebenden sich seit Monaten dahinschleppen wie Schatten, die um Sicherheit betteln. Fast 400 Erdstöße über 4° Mercalli. Die Hoffnung ist immer mit Angst gemischt, ob die Geologen und die Seismologen recht haben, wenn sie von Senkungen sprechen, von einer Wiederherstellung des Gleichgewichts in den Schichtungen des Gesteins, in 15, 18 oder 20 km unter dieser neu entstandenen Wüste. Sie sprechen von diesen Erdbeben als von einer ununterbrochenen Linie, die mit einem etwas rätselhaften seismischen Ring beginnt, der sich weit weg im Pazifik befindet, um Borneo herum, verlängert wie eine böse Schlange unter den Bergketten des Himalaya hindurch kommt, und sich im Untergrund der Türkei und Griechenlands ausbreitet, sich in den Wassern der Adria mildert, um schließlich in Friaul zu Ende zu gehen, genau am Fuß der karnischen und julischen Alpen. Hier, in diesem kleinen Stück Erde, das ein fast vollkommener Mikrokosmos in sich ist, von hier nahmen die Erdbeben im letzten Sommer ihren Ausgang: die feine Nadel der Seismographen schlugen ungeheuer heftig aus, und nur ein Wunder (von Menschenhand und aus unerschöpflichen Mitteln) hat uns erspart, daß ein ganzes Volk seine Physiognomie verlor.

Fast 1.000 Tote und etwa 2.500 Verwundete. Die Zahl der Toten wurde von allen als gering beurteilt, vor allem, wenn man sie mit der Größe des betroffenen Gebietes vergleicht und das Ausmaß der Zerstörung bedenkt. Die Uhrzeit hat dabei eine große Rolle gespielt, denn die Zahl hätte sich auch zu einem Massaker von zehntausenden Menschenleben entwickeln können – und danach die Vorsicht, sich nicht überraschen zu lassen: vor allem das verbreitete und genaue Wiederlesen eines Kapitels friaulischer Geschichte, das fast vergessen war und sicherlich in den offiziellen Texten nicht an den Stellen stand, die ihm zugekommen wären.

Friaul ist ein Erdbebenland; das war die Wiederentdeckung eines vernachlässigten Kapitels, das eine lange Geschichte hat, auch wenn Aufzeichnungen und Daten heutiger Präzision fehlen. Schließlich haben alle gewußt, daß dieses Land in seinen letzten 1.000 Jahren fast immer ein Erdbeben pro Generation zu verzeichnen hatte, auch wenn sie schwächer waren und von kleinerem Ausmaß. Gewiß waren es etwa weitere 10 Beben (von 1117 an gerechnet, das war das erste, von dem die Geschichtsschreiber Ausmaß und Folgen angaben), die so schwer waren, daß sie Kirchen und Türme, Paläste und Kastelle zerstörten und daß Menschen in ihren Häusern umkamen. Eine Erde, die sich bewegt, als wolle sie seit einigen Jahrzehnten mit großen Schritten in der Zeit vorankommen: wenn dies geschieht – und es geschieht wie zur Unterteilung regelmäßiger Intervalle –, verlagert sich die Welle des Erdstoßes regelmäßig nach Norden, um wenige Kilometer von einer gedachten Linie zwischen Udine und Pordenone, die davon jedoch kaum berührt werden.

Dieses letzte Beben von 1976 wurde als „der tellurische Höhepunkt, der in unseren Zonen denkbar ist", bezeichnet: in einer Tiefe von 17 bis 18 km hat sich eine enorme Gesteinsmasse verlagert, im Durchschnitt um 67 cm und im Zentrum um 120 cm, vielleicht noch mehr, und das auf einer Länge von fast 25 km.

Das sind jedoch nicht die Ausmaße, welche die Risse Friauls sowohl diesseits wie jenseits seines Flusses Tagliamento, kennzeichnen. Die Wissenschaftler, die zu einer Tagung in Udine zusammenkamen, um nach dem Warum der Veränderung des Untergrunds und der wiederkehrenden Fieberstöße dieser abgründigen Schichten zu suchen, in die nicht einmal das raffinierteste technische Instrument gelangt – haben verschiedene Hypothesen diskutiert: es ist ihre Aufgabe, und vielleicht nützt es irgend jemandem zu wissen, wie sich das seismische Zentrum verlagert und wie sich die Kraft des Stoßes heimlich in den Eingeweiden der Erde fortsetzt. Friaul, das für diese Wissenschaft ein dankbares Objekt ist – durch seinen Reichtum an Daten und die Möglichkeit der Überprüfung –, rechnet mit einem anderen Maßstab: einem traurigeren, weil er am eigenen Leib erlitten wurde. Ein Maßstab, der zwar noch nicht den Umfang des Gesamtgeschehens präzisiert, aber doch, wie wir feststellen mußten, Komponenten aufweist, welche die Geographie des Landes und eines Volkes im sozialen, wirtschaftlichen, kulturellen und religiösen Bereich erschüttert, vor allem im menschlichen Bereich: durch das Erdbeben werden die Leute zu Veränderungen gezwungen.

20.000 Häuser sind neu zu bauen, 70.000 sind zu reparieren, fast 100 Kirchen sind wieder aufzubauen und fast ebenso viele Kirchtürme (wenn man die beschädigten dazurechnet, sind es über 400). 41 Gemeinden sind als „Notstandsgebiet" erklärt, weitere 43 „schwer beschädigt" und weitere 50 „beschädigt". Das betroffene Gebiet erstreckt sich über 4.800 km², von denen 3.500 schwer betroffen sind. 6 Monate lang und länger gab es mehr als 90.000 Obdachlose: 50.000 Evakuierte in den adriatischen Zentren (Grado, Lignano, Bibione, Caorle, Jesolo), fast alles alte Leute und Schulkinder der Grund- und Mittelschule, und 40.000 Menschen, die in den Ruinen geblieben sind, in Zeltstädten, Eisenbahnwaggons, Wellblechbaracken, in den Unterkünften der Tiere und schließlich in den Fertigteilhäusern. Sie sind geblieben, um das Unmögliche zu versuchen, um sich zuweilen sogar vor den Bagger zu stellen, zur Verteidigung eines letzten Winkels des eigenen Hauses, um die dürftigen Früchte der Felder zu ernten, um die geringste Spur einer sinnlosen Hoffnung nicht aufzugeben, sie sind geblieben unter den heftigen Regengüssen eines verrückten Sommers, der auf diese Katastrophe folgte. Mit trockener Hitze und dem Bergwind, mit Wolkenbrüchen und Schnee in den Bergen. Das war das Erdbeben der Lebenden: in den Trekkern, in den modernen Zelten, auf den Pfaden, die Laufgräben aus Schlamm glichen, sie sind geblieben, damit nicht alles verlassen wurde, nach diesem biblischen Auszug der Schwächeren und Hilfsbedürftigen in die friaulische Ebene.

Und dann 6.500 Industrieunternehmen, große und kleine, die von dem Unglück betroffen wurden. 10.000 landwirtschaftliche Betriebe, die völlig zerstört sind, 40.000 schwerbeschädigt, und ein Verlust an Viehbestand von 20.000 Stück (Rinder, Schweine, Schafe und Ziegen), Handwerksbetriebe, die zerstört oder beschädigt wurden, mit einem Schaden von etwa 500 Milliarden Lire, der Handel lahmgelegt, die Straßen in die Täler kaputt, fast 200 Schulgebäude vollständig neu zu bauen, Wasserleitungen, die neu zu verlegen sind, viele zerstörte Ambulatorien und 3 große Krankenhäuser, die unbrauchbar geworden sind – und das für eine Bevölkerung von fast 250.000 Personen. Wer von außen kommt, für den erweckt dieses Erdbeben Friauls den Eindruck eines merkwürdigen Hirngespinstes: der Punkt Null als Ausgangspunkt für ein Ziel, das die Theorie geboren hat.

11 Monate Notstand haben genügt, das von vielen für unwiederbringlich verloren geglaubte Friaul am Leben zu erhalten. Ohne Hilfe wäre das nicht möglich gewesen: Schäden, die sich um die 5.000 Milliarden Lire bewegen, in einer so begrenzten Region wie Friaul, bedeuten eine Lahmlegung der Wirtschaft auf allen Gebieten. Und dann gibt es noch die Gefahr, ein verlassenes Land, eine Wüste zu werden, wenn man den Flüchtlingsstrom in andere Zonen nicht zu bremsen vermag, und die „Todes"-Gefahr für dieses Minimum, das die seismographischen Ereignisse in dem zerstörten Land noch am Leben gelassen haben. Eine Bevölkerung, die so von einem Erdbeben heimgesucht wurde, kann leicht der Versuchung anheimfallen, diese Heimat völlig aufzugeben, aus einer instinktiven kollektiv-psychologischen Schockreaktion heraus, belastet durch unvermeidliche Konsequenzen, schwerste Entbehrungen in bezug auf das Ambiente, die jeder einzelnen Person auferlegt werden. 90.000 Obdachlose, von denen über 50.000 gezwungen sind, in der Evakuierung zu leben, bedeuten nicht ein Problem, sondern eine Unzahl von Problemen für eine Zeit, deren Extreme einerseits das Faktum des Erdbebens darstellt und andererseits die Möglichkeit eines ausreichenden Angebots für ein erträgliches Leben unter normalen Bedingungen. Wie soll man erklären, daß es nicht genügen wird, eine Anzahl von Quadratmetern bewohnbaren Raumes zu haben, daß man nicht darauf verzichten kann, die Sicherheit garantiert zu bekommen, welche den einzelnen friaulischen Gemeinden die Möglichkeit eines ersten Schrittes zu wirtschaftlicher und sozialer Entwicklung gibt und daß man für eine neue geschichtliche Zeit nicht auf das ethnische und kulturelle Erbe verzichten kann, das in Jahrhunderten zur Substanz dieses Volkes geworden ist.

Friaul ist ein wirkliches Volk, auch wenn die Größe seines Landes so gering ist, daß es gezwungen ist, seine Energie mehr zur Verteidigung gegen Pressionen von außen aufzuwenden, die es zum Gegenstand ihrer Herrschaft und ihres

Einflusses machen wollen, als daß es damit hätte Reichtümer anhäufen können. Ein authentisches Volk: mit ältesten Wurzeln, mit einer Sprache, die seit Generationen auf wunderbare Weise erhalten geblieben ist wie eine Verpflichtung, und das wie ein weitverbreitetes Instrument des Selbstbewußtseins vor fremden Einflüssen schützt, die sogar die Erinnerung daran hätten auslöschen können. Ein Volk mit einer unverwechselbaren kulturellen Physiognomie, auf engen Raum begrenzt, das aber eine ureigene Spiritualität besitzt, genährt aus tiefen und alten christlichen Werten. Aber auch ein armes Volk, seit eh und je gezwungen, Grenzland zu sein, Kreuzungspunkt dreier Kräfte, die hier zusammentreffen (die lateinische, die slawische und die germanische Welt), seit je in der Rolle eines Zankapfels, eines Durchgangslandes, beschränkt an Macht und Besitz. Nur das tiefe Bewußtsein, ein Volk zu sein, hat Friaul, das wirtschaftlich gesehen gerade sein Auskommen hatte, die Kontinuität seiner Menschen und seiner Kultur ermöglicht. Von der Urwüchsigkeit sowohl der Menschen als auch der Kultur geben die Dörfer, Häuser und die Literatur ausreichend Zeugnis, ebenso wie eine bestimmte Art menschlichen Zusammenlebens, die weder durch die jahrhundertelang erfolgte Auswanderung in alle Länder der Erde noch die periodischen Kriege mit ihren Zerstörungen vergessen worden ist. Das Leben war in vollem Gang, als sich das Erdbeben ereignete, das mit rauher Hand an einem Tag und in einer Nacht seine tödliche Sichel schwang.

Die alte Plage dieser Gegend, die Auswanderung, hatte beinahe aufgehört, denn in Friaul hatten sich Industrie gebildet, Werkstätten, eine neue Art, das Land zu bebauen, angeregt durch die zunehmende Mechanisierung der Landwirtschaft, es gab viele Arbeitsmöglichkeiten und zahlreiche Angebote für die Freizeit. Es ist eine Generation herangewachsen in den letzten 30 Jahren, nach dem traurigen Krieg der Väter und ihrem begeisternden Freiheitskampf, eine Generation, für die Friaul nicht weniger besaß als jede andere Region Italiens, und wenn sie weniger besessen hätte, wäre es nur eine kurze Frage gewesen, denn sie besitzt mehr und Besseres, weil die Menschen mehr und Besseres besitzen: eine ungebrochene Redlichkeit des Lebens, eine beharrliche Verteidigung der wichtigsten Werte der eigenen Geschichte und eine starke Verbindung zur Vergangenheit, auch wenn sich viele Dinge verändert hatten. Die Emigranten, die Friaul noch gekannt haben, als ihre Großväter nach Argentinien auswanderten, weil sie geglaubt hatten, „die gute Erde" in Argentinien gefunden zu haben, kehrten nach Friaul zurück und mußten ungläubig erkennen, daß dieses Land selbst zur „guten Erde" geworden war. Und als die Zeit der Rückkehr nach Südamerika gekommen war, hörte man sie schluchzen: „Wenn ich doch hätte bleiben können."

Kaum eine Minute Erdbeben und halb Friaul ist zerstört wie der Leib eines Leprakranken. Von 1900 bis 1976 ist dies schon das dritte Mal nach der Invasion von Caporetto und der nationalsozialistischen von 1943, die Friaul zu einer Provinz des dritten Reiches machte. Eine Erde, die vom Sturm gefressen wird, ein

Haus nach dem anderen, und zusammenfällt wie ein Kartenhaus, wie umgepflügt scheint der Boden unter den Füßen: ein Inferno, als ob man gerade diese Ecke der Welt ausgesucht hätte, diesen Kranz von schönen Bergen, dieses alte und doch ewig junge Volk, um daraus eine Bühne zu machen, um darauf das Ende der Welt zu proben.

So Gott will, ist die Probe zu Ende, und Friaul steht am Anfang eines neuen Kapitels seiner zweitausendjährigen Geschichte. Man hat ihm schon den einzig möglichen Titel gegeben: Wiederaufbau. Es wird sicherlich eine neue Prüfung geben, diesmal wird es jedoch die Prüfung der Glaubwürdigkeit eines Staates sein, ob er die Wiedergeburt eines Volkes will und dazu in der Lage ist, und zwar nicht als einer „verbotenen Nation", oder als Land, dessen Sprache als „Konglomerat" bezeichnet wird, oder als Reservat der Hilfe für die „Vierte Welt". Und noch weniger als billiges Tummelfeld fremder Utopien, sondern als ein Land, das ein Recht hat auf volle Verwirklichung der eigenen ethnischen und kulturellen Identität und als Akt der Gerechtigkeit gegenüber Menschen, die immer mehr gegeben haben, als sie empfingen. „Touristen, uns hilft kein Mitleid, uns hilft nur zupacken", stand auf dem schmutzigen Weiß einer kaputten Mauer in Gemona geschrieben, der Stadt, die sich „die Blume im Knopfloch der Welt" nennen durfte. Die Menschen aus Friaul, mit der bewußten Würde derer, die nicht um Almosen, sondern um menschliche Solidarität bitten, wenden sich an alle, um für ihr Land von morgen zu sprechen. Ein Land, dessen Wiederaufbau hoffentlich seinem Format entspricht.

Eine Kultur soll gerettet werden

Gian Carlo Menis

Die Erdbeben vom Mai und September 1976 haben wie ein Blitz das Herz Friauls tödlich getroffen. Gerade die zentrale Zone Friauls wurde besonders heftig von dem Beben heimgesucht und zerstört. Das betroffene Gebiet hat in etwa die Form eines Dreiecks. Die Städtchen Moggio, Forgaria und Tarcento bilden die Eckpunkte; eingeschlossen sind etwa ein Dutzend Gemeinden, von denen außer den genannten Orten folgende die meisten Einwohner haben: Venzone, Gemona, Osoppo, Artegna, Buja, Maiano und Colloredo. Dieses Dreieck mit der Spitze im Norden, wo die Alpentäler zusammenfließen, erstreckt sich gegen die Ebene hin, die zwischen den Höhenrücken der Karnischen und Julischen Voralpen liegt, und wird an der Basis durch die Hügel der Moränenausläufer begrenzt. Zu Recht kann dieses Stück Erde als das Herz Friauls bezeichnet werden. Nicht nur, weil es im geographischen Zentrum der Region liegt, sondern vor allem, weil dieser Raum ein kulturelles Zentrum darstellt, das vielleicht am echtesten und unverfälschtesten die friaulische Eigenart repräsentiert. Hier summieren und überbieten sich die positiven und negativen Aspekte der gesamten regionalen Wirklichkeit, zuweilen originellste und edelste Elemente, zuweilen widerspruchsvolle und klägliche. Hier lebt eine Bevölkerung, zu deren hervorstechendsten Eigenschaften der Fleiß gehört. Hier haben sich antike Bräuche uralter bäuerlicher Weisheit erhalten. Das Handwerk gedeiht und genießt Ansehen. Man spricht eine ganz besonders differenzierte, eigentümliche Sprache. Hier finden wir Ausdrücke von einer ästhetischen Prägung, die unverwechselbar friaulisch ist ... Aber auch bitterstes Elend gibt es hier, und was die modernen sozialen und wirtschaftlichen Veränderungsprozesse anbetrifft, so ist dieses Gebiet in einem beschämenden Ausmaß isoliert und unentwickelt. Die Ab- bzw. Auswanderung hat blühende Gemeinden zerstört. All dies ist das Ergebnis einer langen, leidvollen geschichtlichen Entwicklung, in der sich, symbolisch gesehen, das Geschick der gesamten friaulischen Kultur widerspiegelt.

Das Erdbeben vom Mai hat in brutaler Weise genau dieses Gebiet heimgesucht und den Reichtum an menschlichem Leben auf schreckliche Art vernichtet, die Leidensfähigkeit der Überlebenden aufs äußerste erprobt, die Strukturen des Wirtschaftslebens und jeder Art von Produktionsmöglichkeit vernichtet und hat sowohl die sorgfältig verborgenen Kehrseiten seines alten widerspenstigen Adels bloßgestellt als auch sein jahrhundertealtes Elend.

Nicht nur das gesamte Ambiente hat unwiederbringliche Verluste erlitten, sondern vor allem auch der Bestand an Kunstschätzen und Kulturgütern. Verluste, die umso schmerzlicher sind, als einige Gegenstände auf unverwechselbar einmalige Weise die kulturelle Physiognomie Friauls repräsentieren. Dieser Verlust macht die Verstümmelung des Antlitzes unserer Heimat auf tragische Weise sichtbar.

Endgültig und vollständig kann die Bewertung des Gesamtschadens an Kulturgütern freilich noch nicht sein – und wird es vielleicht überhaupt nie sein können, wenn man sich die Ausdehnung des betroffenen Gebiets vor Augen hält, den Katastrophen-Charakter der Ereignisse und das Fehlen einer systematischen Bestandsaufnahme des gesamten zerstörten Gutes. Dennoch wollen wir wenigstens annähernd eine globale Bilanz ziehen.

Den Hauptschaden hat zweifellos die städtebauliche Substanz erlitten. Sämtliche Ortskerne des gesamten heimgesuchten Gebiets sind völlig zerstört und in ihrem Grundgefüge vernichtet. Die bedeutendsten geschichtlichen Zentren von Venzone, Gemona, Moggio, Colloredo und Montalbano wurden von schwersten Verlusten betroffen. In *Venzone,* einer bezaubernden mittelalterlichen Stadt mit historischen Befestigungsanlagen wurden nahezu die gesamten Altstadtanlagen zerstört, die innerhalb des einfachen Mauergürtels gelegen waren. *Gemona* ist praktisch in seinen Grundbestandteilen zerstört, d. h. die ältesten, städtebaulich wichtigsten Stadtteile sind betroffen. Die gesamte kraterförmige Mulde, in welcher die Stadt sanft eingebettet lag und die ihren landschaftlichen Zauber ausmachte, ist durch das Beben so verändert, daß es fraglich ist, ob die übriggebliebenen Teile in gleicher Weise wieder aufgebaut werden können. In *Moggio* wurde der Gebäudekomplex der Abtei zerstört, der trotz seiner wechselvollen unglücklichen Umbauten immer noch auf lebendige Weise den Beitrag des mittelalterlichen Mönchstums zur friaulischen Kultur bekundete. *Colloredo* hat den Großteil des Kastells und der Häuser verloren, die in ihrer Gesamtheit eine unnachahmliche Einheit bildeten. Aber auch die kleineren geschichtlichen Zentren – auch sie – einzigartige und urwüchsige Äußerungen der Volkskunst – sind stark betroffen und bis zur Unkenntlichkeit zerstört. Orte, die zum Teil bevölkerungskundlich ziemlich bedeutend waren, wie *Buja, Maiano, Osoppo* und *Artegna,* die mit ihren weißen Häusern und ihren kühnen Kirchturmspitzen den ganzen Hügelkranz von S. Daniele bis Tarcento mit Punkten übersäten, sind auf brutalste Weise vernichtet worden. Zu dem verhängnisvollen Schicksalsschlag durch das Erdbeben kam noch die Zerstörung hinzu, die durch wahllose Notstandsmaßnahmen entstanden ist. Da es keine modernen Landschaftsschutzgesetze gibt, kam es, daß charakteristische Beispiele von Bauernhäusern und Anwesen, sowie Wohnkomplexe zerstört wurden, die nie mehr aufgebaut werden können, wie z. B. in *Montenars, Trasaghis, Forgaria, Sedilis, Portis* etc. Auf diese Weise sind 70%, 80%, vielleicht sogar 90% der städtebaulichen Substanz verloren gegangen, und einem ziemlich unwahrscheinlichen Wiederaufbau stehen ungeheure Probleme entgegen.

In unmittelbarem Zusammenhang mit den obigen Verlusten steht natürlich der Schaden, den der Bestand an Denkmälern durch das Erdbeben erlitten hat. Praktisch 100% der wertvollen Gebäude haben – schon auf Grund ihres Alters – Beschädigungen verschiedenen Grades erlitten. Sie reichen vom minimalen Schaden – der aber auch, wenn man ihn bagatellisiert, den Fortbestand des gesamten Gebäudes in Frage stellt – bis zur Totalzerstörung.

Unter den historischen Bauten, die total zerstört sind, befinden sich z. B. der alte Glockenturm und das Kastell von Gemona, der Dom und das Baptisterium von Venzone, die Kirchen von Osoppo, Maiano, Mels, Pers, Buja, Magnano in Riviera, S. Maria del Giglio in Tarcento, Nimis, Moggio, Basso etc. etc. Teilweise zerstört wurden: die Basilika von Gemona, verschiedene Meisterwerke romanisch-gotischer Architektur in Friaul: das Kastell und die Kirche von Colloredo, das alte Pieve di Buja, die Pfarrkirchen von Osoppo, Tarcento, Sammardenchia, die Kirchen von Valeriano, die Abtei von Moggio etc. Leider ist das Verzeichnis der schmerzlichen Verluste unendlich und umfaßt Kirchen, Paläste urwüchsige bäuerliche Architekturen – typisch für das Bergland –, Bildstöcke und Votiv-Kapellen – eine lange Reihe von Kleinodien, zwischen den Feldern und Hügeln verstreut, die der Landschaft des mittleren Friaul ihren Reiz gaben.

Eine ungeheure Anzahl beweglicher Kunst- und Kulturwerke sowie von Gegenständen des Kunsthandwerks konnte schließlich noch aus den Ruinen geborgen werden. Fresken, Plastiken aus dem Bereich der Baukunst, Steinplastiken, Holzplastiken (die meisten von ihnen einzigartige Werke der lokalen Kunstgeschichte), Gemälde, Altäre, Goldschmiedearbeiten und Geräte aller Art sind unter den Trümmern in kleinste Stücke zerbrochen, zerquetscht, zersplittert und zermahlen worden. Nicht vergessen werden dürfen auch die anderen Kulturschätze, an denen das betroffene Gebiet so reich war, wie Bibliotheken, Archive (z. B. die sehr berühmten von Gemona), Orgeln (einige von seltenster Bauart), die hauptsächlich durch den starken Regen gelitten haben, der nach dem Erdbeben einsetzte.

Zur Rettung dieser Werke sind Kolonnen von hilfsbereiten Freiwilligen herbeigeeilt, um die Schätze aus den Trümmern auszugraben und sie an Sammelplätze zu transportieren. Tausende von Gegenständen aus Kunst und Kultur sind auf diese Weise in der Kirche S. Franceso zusammengetragen worden, im Diözesan-Museum, im Kapitular-Archiv, im Staatsarchiv von Udine, im Stadtmuseum von Pordenone, in der Alpinikaserne von Venzone, im Museum für Kunst und Volkskunde in Tolmezzo, in der Biblioteca Isontina in Gorizia. Fachleute haben die geborgenen Trümmer mit feinfühliger Hand wieder zusammengesetzt und sich um die zerschlagenen Statuen, zerbrochenen Bilder, abgelösten Fresken, zerrissenen und mordernden Skripten bemüht. Wie ein zerstörtes Mosaik warten diese zerstreuten Teile auf eine möglichst organische Restaurierung und darauf, an den Ort ihrer Herkunft zurückzukehren; greifbares Zeichen einer Wiedergeburt und einer wiedererlangten Identität.

Es geht um die Rettung einer Kultur! Gewiß, die Kosten eines solchen Unternehmens sind sehr hoch, wenn man sich vorstellt, daß allein die Kosten für die Restaurierung der Kulturgüter – oder eines Ersatzes derselben – bereits in die hunderte von Milliarden Lire gehen! Aber wenn die Friauler an ihrer Tradition festhalten und wenn es an konkreter internationaler Solidarität nicht mangelt, könnte ein beträchtlicher Teil des Bestandes an Kunst- und Kulturgütern wiederhergestellt werden. Die Mühe würde sich lohnen, wenn wir diesen Kulturkreis nicht aufgeben wollen.

Aktion „FRIULI VIVE"

Walter Horn

Die Identität des Friaulischen Volkes, die Friaulische Kultur ist gefährdet! Das Herz Friauls, dieser typischen Voralpenlandschaft zwischen Tolmezzo, Spilimbergo und Cividale, ist schwer getroffen. Es ist müßig, Zahlen zu nennen, die Realität der zerstörten Siedlungen, Kirchen, Burgen, Schlösser, Türme, Mauern, Bilder, Skulpturen spricht für sich. Die Friaulische Kultur erschöpft sich aber nicht nur in den berühmten Domen von Venzone und Gemona, nicht in den Schlössern von Colloredo di Monte Albano und Artegna, nicht in den Fresken des Giovanni da Udine, Pordenone und Tiepolo, sie umfaßt genauso die Volkskunst, wie sie sich in einem Wetterhahn, einem offenen Kamin, einem Torbogen, im Ensemble eines Dorfes, in der Gestaltung eines kleinen Kirchleins äußert.

Diese umfassende Kultur gilt es zu retten, solange noch etwas zu retten ist. Unbarmherzig nagen Wetter und kleine Nachbeben an den beschädigten Mauern, vieles in kurzer Zeit zerstörend, was mit geringen Mitteln hätte provisorisch gesichert werden können. Gelingt es, wenigstens einen Teil zu bewahren, wird es den Friaulern möglich sein, ihr Volkstum zu erhalten. Erst dann gewinnt die bisher geleistete Hilfe, die erste Anteilnahme der Welt, ihren echten Sinn!

Es ist beklemmend, daß sich so wenige Stimmen erheben, an diese Zusammenhänge in Europa und darüber hinaus zu erinnern, und es ist bestürzend, daß man sich der Werte, die für die europäische Kultur auf dem Spiele stehen, kaum entsinnt.

Die Aktion „FRIULI VIVE" will beitragen, internationales Interesse zur Rettung der Friaulischen Kultur zu gewinnen.

„FRIULI VIVE" kann ein Instrument der so notwendigen internationalen Solidarität sein. Der Name soll auch demonstrieren, daß Friaul zwar schwer getroffen ist, aber lebt!

Die Aufgaben, die sich die Aktion gestellt hat, sind:

– INFORMATION GEBEN über die Bedrohung der Friaulischen Kultur,
– HILFE LEISTEN für den Wiederaufbau der Kulturgüter,
– ERINNERUNG WACHHALTEN an die Probleme Friauls.

Die Ausstellung „Friaul lebt – 2.000 Jahre Kultur im Herzen Europas", die dieser Idee dient, geht daher über die Bedeutung einer Kunstausstellung weit hinaus. Sie soll – unterstützt durch dieses Buch – den Charakter und die Wurzeln der Friaulischen Kultur erklären, die Beziehungen zur künstlerischen Entwicklung und zum historischen Schicksal Europas aufzeigen, die besondere Bedeutung der christlichen Komponente herausstreichen und die Individualität der wesentlichen Kulturelemente darlegen.

Die Kultur Friauls geht uns alle an! Sie ist ein integrierender Bestandteil der Europäischen Kultur, nicht nur in den glanzvollen Höhepunkten um Aquileia und Cividale, eines Pordenone oder Tiepolo, sondern in der unwiederholbaren Eigenart ihres Wesens zwischen dem romanischen, slawischen und germanischen Kulturkreis, zwischen Patriarchen, Bergbauern und Fischern. Diese „FRIULANITÁ", geformt aus einer ethnischen Unabhängigkeit, verschieden von den drei Kulturkreisen, aber doch aufnahmefähig genug, darf nicht sterben! Europa wäre ärmer!

Der Wiederaufbau Friauls mit seinen noch zu bewahrenden Kulturgütern wird eine Zeit von mindestens zwanzig Jahren beanspruchen. Das Hauptproblem wird in einigen Jahren darin liegen, das erloschene Interesse immer wieder zu wecken. Es wird sich zeigen, was uns Europäern eine Kultur im Herzen des Kontinents wert ist.

3. TEIL

KATALOG DER AUSSTELLUNG

„Friaul lebt – 2000 Jahre Kultur im Herzen Europas"

Betreut von L. Bertacchi (L. B.), L. Bros (L. Br.), M. Brozzi (M. B.), A. Forniz (A. F.), P. Lopreato (P. L.), G. C. Menis (G. C. M.), A. Rizzi (A. R.), M. J. Strazzulla (M. J. S.), S. Tavano (S. T.)

Redaktion: Gian Carlo Menis und Aldo Rizzi

Fotonachweis: Die Fotos stammen von Elio Ciol, Casarsa (Pordenone) – mit Ausnahme der Abb. 67–71 und 74–76 (aus dem Archiv des Museo Civico in Udine) bzw. der Abb. 35 und 49 (aus dem Archiv des Museo Archeologico Nazionale in Cividale).

Die Maße der einzelnen Objekte sind in cm angegeben.

I. Prähistorische Zeit

1   SCHWERT

Mittlere Bronzezeit (?); Bronze; Länge 71, max. Breite 7,3; Aquileia, Museo Archeologico Nazionale (Inv. Nr. 50004)

Die Klinge, die im Fluß Stella, nahe Teor, aufgefunden wurde, hat eine längliche Form mit zentralem, zugespitztem Sporn. Das Hangblatt ist lang und dünn. Die Dekoration besteht aus drei Kerben auf jeder Seite, die in ihrer größten Erstreckung längs der Klinge verlaufen. In der Mitte der halbkreisförmig verlaufenden, mit Bohrlöchern für sechs Nägel versehenen Grundfläche, sind zwei symmetrische Spiralen eingeritzt. Ein ähnliches Motiv kommt auf einem anderen Stück vor, das man in Castions di Strada entdeckt hat. Weitere drei ähnliche Stücke wurden in der Provinz Treviso, in Casier und in Quinto di Treviso gefunden. Das völlige Fehlen von Grabungsdaten läßt die Datierung dieser Schwertklinge offen. Allerdings kann sie im Rahmen der mittleren Bronzezeit (16.–13. Jh. v. Ch.) eingeordnet werden und stellt ein gutes Zeugnis für die Komplexität der kulturellen Verbindungen in Friaul in der Vorzeit dar.

Bibliographie: ANELLI, 1949, coll. 13–14, fig. 4941; FOLTINY, in „A. J. A.", 68, 1964, p. 250, tav. 74, 15 a. b.; J. D. COWEN, in „P. P. S.", 32, 1966, p. 307, fig. 7, 4, tav. 20, 7; BIANCO PERONI, 1969, p. 46, n. 98, tav. 14, 58, 98.

M. J. S.

II. Römische Zeit

2 WEIBLICHE GRABFIGUR

Ende 1. Jh. v. Ch., Kalkstein aus Aurisina; 180; Aquileia, Museo Archeologico Nazionale (Inv. Nr. 51880)

Es handelt sich um eines der ganz seltenen Beispiele der Grabplastik aus Aquileia, die unversehrt erhalten blieben. Die Figur wurde in der Necropole Ponente in der Gemeinde Bacchina, auf dem Grundstück Violin Elpidio gefunden. Sie steht auf einer niedrigen Basis, die noch Zeichen der Befestigungsklammern trägt. Dargestellt ist eine Frau, die in eine lange Tunika gehüllt ist, deren flache regelmäßige Falten durch Riffelungen angegeben werden und die unten mit einem glatten Saum abgeschlossen sind. Über der Tunika trägt die Frau einen weiten Mantel, der auch ihr Haupt verhüllt. Die rechte, erhobene Hand, liegt auf der Brust, die linke, die am Körper anliegt, hält einen Gewandzipfel, wie es einem klassizierenden Schema entspricht, das auf einen griechischen Prototyp des 4. Jh. v. Ch. zurückgeht. Das Gesicht ist etwas idealisiert, es wird von einer klassischen Frisur mit nach hinten gekämmten Haarwülsten gerahmt. Die Rückseite der Statue ist nur sehr oberflächlich gearbeitet, was darauf hinweist, daß die Aufstellung in einer Nische beabsichtigt war. Insgesamt eine reichlich summarische Arbeit, die sich in den Rahmen der lokalen handwerklichen Produktion am Ende des 1. Jh. v. Ch. einfügen läßt.

Bibliographie: V. SCRINARI, in: „Aquileia Nostra" XVII, 1956, p. 73 s. Fig. 1; L. BERTACCHI, in „Arte e civiltá romana dell'Italia Settentrionale", Bologna 1964, p. 198, n. 287, tav. LXIII, 120; M. BORDA, La sculture di etá romana ad Aquileia in „Antichitá Alto-adriatiche" I, 1972, p. 64, Fig. 2; IDEM, I ritratti republicani di Aquileia, in „Röm. Mitt." LXXX, 1973, p. 48, tav. 14, 2; 16. 1; V. SCRINARI SANTAMARIA, Catalogo delle Sculture romane del Museo di Aquileia, Roma, 1972, n. 101, p. 37.

Ausstellung: Bologna, 1964

M. J. S.

3 MÄNNLICHER PORTRÄTKOPF VON EINEM GRAB

2. Hälfte 1. Jh. v. Ch.; Kalkstein von Aurisina; 31,5; Aquileia, Museo Archeologico Nazionale (Inv. Nr. 10959).

Der Porträtkopf zeigt einen alten Mann mit äußerst scharf gezeichneter Physiognomie, mit Stirn und Wangen, die von tiefen Furchen durchzogen sind. Die Modellierung ist recht fein, und man bemerkt in der Gestaltung der tiefliegenden Augen, der Ohren und des Kinns einen Zug zum Chiaroscuro (Hell-Dunkel-Effekt), der ursprünglich durch die Aufstellung des Kopfs in einer Nische stärker gewesen sein mußte. Die Rückseite des Kopfs war wohl an einem jetzt verlorenen Grund angebracht. Die Frisur mit kurzen Haarsträhnen gehört zum klassisch ausgerichteten Typ der augustäischen Zeit. Wie Schweitzer bemerkt hat, kann man das Porträt als Werk der frühen Kaiserzeit ansehen. Allerdings bewahrt es noch einen gesteigerten Zug zum Verismus, der sich in der römischen Porträtkunst zur Zeit Sullas entwickelt hatte.

Bibliographie: G. BRUSIN, in „Le Arti" III, 1940/41, p. 468 f. 5; SCHWEITZER, Die Bildniskunst der Röm. Republik, Lipsia-Weimar 1948, p. 74, nota 3; G. TRAVERSARI, in „Arte Antica e Moderna", 1964, p. 124, tav. 41 d; V. SCRINARI SANTAMARIA, Catalogo delle Sculture Romane del Museo di Aquileia, Roma 1972, p. 60 n. 173; M. BORDA, I ritratti republicani di Aquileia, in „Röm. Mitt" LXXX, 1973, p. 49 s. tav. 18, s. 19.

M. J. S.

4 WEIBLICHER PORTRÄTKOPF

Erste Hälfte 1. Jh. n. Ch.; Kalkstein von Aurisina; 25; Aquileia, Museo Archeologico Nazionale (Inv. Nr. 876)

Der Kopf ist bestimmt durch eine klassische Haartracht mit zwei Haarwülsten, die – von einem Mittelscheitel getrennt – nach hinten zurückgekämmt sind und die am Hals in zwei gedrehten Strähnen herabfallen. Das Gesicht selbst wirkt abgeplattet, mit schmalen länglichen Augen unter der niedrigen Stirn, heraustretenden Jochbeinen und geweiteten Nasenlöchern. Die Skulptur, ein Werk der Lokalkunst, wird gewöhnlich aufgrund der Frisur in die julisch-claudische Zeit datiert.

Bibliographie: B. FORLATI TAMARO, in „Aquileia Nostra" 1933, c. 7–8, n. 6 fig. 7.; L. BERTACCHI, in „Arte e Civiltà Romana nell' Italia Settentrionale", Bologna 1964, p. 201, n. 234, tav. LXVIII, 131; V. SCRINARI SANTAMARIA, Catalogo delle Sculture romane del Museo di Aquileia, Roma 1972, p. 77 n. 234.

Ausstellung: Bologna, 1964

M. J. S.

5 PORTRÄT DES CLAUDIUS

Mitte 1. Jh. n. Ch.; Marmor; 39; Aquileia, Museo Archeologico Nazionale (Inv. Nr. 57)

Der Porträtkopf – bearbeitet, um in eine Büste eingefügt zu werden – zeigt sich in gutem Erhaltungszustand, wenn man von einer kleinen Abschürfung und einigen geringen Absplitterungen absieht. Die physiognomischen Charakteristika, die den Kaiser mit jugendlichem Antlitz zeigen, sind mit Sinn für Realität erzielt. Die Haartracht, in kleinen, nach rechts und links gelegten Strähnen, die gegen die Stirne zu konvergieren und vom Nacken zum Hals und zu den Schläfen zu abnehmen, ist recht summarisch gearbeitet, was ihr – im Vergleich zum vollendeter und realistischer gearbeiteten Gesicht – einen Sfumato-Charakter gibt. Der Kaiser wird in seinen Bildnissen mit nachdenklicher und besorgter Miene wiedergegeben, was vor allem durch das Zusammenziehen der Stirn, die dann von zwei horizontalen Furchen durchzogen erscheint, und durch das Senken der schweren Augenlider hervorgerufen wird, die die Augen sehr tief liegen lassen. Diese Charakteristika sind Anzeichen einer Reaktion auf die klassizierende Strömung zur Zeit des Tiberius, indem man mit Hilfe des psychologischen Ausdrucks stärker auf eine Individualisierung hinarbeitet. Das Gesicht, in verschliffenen weichen Schichten gearbeitet, hebt sich damit von der gleichzeitigen Richtung der Claudius-Porträts ab, die in einem stärkeren Linearismus gearbeitet sind. Es gliedert sich jedoch in eine neue, allgemeine plastisch-malerische Konzeption ein. Für die technisch-formale Ausführung dieses Kopfes gibt es ein genau entsprechendes Gegenstück in einem anderen Porträt des Kaisers, das ebenfalls im Museum von Aquileia aufbewahrt wird (Inv. Nr. 108).

Bibliographie: F. POULSEN, Porträtstudien in norditalischen Provinzmuseen, Copenhagen, 1928, p. 13; G. BRUSIN, Aquileia. Guida storico-artistica, Udine 1929, p. 97 n. 3, fig. 56; G. BRUSIN, Il Museo Archeologico Nazionale di Aquileia, Roma 1936, fig. 9; G. A. MANSUELLI, in „Rivista dell'Istituto Nazionale di Archeologia e Storia dell'Arte", VII, 1958, p. 45 sgg; V. SCRINARI SANTAMARIA, Catalogo delle Sculture Romane del Museo di Aquileia, Roma 1972, p. 63, n. 185.

P. L.

6 WEIBLICHER PORTRÄTKOPF

Mitte des 3. Jh. n. Ch.; griechischer Marmor; 21; Museo Archeologico di Aquileia (Inv. Nr. 872)

Die Figur ist am Halsansatz zerbrochen, der Nacken fehlt zur Hälfte, an der Nase und der rechten Wange ist sie beschädigt. Die Oberfläche der Stirn und der Haare ist durch Kalksteinbelag auf der rechten Seite verändert. Dargestellt ist eine junge Frau mit Mittelscheitel. Die Haare, leicht gewellt, fallen bis zum Hals und hinter den Ohren in zwei seitlichen Teilen, die vermutlich in einem flachen Zopf bis zum Scheitel der Kopfmitte wieder hochgesteckt sind, wie es der von Kaiserin Etruscilla eingeführten Haartracht entsprach; die allerdings auch in der darauffolgenden Epoche noch üblich war (vgl. Felletti, Maj. Ritratti, n. 287). Das Antlitz ist durch vorspringende Backenknochen geprägt, welche die leicht eingefallenen Wangen hervorheben. Der große geschwungene Mund und die vorstehende Oberlippe werden durch die beiden seitlichen Grübchen betont. Feingemeißelte vorspringende Augenbrauen erheben sich bogenförmig über die großen Augen, denen das obere Augenlid etwas Schweres verleiht, während die hervorgehobenen Augäpfel durch die eingelassenen Pupillen und durch die tiefliegende Iris gekennzeichnet sind. Der emporgerichtete Blick bringt Existenzangst und geistige Unsicherheit zum Ausdruck, die die Skulpturen des 3. Jh. kennzeichnen. Die formale Ausführung, die feinste Nuancierungen aufweist und deren polierte Oberfläche scheinen auf die damals übliche klassizierende Tendenz hinzuweisen.

139

Bibliographie: B. FORLATI TAMARO, Sculture di Aquileia, in „Aquileia Nostra", IV–1, 1933–XI, p. 19, n. 22, fig. 24; L. BERTACCHI, in „Arte e civiltà romana nell'Italia Settentrionale dalla repubblica alla tetrarchia, Catalogo, 2 voll., Bologna 1964, n. 295, Tav. LXVII; V. SCRINARI SANTAMARIA, Catalogo delle Sculture Romane del Museo di Aquileia, Roma 1972, n. 253, p. 83; R. BIANCHI BANDINELLI, Roma, La fine dell'arte antica, II ed., Milano 1976, pp. 1–21.

L. B.

7 PYRAMIDE DES TÖPFERS

Erste Hälfte des 1. Jh. n. Ch.; Kalkstein aus Aurisina; 43 × 44,5 × 51; Museo Archeologico di Aquileia (Inv. Nr. 51527)

Die an den Ecken beschädigte Pyramide diente als Aufsatz eines Grabaltars. Sie weist eine geschmückte Basis auf, deren Seiten von einer flachen Zierleiste mit ausgerundetem Profil eingerahmt sind. Ein Aufbau mit breiten Blättern gibt der Figur den oberen Abschluß. Aus dem ebenen zurückliegenden Hintergrund erhebt sich auf drei Seiten eine reliefartige Darstellung, die auf der Vorderseite die schematische Darstellung des Verstorbenen aufweist, in kurzer Tunika und eine Amphora auf der Schulter tragend, die ihn als „Töpfer" ausweist, oder als Arbeiter in einer Töpferei. Auf den beiden anderen Seiten erscheinen die Werkzeuge dieses Handwerks, die Breithacke und die Spitzhacke, um die Töpfererde zu gewinnen, dazu 6 Amphoren. Sie sind von Typ Dressel 6 A. Diese Art kommt vor allem in Istrien und im mittelöstlichen Venetien vor. Die stilistisch-formalen Inhalte sind ihrer Art nach Volkskunst, die die Unmittelbarkeit des realen, täglichen Lebens aufnimmt, wie es auch auf anderen aquileischen Monumenten mit Darstellungen von Werkzeugen und Handwerksarten vorkommt (Inv.-Nr. 166, 449, 925, 1231, 52247; s. n. inv. Scrinari 406).

Bibliographie: G. BRUSIN, Commerci e industrie nell'antica Aquileia, in „Bollettino Ufficiale della Camera di Commercio, Industria e Agricoltura di Udine", Marzo 1951, p. 15; Arte e civiltà romana nell'Italia Settentrionale dalla repubblica alla tetrarchia, Catalogo, 2 voll., Bologna 1964, tav. LXXV, nn. 147–148–149; F. ZEVI, Anfore istriane ad Ostia (Nota sul commercio istriano) in: „Atti e Memorie della Società Istriana di Archeologia e Storia Patria", n. s., XV, 1967, pp. 21–23; P. BALDACI, Alcuni aspetti dei commerci nei territori cisalpini, in „Centro Studi e Documentazione sull'Italia Romana, Atti", I, 1967–1968 (1969) pp. 7–50; E. BUCHI, Banchi di anfore romane a Verona. Note sui commerci cisalpini, in: „Il territorio veronese in eta romana", Atti del Convegno di Verona, Verona 1971, pp. 547–550, Tav. XII, A–B–C; V. SCRINARI SANTAMARIA, Catalogo delle Sculture Romane del Museo di Aquileia, Roma 1972, n. 405, a, b, c, pp. 139–140.

L. B.

8 RUNDER BEHÄLTER MIT HUND AUF DEM DECKEL

1. Jh. n. Ch.; Kalkstein aus Aurisina; 41, Durchmesser: 47; Museo Archeologico di Aquileia (Inv. Nr. 484)

Der Behälter, der an den Rändern und an der mit dem Handgriff versehenen Seite beschädigt ist, stellt eine zylindrische Grabsäule dar. Das vorliegende Exemplar imitiert in der Struktur einen Weidenkorb mit einem unteren Ring und einer Deckplatte, auf der sich zwei zentral angeordnete Stränge zu glatten diagonalen Bändern verflechten, die die Tafel ohne Titel halten. Der Behälter scheint mit einer flachen Abdeckplatte, auf der ein Hund liegt, der in der Darstellung naturalistisch wiedergegeben ist, geschlossen zu sein. Er hält symbolisch bei dem Verstorbenen Wache. Auf anderen ähnlichen aquileischen Monumenten mit eindeutigem Grab-Charakter ist an Stelle des Hundes nach alter östlicher Sitte ein Löwe angebracht. Beide Tiere sind weit verbreitet auch auf Monumenten Venetiens und im Gebiet der Poebene, aber die Weiden-Urne scheint nur für den aquileischen Raum eigentümlich zu sein und kommt anderweitig nicht vor. Vielleicht deshalb, weil es hier einen antiken Brauch gibt, die Asche der Verstorbenen in Weidenkörbchen aufzubewahren (Bertacchi). Im Museum von Aquileia befinden sich noch andere ähnliche Werke (vgl. Inv.-Nr. 322, 854, 1576; s. n. inv. Scrinari Nr. 319, 320).

Bibliographie: E. MAIONICA, Guida del Museo di Aquileia, Vienna 1911; G. BRUSIN, Aquileia, guida storico-artistica, Udine 1929; G. A. MANSUELLI, Leoni funerari emiliani, in „Mitteilungen des deutschen archäologischen Instituts, Römische Abteilung", 63 (1956), pp. 66 sgg.; G. BERMOND MON-

TANARI, Monumenti funerari atestini, in „RIASA", n. s. VIII 1959, pp. 111–145; L. BERTACCHI, in „Arte e civiltà romana nell'Italia settentrionale dalla repubblica alla tetrarchia." Catalogo, Bologna 1964, n. 312, pp. 210–211, Tav. LXXVI, 153; V. SCRINARI SANTAMARIA, Catalogo delle Sculture Romane del Museo di Aquileia, Roma 1972, n. 316, p. 105.

L. B.

9 ADLER

1./2. Jh. n. Ch.; Kalkstein aus Aurisina; 61 × 47 × 31; Museo Archeologico di Aquileia (Inv. Nr. 49937)

Bei dieser Figur ist die Oberfläche durch langen Aufenthalt im Freien verwittert. Flügel und Schnabel sind nur bruchstückhaft erhalten. Er ist auf einen Gegenstand gestützt, der die Form eines Harnischteils hat und ist tiefer eingesenkt, damit er in eine tragende Umgebung eingefügt werden konnte, die seine Rückseite verdeckte, die aber unvollendet geblieben ist. Das Tier, dessen Flügel ursprünglich ausgebreitet waren, neigt den Kopf mit ausgestrecktem Schnabel zur Seite. Die Figur ahmt zum Teil das berühmte trajanische Modell nach, das sich in der Kirche zu den Hl. Aposteln in Rom befindet, wenn es auch nicht dessen außergewöhnliche Kraft und die große kompositorische Wucht aufweist. Tatsächlich weicht es vom vorwiegend illusionistischen und malerischen Geschmack hellenistischer Prägung dieser letzteren Skulptur ab, um trotz der Wiedergabe des nuanciert feinen Gefieders und der Sensibilität in der Raumverteilung eine provinziellere Sprache zu sprechen. Hier bietet sich unmittelbar ein stilistischer Vergleich an mit dem Adler, der aus Aquileia stammt und in Wien aufbewahrt wird (Scrinari, Appendice N. 8). Im Museum von Aquileia wird noch ein weiteres Exemplar gezeigt, das jedoch stilistisch verschieden ist (s. n. inv. Scrinari 284).

Bibliographie: A. M. COLINI, La scoperta del santuario delle divinità Dolichene sull'Aventino, in: „Bull. Com." Roma, LXIII, 1935, pp. 145e sgg., Tav. III; P. DUCATI, L'arte classica, Torino 1944, p. 628, fig. 780; L. BERTACCHI, in: „Arte e civiltà romana nell'Italia Settentrionale dalla repubblica alla tetrarchia", Catalogo, 2 voll. Bologna 1964, n. 288, Tav. LXX, 138; V. SCRINARI SANTAMARIA, Catalogo delle Sculture Romane del Museo di Aquileia, Roma 1972, n. 285, p. 96.

L. B.

10 BLÄSER

3. Jh. n. Ch.; Fußbodenmosaik; 120 × 102; Aquileia, Museo Archeologico Nazionale (Inv. Nr. 53270)

Das Mosaik wurde in den sogenannten großen Thermen aufgefunden (Grabung 1922–23). Vom Bildfeld fehlt der Teil ganz rechts. Auf weißem Grund, zwischen einer doppelten Reihe schwarzer Steinchen (Tesserae), sitzt ein junger Mann, in weißer Tunika, rötlichem Mantel und Fußbekleidung dargestellt, der sich nach rechts wendet und ein langes, nur schwer identifizierbares Blasinstrument spielt. Auf dem Boden ist der Schlagschatten der Figur angegeben. Das Mosaik war in die Dekoration eines großen Saals integriert, der zu dem Gebäudekomplex gehört, den man übereinstimmend „große Thermen" nennt. In dieser Ausgestaltung lassen sich wenigstens zwei verschiedene dekorative Phasen ausmachen. Unser Fragment gehört aufgrund technischer Besonderheiten (Form, Farbe und Anordnung der Steinchen, eine Reihe gut zusammengefügter Steinchen als Umriß um die Figuren) zur ersten Phase, die sich in den Verlauf des 3. Jh. n. Ch. einordnen läßt.

Bibliographie: G. BRUSIN, in „N. Scavi" 1923, p. 228; L. BERTACCHI, in „Arte e civiltà romana in Italia Settentrionale", Bologna 1964, p. 521 s., n. 739, tav. CLXV, 341.

Ausstellung: Bologna, 1964.

M. J. S.

11 BERNSTEIN MIT PUTTEN

1./2. Jh. n. Ch.; Bernstein; 4,5 × 2,3 × 7,8; Aquileia, Museo Archeologico Nazionale (Inv. Nr. 22443)

Kleine figürliche Gruppe, die den ganzen Tondo ausfüllt: Auf flachem Grund kämpfen 2 Eroten miteinander. Links erkennt man einen (von hinten gesehenen) Kampfhandschuh und einen verlängerten Palmenast. Das Stück, für das es präzise Vergleichsbeispiele in anderen Gemmen gibt, die ebenfalls in Aquileia verfertigt wurden (vgl. G. Sena Chiesa, Gemme del Museo di Aquileia, Padova 1966, n. 345, ss. 351), gehört in eine ganze Serie von derartigen, oft in Bernstein geschnittenen Szenen hellenistischen Ursprungs, deren Verarbeitung in Aquileia durch zahlreiche Funde am Ort sicher belegt werden kann.

Bibliographie: G. BRUSIN, Guida storico-artistica di Aquileia, Udine 1929, p. 167

Ausstellung: Torino, 1961.

M. J. S.

12 RING MIT WEIBLICHEM PORTRÄT

1. Hälfte des 2. Jh. n. Ch.; Bernstein; innerer Durchmesser 1,7, äußerer 4,1; Aquileia, Museo Archeologico Nazionale (Inv. Nr. 22410)

Ring in zylindrischer Form, auf der Innenseite glatt. In Übereinstimmung mit dem Steinkasten handelt es sich um ein Frauenporträt im Profil mit Angaben von Gewändern am Hals. Das Gesicht ist lang und schmal. Die äußerst hohe Frisur ist auf der Stirn zugespitzt, von einem Mittelscheitel geteilt und endet am Nacken in einem dicken gewickelten Haarknoten. Sie ähnelt der Haartracht, die wir von offiziellen Porträts Plotinas, der Gattin des Kaisers Trajan, her kennen. Es ist demnach wahrscheinlich, daß unser Stück aus dieser Zeit stammt.

Bibliographie: unveröffentlicht

M. J. S.

13 BERNSTEIN MIT HASELNUSSPAAR

1./2. Jh. n. Ch.; Bernstein; 7 × 2; Aquileia, Museo Archeologico Nazionale (Inv. Nr. 22491)

Der Steinschnitt stellt ein Hauselnußpaar innerhalb einer Hülle von ausgefransten Blättern dar. Das Stück, von sehr feiner Ausführung, gehört einer besonderen Gruppe von Bernsteinen an, die Früchte verschiedener Art (Feigen, Granatäpfel etc.) wiedergeben und die fast ausschließlich in Gräbern gefunden wurden, die zwischen das 1. Jh. n. Ch. und das Ende des 2. Jh. gehören. Diese Stücke waren möglicherweise Votivgaben, die auf Kulte zurückgehen, bei denen chtonischen Gottheiten versöhnt werden sollten (vgl. L. BERTACCHI, in „Aquileia Nostra" XXXV, 1964, c. 51 n.).

Bibliographie: unveröffentlicht

M. J. S.

14 GLASFLUSS MIT WAGENLENKER

Anfang 1. Jh. n. Ch.; konvexer, geschnittener Glasfluß; 0,20 × 0,15; Aquileia, Museo Archeologico Nazionale (Inv. Nr. 27362)

Männliche Figur mit Peitsche, die ein Doppelgespann im Galopp lenkt. Ein recht häufiges Motiv auf den Gemmen aus Aquileia, das von den Prägestücken einiger republikanischer Denare (auf denen Zeus oder die Siegesgöttin dargestellt ist) abgeleitet scheint.

Bibliographie: G. SENA CHIESA, Gemme del Museo Nazionale di Aquileia, Padova 1966, p. 307, nr. 859.

M. J. S.

15 CORNEL MIT KRIEGER

1. Jh. n. Ch.; Geschnittene rote Cornelkirsche; 0,13 × 6,8; Aquileia, Museo Archeologico Nazionale (Inv. Nr. 49330)

Die Gemme stellt einen nackten Krieger mit einem auf den linken Arm fallenden Umhang dar, der, das Schwert mit der rechten Hand erhoben, sich nach rechts bewegt, während er den Kopf zurückwendet. Das Stück kann gleichartigen Steinschneide-Produkten (Glyptik) aus Aquileia beigefügt werden, die im Verlauf des 1. Jh. n. Ch. verfertigt wurden (vgl. G. Sena Chiesa, op. cit. p. 314 ss).

Bibliographie: unveröffentlicht

M. J. S.

16 JASPIS MIT LÖWE

2./3. Jh. n. Ch.; Geschnittener gelber flacher Jaspis; 0,13 × 0,10; Aquileia, Museo Archeologico Nazionale (Inv. Nr. 25344)

Der Schnitt, in der rechten unteren Ecke zersplittert, stellt einen Löwen mit dichter, nach links stufenweise abfallenden Mähne dar. Unter der erhobenen vorderen rechten Pfote, liegt ein Ochsenschädel. Oberhalb des Löwen wird ein zunehmender Mond, unter der Pfote des Löwen ein Stern sichtbar – astrologische Symbole, die möglicherweise der Gemme eine symbolische und mystische Bedeutung geben. Der Gemmentyp ist ein Teil einer recht homogenen Serie, die für Aquileia in zahlreichen Exemplaren gesichert ist (vgl. G. Sena Chiesa, op. cit. p. 362 ss).

Bibliographie: unveröffentlicht

M. J. S.

17 CAMEO MIT SATYR

1./2. Jh. n. Ch.; Arabischer Sardonyx in 3 Schichten; 0,17 × 0,12; Aquileia, Museo Archeologico Nazionale (Inv. Nr. 27942)

Das Stück stellt einen jungen nackten Satyr mit einer Chlamys um die Schultern dar; auf einem Felsen sitzend, spielt er gerade auf einer Lyra. Rechts neben dem vorgestreckten rechten Bein liegt der Hirtenstab. Auf dem Feld rechts oben wird das Blattwerk eines Baumes sichtbar.

Bibliographie: unveröffentlicht

M. J. S.

18 KLEINE PYXIS

1./2. Jh. n. Ch.; Geschnittener Knochen mit bräunlicher Patina; Durchmesser 4,1, Höhe mit Deckel 4,6; Aquileia, Museo Archeologico Nazionale (Inv. Nr. 19754)

Auf dem Deckel sieht man zwischen einer Doppelkannelur die Büste einer verschleierten Frau im Profil mit einer Haartracht klassizierenden Typs, die von einer dünnen Krone gehalten wird. Auf dem zylinderförmigen Corpus des Gefäßes sind zwei Eroten dargestellt: der erste, nach links hin kniend, hetzt einen großen Hund auf den zweiten, der in Gladiatorenmanier dem Tier mit gespreizten Beinen entgegenkommt, in der rechten Hand ein kurzes Schwert, in der linken einen rechteckigen Schild. (Man vergleiche einen analogen Vorwurf auf der steinernen Schachtel des sogenannten „Kindergrabs" in Berlin, die ins 1. Jh. n. Ch. datiert wird, siehe O. ZAHN J. DI, 1950, p. 277, Fig. 4–5.) Es handelt sich um eine Genre-Szene, die man auf den ägyptischen Kulturkreis (griech.-röm. Zeit) zurückführen kann (Strzygowsky) mit dessen Produktion von geschnittenen Knochen unser Stück verglichen werden kann.

Bibliographie: G. BRUSIN, in Guida storico-artistica, Udine 1929, p. 175, f. 122; P. GUIDA, in „Arte e Cultura Romana nell'Italia Settentrionale, Bologna 1964, p. 424, n. 619; R. STUVERAS, Le putto dans l'art romain, Bruxelles 1969, p. 100.

Ausstellungen: Torino, 1961; Bologna, 1964.

M. J. S.

19 KAUERNDE VENUS

Römische Kaiserzeit; Grauer Ton, sehr fein und geglättet, mit Resten einer weißen Farbgebung; 14, Basis: 8 × 4; Aquileia, Museo Archeologico Nazionale (Inv. Nr. 8599)

Die Terrakotta-Figur (aus gebranntem Ton), die hinten nicht bearbeitet ist, steht auf einer annähernd quadratischen, innen ausgefüllten Basis, die in der rechten hinteren Ecke abgebrochen ist. Sie stellt eine nach rechts kauernde Venus dar, die ihren – heute fehlenden – rechten Arm erhoben hatte, um ihre Brüste zu bedecken, und die ihre Linke über ein stumpf-konisches Becken mit hohem zylindrischem Fuß hält. Die Statuette ist ein Durchschnitts-Produkt, etwas plump ausgeführt, wie man aus der Disproportion von Kopf und unterem Teil des Körpers und aus der ungeschickten Ausführung der Bewegung sehen kann. Von ikonographischer Seite her betrachtet, ist die Figur eine Mischung

143

(„Pasticcio") zwischen dem Typus der badenden kauernden Aphrodite von Doidalsas und den verschiedenen hellenistischen Redaktionen dieses Themas, in denen die Göttin schamhaft dargestellt wird („Pudica").

Bibliographie: unveröffentlicht

M. J. S.

20 KLEINE AMPHORE

3. Jh. n. Ch.; Bräunlicher, nicht sehr geglätteter Ton; 23; Aquileia, Museo Archeologico Nazionale (Inv. Nr. R. C. 699)

Die Amphore hat einen ausgehöhlten Hals, zwei bandartige Griffe mit schrägen Kerben. Schultern und Basis des Gefäßes sind mit einem Eierstabmotiv geschmückt. Der Corpus zeigt auf den Hauptseiten eine Dekoration in Relief, die im Stempelverfahren mittels zweier Matrizen (ersichtlich aus den Nähten auf beiden Seiten) hergestellt wurde. Die Dekoration wird aus einer Serie von Reben und Weintrauben gebildet. In der Mitte treten aus einem Früchtebund die Büste des Dionysos (Seite A) und des lyraspielenden Pan (Seite B) hervor. Die kleine Amphore gehört zu einer Gruppe von „Oinoforoi", Vasen dionysischen Inhalts mit Bestimmung im Bestattungswesen, die des öfteren von Hausmann (Ath. Mitt. LXIX, LXX, p. 125 ss; LXXI, p. 107 ss – Jahrbuch RGZM, 1958 p. 266 ss) studiert worden sind. Hausmann weist auch überzeugend ihre orientalische Herkunft – vielleicht Ägypten – und ihre Datierung in den Bereich des 2./3. Jh. n. Ch. nach. Zwei weitere Beispiele, das eine in Zadar, das andere in New York (aus Taranto), sind, sowohl hinsichtlich Form wie Dekoration, die nächsten Vergleichsbeispiele für das Stück in Aquileia.

Bibliographie: G. BRUSIN, in „Aquileia Nostra" XXXI, 1960, col. 126 fig. 2 a e b.

M. J. S.

21 AUFHÄNGBARES VOTIVPLÄTTCHEN

130–138 n. Ch.; Rötlicher Ton mit rotem, weitgehend verflossenem Lack; 11 × 6,9; Aquileia, Museo Archeologico Nazionale (Inv. Nr. R. C. 749)

Das Plättchen hat eine ovalähnliche Form mit zugespitztem unterem Ende. In der Mitte oben sieht man das Bohrloch für die Aufhängung. Der Rand des Plättchens ist durch eine Kannellur und durch eine Dekoration mit Pünktchen angegeben, die auch im unteren Teil in Form einer Girlande wiederkehrt. Darüber ist im Relief die Büste des Antinous (der Lieblingsjüngling Kaiser Hadrians), um die in griechischen Lettern „Die Heimat ehrt den Gott Antinous" geschrieben steht. Die Darstellung wurde identifiziert als Pause einer Gedächtnismünze, die in Bithynien (dem Geburtsort des Antinous) nach dessen Tod 130 n. Ch. und seiner nachfolgenden Vergöttlichung gefertigt wurde. Der Kult des Antinous ist in Aquileia durch gleichartige Plättchen und durch eine fragmentarische Marmorbüste (Inv. Nr. 251) gesichert. Die Verehrung des Antinous hatte jedenfalls eine weite Verbreitung in der Welt des alten Rom bis 138 n. Ch., dem Todesjahr Hadrians; nachher verebbte sie schnell. Es ist deshalb wahrscheinlich, daß auch unser Plättchen in diese Jahre gehört.

Bibliographie: G. BRUSIN, Aquileia, Guida storico-artistica, 1929, p. 212, f. 153; P. GUIDA, Piastrelle votive del Museo di Aquileia, in „Aquileia Nostra" 1965, col. 37 ss.

Ausstellung: Bologna, 1964.

M. J. S.

22 SPIEGEL

1./2. Jh. n. Ch.; Bronze; Durchmesser 11,2, Länge 13,1; Aquileia, Museo Archeologico Nazionale (Inv. Nr. 15914)

Der Spiegel hat eine kreisrunde Form mit einer einfachen Dekoration, die aus einer schlichten Ritzung in der Mitte und einer doppelten Ritzung nahe dem Rand besteht. Der Griff bekommt an der Ansatzstelle des eigentlichen Spiegels, die jetzt restauriert ist, die Form einer stilisierten Lotusblüte. Das Stück gehört zu einer Gruppe von kreisrunden Spiegeln, die in Aquileia vor allen in Gräbern des 1. und 2. Jh. n. Ch. gefunden wurden.

Bibliographie: unveröffentlicht

M. J. S.

23 HAND DES ZEUS SABATIUS

2. Jh. n. Ch. (?); Bronze; 12,3; Aquileia, Museo Archeologico Nazionale (Inv. Nr. 17732)

Die Bronzestatuette stellt eine den Segensgestus ausübende Hand dar, wobei die ersten drei Finger ausgestreckt sind und die beiden anderen ein wenig zum Handballen rückgebogen werden. Zwischen Zeige- und Mittelfinger liegt der Pinienzapfen. Vom Puls aufwärts legt sich eine Schlange in dreifacher Windung um den Arm. Der Vorderarm ist begrenzt von einem erhöhten Rand, der an den Seiten zwei Löcher für die Anbringung hatte. Die Hand ist ein Symbol für Sabatio, einen aus Thrakien oder Phrygien stammenden Gott, der in eben diesem thrakisch-phrygischen Milieu mit Attis und Mithras in Verbindung gebracht wird. Sabatius ist vor allem ein Gott der Vegetation, dessen Mysterienkult mit seinen orgiastischen Zeremonien die Fruchtbarkeit und die Regeneration der Natur als zentrales Motiv herausstreicht. Der Kult, der für Griechenland und den kleinasiatischen Bereich seit dem 5. vorchr. Jh. gesichert ist, war in Rom seit dem 2. vorchr. Jh. eingeführt und fand später eine weite Verbreitung im römischen Reich, speziell in den westlichen Provinzen und in den Donau-Gebieten, wo Sabatius, mit dem Zeuskult assimiliert, die Funktion des gütigen und segnenden Beschützers annimmt. Bekannt ist die Ikonographie des Sabatius in der Kaiserzeit im Kult- oder Votivrelief, in Steinstatuen, Bronzestatuetten und auf Münzen. Sehr groß und weitgestreut ist die Menge der Attribute, zu denen Pinienzapfen und Schlangen gehören, die sich im Fall unserer Bronzestatuette aus Aquileia mit der segnenden Hand verbinden können. Zu den Händen von Sabatius vgl. V. EISELE, in: „Roscher", s. v., figg. 4–6; CH. BLINKENBERG, Arch. Studien, Copenhagen, 1904, figg. 37 ss.; O. ELIA, Vasi magici e mani pantee a Pompei, in „Rend. Acc. Nap.", 35, 1960, p. 129 ss.; M. MACREA, Cultul lui S. la Aprelum, in „Studiose Comunicari", 4, 1961, figg. 3–4; G. RISTOW, Der „Weltherrscher" Jupiter Sabazius, in: „Römisch-germanisches Museum der Stadt Köln", 1, 1974, p. 146, figg. 283–284.

Bibliographie: unveröffentlicht

P. L.

24 FORTUNA PANTHEA

Kaiserzeit; Bronze, Hohlguß; 9,5; Aquileia, Museo Archeologico Nazionale (Inv. Nr. 17721)

Die Bronzestatuette stellt die bekleidete, nach links gewendete Göttin des Glücks dar, die durch zwei übliche Attribute charakterisiert wird: durch das Steuerruder in der gesenkten Rechten und durch das Füllhorn in der linken Hand. Die hohe Haartracht mit dem zunehmenden Mond und dem Ährenbündel ist jedoch typisch für Darstellungen der Isis. Auf den Schultern erkennt man den Rest des Ansatzes eines jetzt abgebrochenen Flügelpaars. Die Statuette dürfte deswegen die schon genannte Fortuna Panthea darstellen, eine Göttin synkretistischen Typs, die auf sich verschiedene Attribute vereint, deren Kult in Aquileia durch weitere ähnliche Statuetten nachgewiesen ist.

Bibliographie: P. GUIDA, in „Arte e Civiltà Romana in Italia Settentrionale", Bologna 1964, p. 289 n. 409; DERS., in „Aquileia Chiama" XIII, 1966, p. 3 fig. 2; DERS. in *Aquileia,* Udine 1968, p. 206.

Ausstellung: Bologna, 1964.

M. J. S.

25 FLASCHE

3. Jh. n. Ch.; weißes durchsichtiges Glas mit rötlichem Schimmer; 21, Durchmesser 7,8; Aquileia, Museo Archeologico Nazionale (Inv. Nr. 12919)

Es handelt sich um eine Glasflasche mit flacher Basis, zylindrischem Körper und schmalem Hals mit trichterförmiger Öffnung, Ein breiter bandartiger Henkel, zu spitzer Ecke gebogen, ist an der Hälfte des Halses an- und auf der Schulter aufgesetzt. Auf Grund seiner Verfertigung und seiner Form (vgl. C. CALVI, I vetri romani di Aquileia, Aquileia 1968, p. 153 gr. A, tav. n. 6) kann das Stück in die Glasproduktion im 3. Jh. n. Ch. in Aquileia eingeordnet werden.

Bibliographie: unveröffentlicht

M. J. S.

26 BECHERGLAS

1./2. Jh. n. Ch.; durchsichtiges Glas, fast farblos mit grünem Schimmer; 7,5, Öffnungsdurchmesser: 7; Aquileia, Museo Archeologico Nazionale (Inv. Nr. 12915)

Glas ohne Fuß; zylindrische Form mit leicht geschwellter Seitenwand und kurzem, breitem gehöhltem Rand mit welliger Kante. Auf dem Corpus sieht man eine Reihe von kleinen, horizontal eingeritzten Linien.

Bibliographie: C. CALVI, I vetri romani di Aquileia, Aquileia 1968, p. 55, n. 131.

M. J. S.

III. Frühchristliche Zeit

27 KAMPF ZWISCHEN HAHN UND SCHILDKRÖTE

Anfang 4. Jh.; Mosaik mit Steinchen in Kalkstein; 130 × 140; Aquileia, Aula Teodoriana (nördlich)

Das Mosaik, das bei Ausgrabungen 1893 gefunden wurde, gehört in das Ostjoch der nördlichen theodorianischen Aula. Dieses Feld ist möglicherweise zu einem späteren Zeitpunkt als das angrenzende mosaiziert worden. Das Mosaikfeld stellt einen Hahn und eine Schildkröte dar, die sich bekämpfen. Hinter diesen steht auf einer Säule eine doppeltgebogene kleine Vase. Es gibt nur eine einzige analoge Szene, im Fußbodenmosaik der südlichen Aula Teodoriana in Aquileia, das von unserem Mosaik abhängt. Die Darstellung ist absolut unwirklich: einmal wegen der Perspektive, weil die kleine Säule den Fußbodenstreifen, auf den die Tiere ihre Pfoten setzen, unterbricht, die dann hinter ihren Köpfen ansteigt; zum anderen durch die Auswahl der beiden kämpferischen Tiere, die sich nirgends in gleicher Zusammenstellung finden; drittens von der Bedeutung her, weil die kleine Vase – der Siegespreis – zu einem Wettkampf unter Menschen, aber nicht zu einem Tierkampf paßt. Der Sinn der Szene muß also symbolisch gemeint sein. Schon die beiden Tiere für sich spielen einmal auf das Licht (Prudent. Cathemer., I, 1: „ales nuntius diei") , dann auf die Dunkelheit ($\tau\alpha\varrho$- $\tau\alpha\varrho o\tilde{v}\chi o\varsigma$) an. Sie hängen mit dem Kult des Merkur zusammen, wo sie als die Symbole des Mithras aufscheinen. Die Szene ist als Kampf zwischen Licht und Finsternis interpretiert worden (Gnirs), d. h. als Kampf des Guten gegen das Böse oder des Christentums gegen das Heidentum und spezieller der Katholiken gegen die Arianer (Egger, Brusin). Die letzte Deutung würde die Datierung auf einen Zeitraum nicht vor 320 begrenzen, was auch stilistisch möglich wäre. Zu diesem Vorschlag wäre festzustellen, daß die Wiedergabe des Hahns einer langen hellenistischen, nachher römischen Tradition, die in frühchristlicher Zeit fortdauert, entspricht und ihr engstes Vergleichsbeispiel in einem Mosaik der Katakombe des Zyriacus an der Via Tiburtina hat, während die Darstellung der Schildkröte, aufgrund der Schwächen in der Wiedergabe und des Fehlens einer gleichlangen Tradition, kläglich den Wunsch einer Sinngebung manifestiert, zum Nachteil eines ästhetischen Ergebnisses – dafür erleichtert dies die zeitliche Einordnung des Stücks.

Bibliographie: A. GNIRS, Die christliche Kultanlage aus konstantinischer Zeit am Platze des Domes in Aquileia, „Jahrbuch der Zentralkommission" 1915, p. 151; R. EGGER, Ein altchristliches Kampfsymbol, „Fünfundzwanzig Jahre römisch-germanische Kommission" 1930, p. 97 ss.; J. FINK, Der Ursprung der ältesten Kirchen am Domplatz von Aquileia, „Münster Forschungen" 7, 1954; G. B. BRUSIN – P. L. ZOVATTO, Monumenti paleocristiani di Aquileia e Grado, Udine 1957, p. 44–47; J. HAGENHAUER, Omnis in Domini potestate. Das theologische Programm des frühchristlichen Mosaikfußbodens im Dom zu Aquileia, „Jahreshefte des Oest. Arch. Instituts" 47, 1964–1965, p. 154–156; G. C. MENIS, I mosaici paleocristiani di Aquileia, „Antichità Altoadriatiche" I, 1972, p. 175–176; S. TAVANO, Aquileia cristiana, „Antichità Altoadriatiche" III, 1972, p. 167 ss; E. JASTRZEBOWSKA, Les origines de la scène du combat entre le coq et la tortue dans les mosaïques chrétiennes d'Aquilée, „Antichità Altoadriatiche" VIII, 1975, p. 93–107.

L. B.

146

28 PHÖNIX

2. Hälfte 4. Jh.; Mosaik: Steinchen aus Kalkstein und gebranntem Ton; 78 × 78; Aquileia, Museo Paleocristiano di Monastero (Inv. Nr. 997)

Das Mosaik wurde zwischen 1906 und 1915 im Gemüsegarten des Kanoniker-Hauses von Aquileia gefunden, d. h. im Norden des frühchristlichen Komplexes um die Piazza Capitolo. Es wurde damals abgenommen und ins Museo Archeologico gebracht, ohne daß eine Notiz über die Verbindung mit der Gebäudestruktur, zu der das Mosaik gehörte, angefertigt wurde. Fasiolo, der das Stück erstmals abbildete, glaubte irrtümlich, es in den Bereich der „Basilika del Fondo Tullio alle Beligna" einordnen zu müssen. In einem Kreis ist ein Vogel dargestellt, der ein von Strahlen umgebenes und nimbiertes Haupt hat. Unterhalb des Vogels erheben sich rote Zungen, die Flammen darstellen sollen. Nach einer alten Legende, die noch im Ausspruch des hl. Ambrosius: „De suo resurgit rogo" lebendig ist, hat der Phönix ein sehr langes Leben und wenn er stirbt, so steht er aus seiner Asche wieder auf. Er wurde deshalb schon immer als ein Symbol der Unsterblichkeit verstanden. Eine analoge Darstellung kann man – gleichfalls in Aquileia – in dem Mosaik des südlichen Oratoriums der Gutsdomäne „Cossar" finden, das jedoch älter als unser Stück aus dem Pfarrgarten ist: eine etwas grobe Machart, die Strenge der Formen und das „Gewebe" des Mosaiks in großen und unregelmäßigen Stück-Größen lassen in der Tat an eine Datierung in der 2. Hälfte des 4. Jh. denken und weisen auf einen möglichen Zusammenhang mit der gleichzeitigen benachbarten Anlage der nachtheodorianischen Zeit hin.

Bibliographie: O. FASIOLO, I mosaici d'Aquileia, Roma 1915, p. 58, fig. 5. C. COSTANTINI, Aquileia e Grado, Milano 1916, p. 112, fig. 102. G. B. BRUSIN–P. L. ZOVATTO, Monumenti paleocristiani di Aquileia e Grado, Udine 1957, p. 160, fig. 66. P. L. ZOVATTO, Mosaici paleocristiani delle Venezie, Udine 1963, p. 122–123, fig. 119.

L. B.

29 TITULUS MIT TAUFSZENE

Mitte 4. Jh.; griechischer Marmor; 36 × 49 × 4; Aquileia, Museo Paleocristiano di Monastero (Inv. Nr. 167)

Eine marmorne Platte mit Inschrift und figürlicher Darstellung, die ursprünglich zu einem Grabmonument gehörte. Die Inschrift spricht von einem Toten, dessen Name nicht genannt wird, der jedoch als Unschuldiger, von Gott Erwählter bezeichnet wird. Es ist davon die Rede, daß er an einem 23. September starb: „Innocenti sp(irit)o quem/elegit Dom(inu)s pausat/in pace/fidelis/X kal(endas) sept(embres)/septembr(es)". Dargestellt ist eine Taufszene, die in ländlichem Rahmen (Bäume, Schafe) stattfindet. Der Täufling (der aufgrund der kleinen Kette um seinen Hals auch als kleines Mädchen interpretiert wurde) steht aufrecht in einer eierstabgeschmückten Wanne und wird erfaßt von einem Wasserstrahl, der sich aus einer punktierten Schale über ihm ergießt und in dem das Bild einer Taube erscheint; seitlich erkennt man zwei Figuren, die eine in einem Hirtengewand, die andere in einem weitdrapierten Gewand mit Pallium. Der Kopf der letzteren Figur ist von einem Heiligenschein gerahmt. Diese beiden Gestalten wurden verschieden interpretiert, als Pate und als taufender Christus (Garrucci, Brusin, Bertacchi) oder als Taufender und Christus (Wilpert); eine dritte Interpretation sieht in der Hirtenfigur den guten Hirten, also den taufenden Christus (der später durch die Bischöfe ersetzt wurde, die die Taufe spendeten), während in der nimbierten Figur der segnende ewige Vater dargestellt wäre (Leclercq, Cuscito). Nach dieser letzten Deutung wäre nicht nur die Taufe, sondern darüber hinaus die Dreifaltigkeit dargestellt. Der enge Konnex zwischen diesen beiden Bedeutungen ist durch eine zeitgenössische liturgische Quelle gewährleistet: „quia verum baptisma non est, nec vera remissio peccatorum, ubi Trinitatis veritas non est" (Cromazio). Die Darstellung der Taufe ist auf antiken Denkmälern äußerst selten. Die sowohl zeitlich als auch lokal nächste befindet sich auf einem der Silberlöffel, die in S. Canzian d'Isonzo gefunden wurden und später verloren gingen. Die Datierung unseres Stücks wurde aufgrund epigraphischer Charakteristika in die Mitte des 4. Jh. gegeben. Der figürliche Teil steht dieser zeitlichen Angabe nicht entgegen.

Bibliographie: C. I. L., V, 1722. G. D. BERTOLI, Le antichità di Aquileia profane e sacre, Venezia 1739, p. 396, n. 579. J. WILPERT, Die altchristlichen Inschriften Aquileia's, „Ephemeris Salonitana",

Zara 1894, p. 38–40, n. 1; G. B. BRUSIN/P. L. ZOVATTO, Monumenti paleocristiani di Aquileia e Grado, Udine 1957, p. 374–375, fig. 149; B. FORLATI TAMARO/L. BERTACCHI, Aquileia, Il Museo Paleocristiano, Padova 1962, p. 35; G. CUSCITO, Sacramento e dogma in due graffiti figurati aquileiesi, „Atti dei Civici Musei di Storia ed Arte di Trieste", n. 6, 1969–1970, p. 120–125, fig. 22.

L. B.

30 ÖLLAMPE MIT KREUZ-MONOGRAMM

4. Jh.; rötlich-bräunlicher Ton, verflossener Lack; 14 × 8,2 × 5; Aquileia, Museo Paleocristiano di Monastero (Inv. Nr. R. C. 56)

Frühchristliche Öllampe des Typs „I a" (Pohl), zum Teil leicht abgesplittert, mit zwei Löchern zum Einfüllen des Öls und mit vollständigem zugespitztem Griff. Die Gefäßschulter ist mit einer Folge aus punktierten Dreiecken geschmückt, die in Form eines Strahlenkranzes angeordnet sind, wohl um den Eindruck eines Sterns zu erwecken. An den äußersten Stellen gegen den Kanal zu sieht man noch zwei kleine Blätter. Die Scheibe ist gerahmt von einer Gemmenkrone und überragt von einem Kreuz mit Christus-Monogramm, ebenfalls mit Gemmen versehen. Unterhalb stehen die Buchstaben Omega und Alpha. Die Form des Monogramms ist ein wenig ungewöhnlich, weil dem Kreuz das gebogene Element beigefügt ist, das den oberen Kreuzarm umfaßt, somit eigentlich unverbunden bleibt. Die beiden apokalyptischen Buchstaben sind ebenfalls ungewöhnlich geformt, da das Omega aus zwei voneinander abgesetzten U besteht, während das Alpha auf dem Kopf steht. Es ist, als ob der Töpfer irgend etwas imitiert hätte, ohne daß er sich des Sinngehalts bewußt gewesen wäre. Öllampen dieses Typs wurden früher generell „afrikanisch" bezeichnet. Möglicherweise handelt es sich aber um ein lokales Produkt, weil sich unser Stück in Aquileia in eine sehr zahlreiche Serie analoger Öllampen einordnen läßt. Die exakte Datierung dieser Öllampen ist bisher noch nicht durchgeführt worden.

Bibliographie: M. GRAZIANI ABBIANI, Lucerne fittili paleocristiane nell'Italia settentrionale, Bologna 1969, p. 30, n. 37, fig. 5. Für die Klassifizierung: G. POHL, Die frühchristliche Lampe vom Lorenzberg bei Epfach, Landkreis, Schongau, Versuch einer Gliederung der Lampen vom mediterranen Typus, in Schriftenreihe zur Bayrischen Landesgeschichte, 62, Monaco 1962.

L. B.

31 ÖLLAMPE MIT DEM HL. PETRUS (?)

4. Jh.; rötlicher, gut geglätteter Ton, Lackfarbe zwischen rot und orange; 10,7 × 7,5 × 4,2; Aquileia, Museo Paleocristiano di Monastero (Inv. Nr. 7897)

Frühchristliche Öllampe des Typs „I a" (Pohl), mit zwei Löchern zum Einfüllen des Öls und vollständigem zugespitztem Griff. Der Schnabel ist zerbrochen und der Griff abgesplittert. Die Schulter ist mit einer Serie von konzentrischen Kreisen geschmückt. Auf der Scheibe erkennt man die frontale Büste einer bärtigen, in ein Pallium gehüllten Gestalt, deren zwei ausgestreckte Finger der rechten Hand die Suche nach dem wahren Wort angeben sollen. Die gleiche Gestalt findet sich auf drei anderen, analogen Stücken: Auf einem Stück, das aus dem christlichen Hypogäum von Syrte stammt (R. BARTOCCINI, Scavi e rinvenimenti in Tropolitania negli anni 1926–27, in Africa Italiana II, 1929, p. 189 fig. 4), auf einem Stück in den Vatikanischen Museen (R. GARRUCCI, Storia dell'Arte Cristiana nei primi otto secoli della Chiesa, VI, Prato 1876, tav. 476, n. 5, p. 113) und auf einem Stück, das im Bereich des Forums von Luni gefunden wurde (Luni I, Roma 1973, p. 499, tav. 116, 14).

Diese Figur wurde als hl. Petrus interpretiert. Auf der Rückseite des Gewandes, das den linken Arm umhüllt, liest man den Teil einer Inschrift: „. . . eo", oder „. . . ed", oder „. . . ep". Es könnte sich um die Angabe der Person handeln oder um eine Anrufung (wenn es sich um ein Grabobjekt handelt) oder um eine Signatur. Die vorgeschlagenen Zusätze lauten: „(in d)eo" oder „. . . ep(iscopus)". Man kennt keine anderen vergleichbaren Stücke. Was die Technik des Stückes anbelangt, sind Haare, Bart und Gewand in geritzten Linien angegeben. Dabei überwiegt der Eindruck einer gewissen Härte. Das Gesicht ist stark charakterisiert, aber ebenfalls recht schematisch wiedergegeben – wie es auch dem Gewand entspricht. Öllampen dieses Typs wurden früher generell „afrikanisch" bezeichnet. Es handelt sich dabei jedoch um ein lokales Produkt, weil dieses Stück aus Aquileia sich in eine

148

große Anzahl analoger Öllampen und Beispiele von „Sigillata chiara" einfügt. Die exakte Datierung dieser Öllampe ist noch nicht vorgenommen worden.

Bibliographie: G. BRAVAR, Lucerne cristiane di Aquileia, in Aquileia, Udine 1968, p. 223, fig. 4; M. GRAZIANI ABBIANI, Lucerne fittili paleocristiane nell'Italia settentrionale, Bologna 1969, p. 36, n. 64, fig. 7. Für die Klassifizierung: G. POHL, Die frühchristliche Lampe vom Lorenzberg bei Epfach, Landkreis, Schongau, Versuch einer Gliederung der Lampen vom mediterranen Typus, in Schriftenreihe zur Bayrischen Landesgeschichte, 62, Monaco 1962.

L. B.

32   ELLIPTISCHE KAPSEL FÜR RELIQUIEN

Ende des 5. Jh.; getriebenes, zieseliertes und mit dem Grabstichel bearbeitetes Silber; 9,5 × 8 × 13; Grado, Domschatz

Auf dem Deckel stehen zwei Lämmer dem Gemmenkreuz gegenüber, von dem die vier mystischen Paradiesesflüsse ihren Ursprung nehmen. Auf den Seiten, oben und unten von einem Rahmen in Fischgrätmuster begrenzt, erkennt man acht Figuren im Clipeius. Zu vorderst Christus zwischen den hll. Petrus und Paulus, auf der Rückseite reihen sich die Büsten der hll. Quirinus, Cantius Cantianilla, Cantianus und Latinus. Man kennt die Namen der Stifter „(LAVRENTIVS V(ir) S(pectabilis) IOANNIS V(ir) S(pectabilis) NICEFORUS SANTIS REDDEDID BOTUM)", die unten auf dem Gefäß geschrieben stehen. Die Namen der Heiligen sind ganz oben eingeritzt. Quirinus und Latinus, aus Siscia und aus Rom stammend, scheinen auch in Aquileia verehrt worden zu sein. Die anderen Heiligen, die nach der Tradition Geschwister sein sollen, sind durch das Martyrologium und die Heiligen-Legenden der Kirche von Aquileia wohl bekannt. Es ist sehr wahrscheinlich, daß das Stück aus lokalem Handwerk stammt. Sicherlich ist diese Reliquienkapsel der einzige Rest aus dem Kirchenschatz von Aquileia, der 568 von Bischof Paolinus nach Grado überführt wurde. Die gewandte und präzise Zeichnung zeigt eine bemerkenswerte technische Fähigkeit und überdies einen gesteigerten Zug des eleganten und stilisierenden Linienführung, die bereits in Richtung der byzantinischen Schemata weist. Man beachte in diesem Zusammenhang die Figur von Cantianilla, streng und hieratisch, den östlichen Schemata entsprechend. Stärker naturalistischen Vorwürfen verbunden zeigt sich die Zeichnung der anderen zwei Cantiani, während die Figuren von Christus und den Aposteln sich stärker an die intensive expressionistische Linienführung des Ostens anpassen, wie aus dem Vergleich mit der Vase von Homs (jetzt im Louvre) leicht ersichtlich wird. Die Kapsel weist auf eine homogene stilistische Entwicklungsrichtung, auf Lösungen im Mittelmeerraum hin, die dann später gerade von der byzantinischen Kunst übernommen werden. Dies muß bereits am Ende des 5. Jh. und in den darauffolgenden Jahren geschehen sein.

Bibliographie: G. B. DE ROSSI, Le insigni capselle reliquiarie scoperte in Grado, in „Bollettino di Archeologia cristiana" (1872), pp. 155–158; R. GARRUCCI, Storia dell'arte cristiana dei primi otto secoli . . ., Prato 1880, vol. VI, p. 55–56; A. MORASSI, Antica oreficeria italiana, Milano 1936, p. 33; MIRABELLA ROBERTI, 1953, p. 41; G. BRUSIN–P. L. ZOVATTO, Monumenti paleocristiani di Aquileia e di Grado, Udine 1957, pp. 513–522; BERTOLLA-MENIS, 1963, p. 31; M. MIRABELLA ROBERTI, Grado. Piccola guida, Trieste 1971, p. 10; G. CUSCITO, L'argenteria paleocristiana nella Valle del Po, in Aquileia e Milano „AAAd" III, Udine 1973, pp. 307–309; S. TAVANO, Grado. Guida storica e artistica, Udine 1976, pp. 122–126.

Ausstellungen: Gorizia, 1953; Torino, 1961; Bari, 1961; Napoli, 1961/62; Milano, 1962; Varsavia, 1962; Mosca, 1962; Venezia, 1962; Udine (Oreficeria . . .), 1963.

S. T.

33   LÖFFEL MIT CHRISMON

Mitte 4. Jh.; Silber; 22 × 3,2 × 0,8; Aquileia, Museo Paleocristiano di Monastero (Inv. Nr. 22333)

Silberlöffel, der aus einer tiefen ovalen Schale besteht, die sich in einer Volute mit dem Griff verbindet. In der Schale ist ein Chrismon zwischen Alpha und Omega (Geheime Off. 1, 8: „Ego sum alpha et omega, principium et finis"). Es handelt sich offensichtlich um einen Löffel für liturgische Zwecke, der bei der Austeilung der Eucharistie in beiden Gestalten verwendet wurde. Dieser Zweck, der durch Quellen für den Osten seit dem Beginn des Christentums gesichert ist, sollte auch im Westen gebräuchlich werden, wenn man die hier gefundenen Stücke bedenkt, auch wenn ihre Zahl nur begrenzt ist. In Aquileia existiert ein weiteres gleiches Exemplar. Eine Orientierungshilfe für die Datierung unseres Stücks kann der Silberschatz geben, der 1961–62 in Kaiseraugst gefunden wurde und der zwischen 351 und 361 datiert wird. Er enthält Löffel der gleichen Form und andere Stücke mit dem Chrismon (R. LAUR BELART, Der spätrömische Silberschatz von Kaiseraugst–Aargau, Augst 1967, p. 30–31).

Bibliographie: G. B. BRUSIN, Aquileia, Udine 1929, p. 174 fig. 20; DERS., Aquileia paleocristiana, „Aquileia Nostra" II, 1931, 163. B. FORLATI-TAMARO/L. BERTACCHI, Aquileia, Il Museo Paleocristiano, Padova 1962, P. 55.

L. B.

IV. Mittelalter

34   ALTAR VON RATCHIS

737–744; Steinrelief; 89 × 144 × 88; Cividale, Museo Cristiano del Duomo

Den Altar ließ Ratchis, Sohn des Pemmo, herstellen, der in Friaul zwischen 737 und 744 Langobardischer Herzog war. Der Altartisch aus Karststein, auf allen vier Seiten behauen, war ursprünglich reich mit Glasflüssen geschmückt und in den Farben Gold, Kupferrot und Smaragdgrün bemalt, wie noch heute sichtbare mehrfärbige Spuren nachweisen. Auf der Vorderseite ist die Maiestas Domini dargestellt: Christus in der Mandorla, auf dem Thron sitzend, trägt eine Priesterstola. Er hat die rechte Hand in sprechendem Gestus erhoben, während er in der linken die Evangelienrolle hält. Auf der rechten Seite des Altars ist die Anbetung der Magier dargestellt, auf der linken die Heimsuchung, während auf der Rückseite, wo sich in der Mitte die Öffnung für die Reliquien befindet, keine menschlichen Figuren erscheinen, sondern nur zwei Kreuze griechischen Typs zu beiden Seiten und unten ein Rad aus Linien. Um alles zieht sich die Inschrift: „(MA)XIMA DONA XPI AD CLARIT SVBEIMI CONCESSA PEMMONI VBIQVE DI (rut) O (fo) RMARENTVR VT TEMPLA NAM E(I) INTER RELIQVIA – DOMVM BEATI IOHANNIS ORNABIT PENDOLA TECVRO PVLCRO ALTARE DITABIT MARMORIS COLORE RATCHIS HIDEBOHOHRIT". Dekorative endlose Muster (wegen der verschiedenen Form, Rollelemente, Ketten einander gegenüberstehender S-Formen) laufen an den Seiten der Platten entlang, ohne auf Symmetrie Rücksicht zu nehmen.

Schaffran glaubt, daß dieses Stück „ein Meisterwerk der figürlichen langobardischen Kunst des 8. Jh." sei. Die „Köpfe in Form einer umgekehrten Birne", die schon „in der klassischen Kunst des Donauraums des 2.–4. Jh." bekannt waren (Santangelo), die Stilisierung der Gewänder, der Ausdrucksgehalt der starren Figuren zeigen in ihrer äußersten Deformation eine erklärtermaßen „antiklassische und abstrakte" Richtung an (Gaberscek). Lokale Meister, in Kenntnis der spätrömischen Kunst des Donauraums, nehmen hier ikonographische Motive des Vorderen Orients auf und übersetzen sie in eine derart ursprüngliche Sprache, daß dieser Altar ein Unikum der ganzen frühmittelalterlichen Kultur darstellt.

Bibliographie: SANTANGELO, 1936, pp. 86 e ss; SCHAFFRAN, 1941, p. 105; CECCHELLI, 1943, pp. 1–18; MARIONI-MUTINELLI, 1958, pp. 353–363; BROZZI-TAGLIAFERRI, 1961, pp. 27–34; FRANCOVIC, 1961; MUTINELLI, 1969, pp. 9–23; GABERSCEK, 1973, pp. 397–402; RIZZI, 1975, pp. 23–24.

L. Br.

35   FRIEDENSKUSSTAFEL DES HERZOG URSUS

2. Hälfte des 8. Jh.; Elfenbeinrelief, Silbertreibarbeit mit Edelsteinen und Perlen; 21,5 × 18 (Elfenbein: 15,5 × 10,5); Cividale, Museo Archeologico Nazionale (Inv. Nr. 4342)

Geschnitztes Elfenbein, das in eine kleine Tafel aus Haselnußholz eingelassen ist, auf dessen Rahmen einige vergoldete Silberplatten fixiert sind, die reliefhaft dekoriert sind. 16 andere Trägerplatten dienen zum Einsatz von Perlen und Edelsteinen verschiedenster und unregelmäßiger Formgebung.

150

Auf der Elfenbeintafel ist die Kreuzigung innerhalb eines Kranzes aus stilisierten Blättern dargestellt. In den Teilen oberhalb des vertikalen Armes des Kreuzes ist zu lesen: „IHS NAZA / REX IVDE / VRSVS / DVX FECIT." Über dem rechten Arm Christi: „MEN FIL TVVS." Über seinem linken Arm: „AP ECCE M TVA." Unter dem rechten Arm: VRSVS DVX. Unter dem linken Arm: FIERI PCEP. In zwei Clipei am oberen Feldrand erscheinen Sonne und Mond (SOL–LVNA). Die Kußtafel stammt aus der Basilika Santa Maria Assunta in Cividale. Es ist wahrscheinlich, daß der in der Inschrift genannte Auftraggeber der Herzog Orso di Ceneda ist, der von Paulus Diaconus genannt wird (Hist. Lang. 6,24). Das Werk wurde von einem oberitalienischen Meister hergestellt und ist sehr stark von höfischen Vorbildern beeinflußt.

Bibliographie: HASELOFF, 1930, pp. 82 s.; SANTANGELO, 1936, pp. 105–107; SCHAFFRAN, 1941, p. 86; CECCHELLI, 1943, pp. 223–237; BERTOLLA-MENIS, 1963, pp. 34 s.; BRAUNFELS, 1965, pp. 358 s.; RAGGHIANTI, 1968, pp. 367 s.

Ausstellungen: Parigi, 1952; Udine, oreficeria . . ., 1963; Aachen, 1965.

M. B.

36 FIBEL IN S-FORM

Anfang 7. Jh.; vergoldetes Silber mit eingefaßten Edelsteinen; 4,4; Cividale, Museo Archeologico Nazionale (Inv. Nr. 733)

Fibel in S-Form, reich ornamentiert im zweiten germanischen Stil, geschmückt mit Edelsteinen in den Farben rot, orange und blau. Es fehlen die Nadel und 5 Steine. Die Spange wurde 1820 in Cividale in der Langobardischen Grabstätte der „Cella" gefunden.

Bibliographie: N. AOBERG, Die Goten und Langobarden in Italien, Uppsala 1923, pp. 78 e 154; S. FUCHS-J. WERNER, Die langobardischen Fibeln aus Italien, Berlino 1950, p. 31 B, 49 e p. 61, Taf. 35.

M. B.

37 FIBEL IN S-FORM

Ca. 600; vergoldetes Silber mit Granatstein; 3,5; Cividale, Museo Archeologico Nazionale (Inv. Nr. 735)

Fibel in S-Form, mit Granatstein geschmückt. Die Spange wurde 1820 in Cividale in der Grabstätte der „Cella" gefunden. Es fehlt die Nadel.

Bibliographie: N. AOBERG, Die Goten und Langobarden in Italien, cit., pp. 78 e 154; S. FUCHS-J. WERNER, Die langobardischen Fibeln aus Italien, cit., p. 51 B, 41 e p. 61, Tav. 34.

M. B.

38 BÜGELFIBEL

2. Hälfte 6. Jh.; vergoldetes Silber; 13,3; Cividale, Museo Archeologico Nazionale (Inv. Nr. 4234/A)

Die Fibel in Bogenform ist von „nordischem" Typ, mit ovalem Fuß. Seitlich Vogelschnabelreliefs. Die Dekoration wird aus kleinen Kreisen, Spiralen und kleinen Blättern gebildet. Es fehlt die Nadel. Die Spange wurde 1916 in Cividale in der langobardischen Grabstätte des „Hl. Johannes", im Grab C gefunden.

Bibliographie: N. AOBERG, Die Goten und Langobarden in Italien, cit., pp. 33–34 e p. 65; S. FUCHS-J. WERNER, Die langobardischen Fibeln aus Italien, cit., pp. 25 e 59, Tav. 29; J. WERNER, Die Langobarden in wpannonien, München 1962, pp. 70–71, Tav. 34,3; H. KÜHN, Die germanischen Bügelfibeln der Völkerwanderungszeit in der Rheinprovinz, 1965, pp. 40, 74 n. 64; H. ROTH, Die Ornamentik der Langobarden in Italien, Bonn 1973, pp. 106 ss., Tav. 13,3.

M. B.

39   BÜGELFIBEL

Ende 6. Jh.; vergoldetes Silber; 11,9; Cividale, Museo Archeologico Nazionale (Inv. Nr. 1082)

Fibel in Bogenform mit Dekoration im ersten germanischen Stil. Ovaler Fuß mit Maske. Auf dem Bogen sind neun Paradiesäpfel. Es fehlt die Nadel. Die Spange wurde 1820 in Cividale in der Langobardischen Grabstätte der „Cella" gefunden.

Bibliographie: N. AOBERG, Die Goten und Langobarden, cit., p. 51; S. FUCHS-J. WERNER, Die langobardischen Fibeln aus Italien, cit., pp. 19 e 59 A 60, p. 57 Tav. II; H. ROTH, Die Ornamentik der Langobarden in Italien, cit., p. 9 ss., Tav. I, I.

M. B.

40   GOLDBLATTKREUZ – BRUSTKREUZ (PECTORALE)

1. Hälfte 7. Jh.; Blattgold mit Abdruck, der mit Hilfe einer Punzierung in Stempelabfolge erreicht wurde; 6 × 6 (Gewicht: 4,62 g); Cividale, Museo Archeologico Nazionale (Inv. Nr. 3161)

Goldkreuz mit „Schlaufenornamentik", in lateinischer Form und mit gleichlangen Armen. 8 kleine Bohrlöcher befinden sich an den äußersten Enden der vier Arme. Das Kreuz wurde 1945 in einer langobardischen Grabstätte in San Salvatore di Maiano gefunden.

Bibliographie: G. HASELOFF, Die langobardischen Goldblattkreuze, in Jahrbuch des RGZM, 3, Mainz 1956, pp. 143 e 163; M. BROZZI, Das langobardische Gräberfeld von S. Salvatore bei Maiano, in: Jahrbuch des RGZM, 8, Mainz, 1961, pp. 161 e 163, Tav. 65; C. CARDUCCI, Catalogo della Mostra di Palazzo Chiablese, Torino 1961, p. 254; H. ROTH, Die Ornamentik der Langobarden in Italien, cit., p. 138 ss., Tav. 15,2.

M. B.

41   BECKEN

Anfang 7. Jh.; Bronzeguß; 9 (oberer Durchmesser: 26); Cividale, Museo Archeologico Nazionale (Inv. Nr. 3903)

Becken in „koptischer" Bronze alexandrinischer Provenienz mit zwei gewöhnlichen Henkeln versehen. Der Fuß wird von zwei gegenübergestellten Dreiecken durchbrochen. Unterhalb des oberen Randes laufen zwei eingeritzte parallele Linien. Das Loch in den Becken wurde von einem Pickelschlag verursacht. Das Becken wurde 1961 durch Zufall in der Nähe des Bahnhofs in Cividale gefunden.

Bibliographie: M. BROZZI, La necropoli longobarda „Gallo" in Zona Pertica in Cividale del Friuli, cit., p. 98.

M. B.

42   SCHNALLE

Anfang 7. Jh.; Bronze; 8,2 (Ring: 3,2 × 4,2); Cividale, Museo Archeologico Nazionale (Inv. Nr. 758)

Bronzeschnalle mit beweglichem Ring und Dorn in Schildform. Außerdem bleiben drei Beschläge für die Anbringung am Leder. Die Schnalle wurde 1821 in Cividale in der langobardischen Grabstätte der „Cella" gefunden.

Bibliographie: N. AOBERG, Die Goten und Langobarden in Italien, cit:, p. 103, fig. 116.

M. B.

43   SAX MIT ZWINGE

Anfang 7. Jh.; Eisen und Bronze; Länge: 83; Cividale, Museo Archeologico Nazionale (Inv. Nr. 3195)

Sax mit Blatt in einem Schnitt. Auf dem Blatt sind 3 Kerben für das Ablaufen des Bluts. Der Sax ist mit einer Angel versehen, und zwischen dieser und dem Blatt ist eine Verstärkung aus Bronze (Zwinge). Auch die Spitze der Scheide, in Form eines gebrochenen V, ist in Bronze. Die Lederscheide ist korrodiert. Das Stück wurde 1945 in einer langobardischen Grabstätte in S. Salvatore di Maiano gefunden.

Bibliographie: M. BROZZI, Das langobardische Gräberfeld von S. Salvatore bei Maiano, cit., p. 162, Tav. 6,8.

M. B.

44   SCHILDBUCKEL

Anfang 7. Jh.; Eisen; Höhe: 8 (Durchmesser: 19,6); Cividale, Museo Archeologico Nazionale (Inv. Nr. 3384)

Halterung aus Eisen in sphärischer Kalottenform, mit Beschlägen versehen, die zur Anbringung des Stücks am Schild dienten. Das Stück wurde 1951 In Cividale, in der „Gallo" genannten Gegend in einer dort entdeckten langobardischen Grabstätte (Grab Nr. 15) gefunden.

Bibliographie: M. BROZZI, La necropoli longobarda „Gallo" in zona Pertica in Cividale del Friuli, Atti Convegno Nazionale di Studi Longobardi, Udine 1970, p. 106.

M. B.

45   KAMM

Ende 6. Jh.; Bein; Cividale, Museo Archeologico Nazionale (Inv. Nr. 3391)

Kamm aus Bein mit einer Zahnreihe, fragmentiert. Das Stück wurde 1951 in Cividale, in der „Gallo" genannten Gegend in einer dort entdeckten langobardischen Grabstätte (Grab Nr. 14) gefunden.

Bibliographie: M. BROZZI, La necropoli longobarda „Gallo" in zona Pertica in Cividale del Friuli, cit., p. 105.

M. B.

46   MESSER

6./7. Jh.; Eisen; Länge: 14,2; Cividale, Museo Archeologico Nazionale (Inv. Nr. 4372/10)

Messer aus Eisen mit doppelter Schneide und Anker. Es stammt aus Cividale, aber man kennt das Jahr seiner Auffindung nicht.

Bibliographie: unveröffentlicht

M. B.

47   PLUTEUS

9. Jh.; griech. Marmor; 102 × 144,5 × 10; Aquileia, Basilika

Der Pluteus, der zu einer Chorschranke aus vier Platten mit den entsprechenden kleinen Pilastern gleicher Machart gehört, enthält in kreisrunden, miteinander verbundenen grubenartigen Vertiefungen stilisierte phantastische Tiere und vegetabile Elemente. Er stellt keine Schwierigkeiten für die Datierung dar, die fast übereinstimmend ins 9. Jh. und insbes. in die Zeit des Wiederaufbaus der Basilika während der Regierung des Patriarchen Maxentius (811–838) gegeben wird. Das Relief stimmt in der Tat mit den formalen Eigenschaften der karolingischen Kunst überein, welche die große Vielzahl an ornamentalen Motiven symmetrisch anordnet, Motive, die aus der frühchristlichen Tradition, sei sie westlich oder östlich, übernommen wurden. Diese stilistische Richtung zeigt sich gerade in diesem Relief ausdrücklich beabsichtigt, wie man sie vor allem zu Beginn der karolingischen Kunst findet. Horror vacui, Verschlingungen, Abstraktionen, Analogien zu Stuckarbeiten, Stoffen und Mosaiken sind alles Eigenheiten, die nicht nur sehr umfängliche Möglichkeiten an Gegenüberstellungen erlauben, sondern die ein Lexikon unverwechselbaren kulturellen Zusammenhanges darstellen.

Bibliographie: R. CATTANEO, L'architettura in Italia dal sec. VI al Mille, Milano 1893, p. 196; P. TOESCA, Storia dell'arte italiana. Il Medioevo, Torino 1965 (ristampa), p. 437; C. LANCKORONSKI – G. NIEMANN – H. SWOBODA, Der Dom von Aquileia, Wien 1906, p. 106; A. MORASSI, La basilica di Aquileia, Bologna 1933, p. 330 s.; R. KAUTZSCH, Die römische Schmuckkunst in Stein von 6. bis zum 10. Jahr.: Sonderheft aus d. röm. Jahr. für Kunstgeschichte, 3 (1939) pp. 23 s.; K. GINHART, Die karolingischen Flechtwerksteine in Kärnten: Festschrift für R. Egger, Klagenfurt 1942, p. 200; D.

DALLA BARBA BRUSIN – G. LORENZONI, L'arte del Patriarcato di Aquileia dal sec. IX al sec. XIII, Padova 1968, pp. 24–29; C. GABERSCEK, La scultura altomedioevale in Friuli e nelle regioni alpine: Antichità altoadriatiche IX, Udine 1976, pp. 471–481.

G. C. M.

48   PLUTEUS

10. Jh.; Kalkstein; 215 × 85 × 12; Udine, Museo Diocesano d'Arte

Der Pluteus gehört zu einer Gruppe von fünf behauenen Platten (drei werden im Museo Paleo-christiano in Aquileia aufbewahrt, während eine Platte in der Sakristei der Wallfahrtskirche von Barbana eingemauert ist). – Diese Platten bildeten offenbar die Chorschranken der vorromanischen Basilika in Aquileia. Das Relief stellt in zwei aufeinanderfolgenden Szenen die Begegnung von Jesus mit Martha und Maria dar. Die vom Verfasser ins 10. Jh. vorgeschlagene Datierung wird von einigen Forschern (Brusin, Brozzi, Tagliaferri) bis ins 11./12. Jh. hinaufgerückt. Die sehr zähen Verbindungen mit der bildhauerischen Tradition des Frühmittelalters, die wir in diesem Relief wiederfinden, die abstrakte und geometrisierende stilistische Substanz, die die Komposition dominiert, ungeachtet der Wiederaufnahme der menschlichen Figur (die noch sehr unbeholfen ist), die ikonographischen Gegenüberstellungen mit Szenen des Neuen Testaments, die man vor allem in Miniaturen finden kann, darüber hinaus punktuelle Verbindungen zur Plastik des 10. Jh. erlauben es, dieses Werk der ottonischen Epoche zuzuschreiben.

Bibliographie: G. C. MENIS, Alcuni rilievi altomedievali inediti del Friuli: Beiträge zur Kunstge-schichte und Archäologie des Frühmittelalters, Graz Köln 1961, pp. 179–188; G. BRUSIN, Aquileia e Grado: Storia di Venezia, Venezia 1958, pp. 481–594, 572–580; M. BROZZI – A. TAGLIAFERRI, Arte longobarda. I. La scultura figurativa su marmo, Cividale 1961, pp. 50 s.; C. GABERSCEK, Rilievi figu-rati dell'Alto Medio Evo in Friuli: Il Friuli (1973) n. 6; pp. 15–17; ID., Arte di età carolingia in Friuli: Bollettino della Camera di commercio (1975) n. 2, pp. 57–64; ID., La scultura altomedioevale in Friuli e nelle regioni alpine: Antichità Alto Adriatiche IX, Udine 1976, pp. 483–486.

G. C. M.

49   HENKELKELCH UND PATENE

10. Jh.; vergoldetes Silber; 9,3 × 6,5, Durchmesser der Patene: 9,5; Cividale, Domschatz

Diese beiden Stücke, die außergewöhnlich gut erhalten sind, können deutschen Künstlern des 10. Jh. zugeschrieben werden. Die elegante Linie der Kuppa mit der leichten Krümmung der Henkel setzt sich von der leicht beengten Zeichnung der vier Evangelisten ab, die auf dem Fuß dargestellt sind, und von der Zeichnung der Hand Gottvaters, die in das Zentrum der Patene geritzt ist. Jeden-falls gehören die beiden Stücke in ottonische Zeit. Eine Inschrift ist auf den Rand der Kuppa ge-setzt: „SIGNATUR XPC FORIS ET LIBATVR AB INTVS", eine andere auf den Rand des Fußes: „+ DESCRIBVNT DOMINVM PRIMATES QVATOR VNVM". Auf dem Rand der Patene ist zu lesen: „+ NON SITIES NON ESVRIES SINE CRIMINE SVMENS"; um die segnende Hand im Zentrum: „DEXTERAM DOMINI". Großartig sind die sorgfältigen figürlichen Szenen auf beiden Henkeln. Eine Szene stellt Abel dar, der das Lamm opfert, die andere Melchisedech, der Brot und Wein zum Opfer reicht. Nach Menis gibt es verwandte Stücke zu diesem Kelch in München, Wien und Braunschweig.

Bibliographie: A. SANTANGELO, Catalogo delle cose d'arte e d'antichità d'Italia: Cividale, Roma, 1936, pp. 38–40; C. CECCHELLI, I monumenti del Friuli dal secolo IV all' XI, I; Cividale, Milano, 1943, p. 251; C. MARIONI – C. MUTINELLI, Guida storico-artistica di Cividale, Udine, 1958, pp. 159 e 319; G. MARCHETTI, L'oriferia medioevale in Friuli e i reliquiari di Pordenone, Pordenone, Il Noncello, n. II, 1958, pp. 1–10; P. BERTOLLA – G. C. MENIS, Oreficeria sacra in Friuli, Udine, 1963; p. 37.

Ausstellung: Udine, Oreficeria . . ., 1963.

A. F.

154

V. Die Zeit der Romanik und Gotik

50 KOPFRELIQUIAR DES HL. JAKOBUS

11./12. Jh.; vergoldetes, getriebenes und mit dem Grabstichel bearbeitetes Kupfer; 28,5; Pordenone, Concattedrale

Die Arbeit ist recht ungewöhnlich. Über fast $2/3$ der Oberfläche ist das Stück bedeckt vom Haarwuchs und vom Spitzbart, die in gleichförmiger Technik wiedergegeben sind. Die Kupferplatte ist durch aneinandergefügte Rhomben gegliedert, deren Oberfläche möglicherweise von einem Grabstichel mit mehreren Spitzen bearbeitet wurde. Nur am Nacken schließen sich die Haare in kleinen Locken. Das Gesicht sinkt ein, um die eigentlichen physiognomischen Punkte scharf zu markieren: die lange Nase, der leicht geöffnete Mund, die Augenhöhlen mit mandelförmigen Pupillen haben einen stark primitiven Einschlag, der nur durch den orientalischen Spitzbart geschwächt wird. Auf dem gelenkten Hals, der als Basis dient, erkennt man am Fußpunkt eine einfache Grabṣticheldekoration, aus dreieckigen Spitzen, die ein Bündel Girlanden halten. Die Schließung der Rückseite wird durch eine Scheibe erreicht, aus deren Rand kleine, nach außen gerichtete Dreiecke ausgesägt sind. Oben ist die Kalotte des Schädels mittels zweier Scharniere an den Seiten und einem Scharnier auf der Rückseite zu öffnen. In der Vergangenheit hat man diesem Stück wenig Bedeutung beigemessen. V. Ceresole hielt es von unbedeutendem Wert und E. Moliner qualifizierte es eigenartig; mit „wildem Aussehen". Erst kürzlich verglich G. Marchetti das Stück mit einem Sgrafitto der Reichenauer Schule des 10. Jh. und mit einer slawischen Zeichnung im Museum von Zagreb. Diese Zuschreibungen sind jedoch nicht endgültig und erlauben es nicht, die Entstehungszeit und den -ort des Reliquiars mit aller Wahrscheinlichkeit zu fixieren. Schließlich hat vor kurzem G. Mariacher das Reliquiar mit nordischen Vorbildern in Verbindung gebracht und datiert es ins 12. Jh.

Bibliographie: V. CERESOLE , L'Art de Paris, Parigi, 1878; E. MOLINER, Venise, ses Arts décoratifs, ses Musées et ses collections, Parigi, 1889, p. III; G. VALENTINIS, Opere d'arte in Friuli, Udine, 1894, p. 46, n. 151; G. MARCHETTI, L'oreficeria medioevale in Friuli e i reliquiari di Pordenone, Il Noncello, n. II, Pordenone, 1958, p. 30; C. MARIONI — C. MUTINELLI, Guida storico-artistica di Cividale, Udine, 1958, pp. 44 e 46; M. G. B. ALTAN, Testa reliquiario del duomo di Pordenone, Itinerari, Pordenone 1970, p. 47; P. BERTOLLA — G. C. MENIS, Oreficeria sacra in Friuli, Udine, 1963, pp. 37 e 38; G. MARIACHER, Oreficeria sacra del Friuli Occidentale, Pordenone, 1976, p. 33.

Ausstellungen: Udine, 1883; Udine, Oreficeria . . ., 1963; Pordenone, 1975.   A. F.

51 DIE HLL. MAGDALENA UND SOPHIA, GLAUBE, HOFFNUNG UND LIEBE

12. Jh.; abgenommenes Fresko; 190 × 150; Cividale, Museo Christiano del Duomo

Während Cavalcaselle dieses Fresko als eines „der ältesten, die wir aus dem Friaul kennen" sieht, schrieb es Santangelo „einem Meister des Endes des 13. Jh." zu, „der mit seinen altertümlichen Darstellungsweisen, die noch fast romanisch genannt werden können, von der Kunst des südlichen Österreich abhängig ist. Auch Dalla Barba Brusin — Lorenzoni geben das Stück in das 13. Jh. Mutinelli jedoch schreibt das Gemälde in überzeugender Weise einer benediktinischen Schule des 11./12. Jh. zu; darin folgt ihm Rizzi, der jedoch die Datierung in das 12. Jh. verschieben möchte und das Fresko mit den Wandmalereien in der rechten Apsis von S. Maria in Castello in Udine in Verbindung bringt. Das Fresko, das 1955 von der südlichen Wand des „Tempietto" in Cividale abgenommen wurde, um die darunterliegende Schicht ans Licht zu bringen, stellt die hll. Maria Magdalena und Sophia, die, gekrönt und nimbiert, die Martyrerpalmen halten, zusammen mit Glaube, Hoffnung und Liebe dar. Die streng frontale Haltung, die linearen Angaben der Gewänder, die Mimik und die Gesten zeigen deutlich das benediktinische Repertoire, das sich gerade von dem malerischen Expressionismus des Nordens gelöst hat.

Bibliographie: CAVALCASELLE (1876), 1973 pp. 15 e 123; SANTANGELO, 1936, pp. 77–78; CECCHELLI, 1943, pp. 148–149, tav. 63; MARIONI — MUTINELLI, 1958, p. 168; RIZZI, 1963, pp. 47–48; DALLA BARBA BRUSIN — LORENZONI, 1968, pp. 80–81; RIZZI, 1975, p. 39.

Ausstellung: Udine, Prima mostra . . ., 1963.   G. C. M.

52   KLAGENDE MARIA

2. Hälfte 12. Jh.; 137 × 32 × 16; Cividale, Museo Archeologico Nazionale

Beschreibung siehe unter 53.

53   KLAGENDER JOHANNES EVANGELIST

2. Hälfte 12. Jh.; Holzskulptur, gefaßt; 135 × 27 × 13; Cividale, Museo Archeologico Nazionale

Die beiden Statuen der klagenden Maria und des klagenden Johannes im Halbrelief stammen aus dem „Tempietto" in Cividale, wo sie sicher dazu gedient haben, neben einem Kruzifix auf der Ikonostase zu stehen. Maria senkt den Kopf auf die linke Schulter und hat die Hände über der Brust gefaltet. Johannes hält das Evangelienbuch und beugt seinen Kopf zur rechten Schulter. Die Gewänder sind in gerade, parallel verlaufende große Falten gelegt. Die Gesichter, in Modellierung und Ausdruck breit angelegt, sind von großen, strahlenden Nimben gerahmt. Es handelt sich bei diesen Figuren um zwei bedeutende Zeugnisse der Holzskulptur in Friaul, die sich − trotz Bindung an byzantinische Vorlagen − mit Stilströmungen des späten Antelami auseinandersetzen. Man könnte die archaisierenden Elemente mit einer retardierenden „ländlichen Naivität" (Carli) erklären und die Stücke damit ins 13. Jh. geben, doch glauben wir, daß die Datierung innerhalb des 12. Jh. doch die überzeugendere bleibt. „Man könnte sagen"; schreibt Rizzi pointiert, „daß diese beiden Werke das plastische Äquivalent zur großen heiligen Dichtung in der Krypta der Basilika von Aquileia herstellen".

Bibliographie: SANTANGELO, 1936, p. 83; TOESCA, 1937, pp. 787–788; MARCHETTI − NICOLETTI, 1956, pp. 24–25, tavv. 5–6; MARCHETTI, 1958, pp. 8–10, tav. 4; CARLI, s. d., pp. 17–19; RIZZI, 1975, p. 41.

Ausstellung: Udine, 1958.

G. C. M.

54   TYMPANON MIT KREUZIGUNG

Ende 13. Jh.; Steinrelief; 150 × 95; Venzone, Dom

Diese Kreuzigung bildete das Tympanon des Hauptportals des Domes von Venzone, der von dem Erdbeben 1976 zerstört wurde; sie liegt jetzt im Depot und soll bei dem Wiederaufbau verwendet werden. Die Skulptur darf als eines der bedeutendsten Kunstwerke der romanischen Plastik in Friaul gelten. Eine Datierung in die Zeit vor 1308 (das Jahr des gotischen Dombaues) wird nahegelegt durch den Umstand, daß die Platte von dem vorangegangenen Dombau wiederverwendet wurde, was aus den stilistischen Differenzen des Werks mit dem Typus des gotischen Portals ersichtlich wird. Die Komposition, die auf traditionellen typenhaften Schemata aufbaut, zeigt in dem blockförmigen Volumen „den klaren lombardischen Geist nach Antelami", wobei sich Reminiszenzen an graphische Züge der Kunst nördlich der Alpen mit einer inneren Dramatik der Figuren verbinden.

Bibliographie: G. MARCHETTI, La scultura medievale in Friuli: Mostra di Crocifissi e Pietà, Udine 1958, pp. 28 s.; ID., Gemona e il suo mandamento, Udine 1958, p. 87; A. e G. BERGAMINI, La scultura a Venzone dal Romanico al Rinascimento: „Venzon", Udine 1971, p. 78 s.; G. CLONFERO, Venzone. Guida storico artistica, Udine 1971, pp. 30–32; E. BELLUNO, Venzone e i suoi monumenti, Udine 1972, pp. 73 s.; A. RIZZI, Profilo di storia dell'arte in Friuli I, Udine 1975, p. 41.

Ausstellung: Udine, 1958

G. C. M.

55   KRUZIFIX

Ca. 1400; Holzschnitzerei, gefaßt; 180 × 50; Gemona, Dom

Das Werk wurde dem Dom 1584 von dem damaligen Besitzer, dem Priester Valerio Barberis von Gemona, geschenkt (wie eine Inschrift auf der Rückseite des Kreuzes besagt). Nachdem es unter den Trümmern des Erdbebens vom 6. 5. 1976 zerbrochen war, wurden 18 Fragmente geborgen, die nun zusammengefügt worden sind. Leider gingen Kinn, Arme und andere Teile des Körpers wie des

Lendentuches verloren. Die Wiedergabe der Haare, die gesteigerte Ausdruckskraft der Gesichtszüge und die Falten des Lendentuches lassen noch typische Züge der gotischen Skulptur des Nordens erkennen. Aber das reifere Verständnis für die Anatomie und das Körpervolumen weisen doch auf den südlichen Kulturkreis des frühen 15. Jh. hin. Durch die gegenwärtige Restaurierung hat das Kreuz neue expressive Werte einer ausdrucksstarken Dramatik dazugewonnen.

Bibliographie: MARCHETTI – NICOLETTI, 1956, p. 104; G. MARCHETTI, Mostra di Crocefissi e Pietà, Udine 1958, p. 150; DERS., Gemona e il suo mandamento, Udine 1958, pp. 56 s.; G. CLONFERO, Gemona del Friuli. Guida storico artistica, Udine 1974, p. 70.

Ausstellung: Udine, 1958.

G. C. M.

56 PIETÁ

15. Jh.; heller Sandstein; 91 × 93; Venzone, Dom

Nach Körte stellt das Werk „eines der edelsten deutschen Werke auf italienischem Boden" dar. Die Tragik des Ereignisses wird mit gleichförmiger Ausgewogenheit der Fassung ausgedrückt. Der starre Blick der Mutter auf das Gesicht des toten Sohns läßt uns mit psychologischer Unmittelbarkeit an dem tiefen Schmerz teilnehmen. Trotz der Vielzahl der Gewandfalten wird für jedes Detail ein Gleichgewicht angestrebt, was für eine Datierung an den Beginn des 15. Jh. spricht. Demgegenüber beziehen sich die auf dem Werk mehrfach angebrachten Daten (1460, 1483, 1484) mit aller Wahrscheinlichkeit auf eine Änderung des Altars (zu dem das Werk gehörte) überhaupt, oder auf Übermalungen der Fassung, nicht jedoch auf die Entstehungszeit des Werks selbst. Die Skulptur gehört zu den acht Pietás, die in Friaul aufbewahrt werden. Leider hat sie das Erdbeben 1976 (6. Mai) stark in Mitleidenschaft gezogen, sie wurde in zahlreiche Einzelstücke zerschlagen.

Bibliographie: G. BRAGATO, Da Gemona a Venzone, Bergamo, 1913, p. 118; Th. DEMMLER, Die mittelalterlichen Pietágruppen im Kaiser-Friederich-Museum, Berlino, 1921, p. 124; W. PASSARGE, Das Deutsche Vesperbild im Mittelalter, Colonia, 1924, p. 60; KÖRTE, Deutsche Vesperbilder im Italien, Lipsia, 1937, pp. 32–34 e 125; K. GARZAROLLI VON THURNLACKH, Mittelalterliche Plastik in Steiermark, Graz, 1941, pp. 54 e 100; G. MARCHETTI, La scultura medioevale in Friuli, Catalogo della mostra di Crocifissi e di Pietà medioevali in Friuli, Udine, 1958, pp. 38–41 e 152.

Ausstellung: Udine, 1958.

A. F.

57 PIETÁ

15. Jh.; heller Sandstein; 88 × 94; Sesto al Reghena, Abteikirche

Diese Pietá, die in Sesto al Reghena aufbewahrt wird, wurde von Marchetti als ein geläufigerer Typus, als es die Pietá aus Venzone ist, bewertet. In diesem Zusammenhang ist es bemerkenswert, wie der Oberkörper Christi weit weniger über den rechten Arm Marias hinausragt; außerdem sitzt die Madonna völlig frontal, während die in Venzone den Kopf leicht nach rechts wendet. Unter den verschiedenen Redaktionen des Vesperbilds fehlt auch nicht ein charakteristischer tragischer Zug, hier sich in dem starren Blick der Mutter, in das Nichts hinein, auswirkend, um die Verinnerlichung des tiefen Schmerzes auszudrücken. Der Dreieckaufbau aller dieser Gruppen in Friaul geht auf die Anlage der gotischen Vorbilder im Donauraum zurück. Eng verwandt mit dieser Pietá ist auch das Vesperbild der Kapelle Tullio-Altan di San Vito al Tagliamento, in der allerdings der Arm Christi eine geänderte Stellung einnimmt, er wird nicht mit dem anderen Arm gekreuzt, sondern hängt schlaff herab.

Bibliographie: Th. DEMMLER, Die mittelalterlichen Pietagruppen im Kaiser-Friederich-Museum, Berlino, 1921, p. 124; W. PASSARGE, Das Deutsche Vesperbild im Mittelalter, Colonia, 1924, p. 60; W. PINDER, Die deutsche Plastik von ausgehenden Mittelalter bis zum Ende der Renaissance I, Potsdam, 1923–1929, p. 175; W. KÖRTE, Deutsche Vesperbilder in Italien, Lipsia, 1934, p. 34; G. MARCHETTI, La scultura medioevale in Friuli, in „Catalogo della mostra di Crocifissi e di Pietà medioevali in Friuli", Udine, 1958, pp. 38–41 e 152; A. Forniz, Una Pietà quattrocentesca a San Vito al

Tagliamento, Bollettino della biblioteca e dei musei civici e delle biennali di arte antica, Udine, n. 3, 1964; pp. 60–63; M. G. B. ALTAN, La „pietà" del palazzo Altan-Tullio di S. Vito al Tagliamento, Atti dell'Accademia di Scienze Lettere e Arti di Udine, Udine, Ser. VII-vol. VI, 1968, pp. 75–81.

Ausstellung: Udine, 1958.

A. F.

VI. Die Zeit der Renaissance

58   ANDREA BELLUNELLO: MADONNA MIT KIND UND STIFTER

1488; Tempera auf Leinwand; 103 × 53; S. Vito al Tagliamento, Dom

Andrea di Bertolotto, genannt Il Bellunello, wurde um 1430 in Belluno geboren. 1455 zieht er nach S. Vito al Tagliamento (Friaul), wo er bis zu seinem Tod 1494 bleibt. Zunächst unter dem Einfluß von Antonio Vivarini und Giovanni d'Alemagna, nähert er sich später dem Stil Bartolomeo Vivarinis an, um sich schließlich mit der Kunst des Andrea da Murano auseinanderzusetzen. Er ist einer der Hauptmeister des Quattrocento in Friaul.

Auf einem Schild an der Basis des Throns, auf dem die Madonna sitzt, steht: „OPERA DE ANDREA / BELVNELO DE SAN / VIDO. / MCCCCLXXXVIII". Es handelt sich bei diesem Werk um die Mitteltafel eines Triptychons, auf dessen Flügeln die hll. Petrus und Paulus dargestellt sind. Zur Zeit des Cavalcaselle gehörte das Stück, das aus der Kirche von Mansué bei Oderzo stammt, noch in die Sakristei der kleinen, Maria di Castello oder Maria dell'Annunziato geweihten Kirche S. Vito al Tagliamento. Später setzte man, nach Bericht von Marini, die drei Tafeln, die inzwischen in einem Abstellraum des Doms im gleichen San Vito vergessen worden waren, nach „modernen Gesichtspunkten" wieder zusammen. Die Anordnung stimmt jedoch mit der von Cavalcaselle überein. Was die Stilanalyse betrifft, bringt der genannte Cavalcaselle das Werk mit der Kunst von Buonfigli, von Andrea da Murano und der „älteren Paduaner Schule" in Verbindung. Später (1912) sieht er überdies einen wachsenden Einfluß Crivellis. Seinerseits bemerkt Molajoli, daß „neue Kontakte mit dem Paduaner Kreis und der Kunst Vivarinis – auf direktem oder indirektem Weg – in das konventionelle Klima Tolmezzos eine gewisse Suche nach einer großangelegten Komposition (die gleichwohl Nutzen zieht aus der hohen Horizontlinie der Kunst nördlich der Alpen) und nach einer stärkeren Stilcharakteristik bringen". Nach Meinung von Marini sind die beiden Flügel des Triptychons, das „zwischen der farbigen Härte des italienischen Nordens und den großartigen Farbskalen Venedigs" pendelt, nicht Werke von Bellunello selbst, sondern „Kopien von Angehörigen der Meisters". Als eigentliche Quelle für die drei Tafeln, die jedoch sicher von einer Hand ausgeführt wurden (man darf dabei nicht vergessen, daß im Lauf der Zeit Schäden und Übermalungen den ursprünglichen Kontext verändert haben), mag die Schule von Murano gedient haben, der sich der reife Künstler gerne zuwandte, die aber, wie wir schon früher (1959) unterstrichen haben, einem Qualitätsniedergang unterliegt: Unser Werk reflektiert jedenfalls, vielleicht durch Auflagen der Auftraggeber bedingt, die sozialen und kulturellen Zustände der damaligen Zeit.

Bibliographie: CAVALCASELLE, (1876), 1973, pp. 30–31; JOPPI, 1894, p. 16; ZOTTI, 1905, p. 70; THIEME – BECKER, III, 1909, p. 273; CROWE – CAVALCASELLE, 1912, p. 67; MOLAJOLI, 1939, p. 28; MARINI, 1942, p. 18; RIZZI, 1959, p. 37; TRUANT, 1973, p. 29.

Ausstellung: Udine, 1939.

A. R.

59   DOMENICO DA TOLMEZZO: ENGEL MIT SCHWERT

1475/80; Tempera auf Holz; 55,5 × 40,5; Udine, Museo Civico.

Domenico Mioni, genannt von Tolmezzo, wird um 1448 geboren. 1462 geht er nach Udine, wo er in der Folge eine Werkstatt bis zu seinem Tod 1507 führt. Als Maler und darüber hinaus als Schnitzer zeigt er einen sehr lokal gefärbten Stil, der nur von Vokabeln aus der Sprache Vivarinis, Muranos und Paduas gefestigt wird. Er gehört zu den bedeutendsten Bildhauern des 15. Jh.

Dieses und das folgende Gemälde wurden 1968 bei der Versteigerung der Sammlung Calligaris aus Terzo di Aquileia von der Vereinigung der Museums- und Kunstfreunde in Udine (Associazione Udinese Amici dei Musei e dell'Arte) erworben und dem Museo Civico in Udine geschenkt. Beide Werke – offensichtlich Reste eines Triptychons – wurden von Marchetti und von Nicoletti dem Domenico zugeschrieben; Berenson stimmte dem zu. In der Folge bekräftigte Marchetti seine eigene Überzeugung, während Nicoletti die Tafel als Werke eines Gehilfen apostrophierte, auch wenn er eine gewisse Ähnlichkeit in den Typen und eine enge Verwandtschaft in der Technik der Ausführung mit „den Engeln der Pala di S. Lucia" feststellt. Ihrerseits meldet Furlan Zweifel an der Eigenhändigkeit des Meisters an und schlägt – allerdings sehr vorsichtig – den Namen Giovanni de Cramariis vor, eines Miniators und Malers, von dem aber noch „eine sichere Gruppe zeitlich einzuordnender und historisch belegbarer Werke" fehlt. Die Absicherung durch zwei unzweifelbare Autoritäten, Marchetti und Berenson, sowie auch präzise typologische und formale Übereinstimmungen mit den für Domenico gesicherten Werken lassen jedoch keinen Zweifel über die Eigenhändigkeit des Meisters in diesen beiden Tafeln, die – trotz allzu weit gehender Restaurierungen – durch die Geschmeidigkeit und die Pretiosität ihrer, noch gotische Wurzeln aufweisenden, Farbgebung und durch die zaghaften körperlichen Freiheiten sowie durch die der Renaissance zugehörigen Perspektiven bestechen. Sie müssen zwischen 1475 und 1480 angesetzt werden.

Bibliographie: MARCHETTI – NICOLETTI, 1956, p. 59; BERENSON, 1958, p. 77; MARCHETTI, 1962, p. 11; NICOLETTI, 1969, p. 20; FURLAN, 1971, p. 230.

A. R.

60 DOMENICO DA TOLMEZZO: BÜSSENDER DAVID

1475/80; Tempera auf Holz; 55,5 × 40,5; Udine, Museo Civico

Siehe vorangehenden Beitrag. Die Figur, in ihrer körperlichen Erscheinung fast wie in einem Relief hervorgehoben, verrät Domenicos eigentliche Neigung zu seiner glücklichen bildhauerischen Begabung.

Bibliographie: siehe beim vorhergehenden Objekt.

A. R.

61 DOMENICO DA TOLMEZZO: MADONNA MIT KIND

1486; Holzschnitzerei, gefaßt und tw. vergoldet; 120 × 53 × 60; Socchieve, Filialkirche in Dilignidis

Auf dem Sockel steht in der Mitte: „S. MARIA MATER DEI"; auf den Seiten: „OPVS DOMINICI DE TVMETIO – 1486". Bereits Joppi erwähnt, daß der Bildhauer 1486 für die Kirche in Dilignidis einen Altar mit Maria, dem hl. Leonhard und anderen Heiligen ausführte, von dem dann Fiocco als einzige Reste die „verträumten" Statuen der hll. Leonhard und Matthäus veröffentlichte. Nach Marchetti und Nicoletti gehören sie zu einem Triptychon, in dessen Mittelfeld Maria mit Kind dargestellt war, das sich derzeit in einem modernen Altar am Entstehungsort befindet –, auf den Seiten waren die hll. Leonhard und Gotthard zu sehen, von denen sich nur noch alte Fotografien erhalten haben, die Originale wurden durch gewöhnliche Imitationen ersetzt. Die Madonna „ist eine der schönsten und besterhaltenen unter den Werken Tolmezzos; sie wurde, ohne Versuch einer dem nordischen Geschmack entsprechenden Ausdrucksstärke, ganz in einer eigentlich der Steinskulptur zugehörenden Schlichtheit der Form ausgeführt" (Marchetti–Nicoletti). Domenico übernimmt in ihr das Schema der Marienfigur in der der Muttergottes geweihten Pfarrkirche von Buja (1481), aber er verfeinert die Festigkeit des Ausdrucks und glättet die scharfkantigen Falten mit einem Zug zum „Malerischen", der die Monumentalität der Komposition hervorhebt.

Bibliographie: JOPPI, 1894, p. 164; FIOCCO, 1924–25, p. 500; MARCHETTI – NICOLETTI, 1956, p. 50; MARCHETTI, 1958, p. 48; ID., 1959, p. 144; ID., 1962, p. 10; NICOLETTI, 1969, p. 38.

A. R.

62 GIANFRANCESCO DA TOLMEZZO: KREUZIGUNG

1496; Fresko; Provesano, Pfarrkirche

Gianfrancesco da Tolmezzo wurde um 1450 geboren und hat, Dokumenten zufolge, bis mindestens 1510 gelebt. Er interpretiert die venezianische Kultur, von der er geprägt ist, in dramatischer und rustikaler Weise. Er arbeitet in verschiedenen Gegenden Friauls und auch in Cadore. Er ist der begabteste Repräsentant der bodenständigen Schule des 15. Jahrhunderts.

1496 führt Gianfrancesco da Tolmezzo den – signierten und datierten – Freskenzyklus in der Apsis der Pfarrkirche von Provesano aus. Dargestellt sind die folgenden Szenen: ganz hinten die Kreuzigung, rechts davon das Letzte Abendmahl, die Ölbergszene, die Gefangennahme Christi, Christus vor Kaifas, das Paradies und die Hölle; auf der linken Wand Christus vor Pilatus, Christus und Veronika, die Grablegung, die Auferstehung und die Apostel; in der Apsiskalotte Kirchenväter und Propheten; im Gewölbe des Triumphbogens die hll. Rochus und Sebastian und – als Büsten – zehn heilige Frauen. – Cavalcaselle bemerkt überspitzt, daß „in diesen Arbeiten, denen es immer an einer Beruhigung gebricht, verschiedene Charaktermerkmale festgestellt werden können; nie sind die Stileigenschaften gleich, und einige Unstimmigkeiten weisen darauf hin, daß Stiche oder Zeichnungen aus Deutschland verwendet wurden." Aufgrund dieser Feststellungen konnte Marini einige der graphischen Vorbilder Gianfrancescos identifizieren: es handelt sich dabei um Arbeiten Martin Schongauers und eines anderen deutschen Stechers. Die Übernahme linearer Schemata nordischer Prägung (übrigens bei vielen Künstlern festzustellen) und die daraus folgenden Rückwirkungen auf die künstlerische Entwicklung des Malers wurden verschieden beurteilt. Sicher ist, daß damit eine zunächst überschwängliche klassische Anlage, z. B. in der Kirche S. Martino di Socchieve (1493) und von venezianischen Werken Andrea del Castagnos in der Übersetzung durch Andrea da Murano beeinflußt, endgültig aufs Spiel gesetzt wurde. Die Kreuzigung bildet „die stärkste Seite in der komplexen Malerei von Provesano und ist eine der bezeichnendsten Arbeiten im Werk des Malers" (Marini). Monumentale Kraft der Toskana in venezianischer Ausformung, unruhige Linien nördlicher Prägung, ornamentale Kostbarkeit als Eigenart der Gegend um die Lagunen sowie eine etwas rohe Ausdruckskraft finden ihren Ausgleich in einem Stück, das von einem hervorragenden formalen Gleichgewicht und einer großen narrativen Intensität gekennzeichnet ist. Wie bemerkt wurde, stellt diese Kreuzigung die glückliche Prämisse für die weitere Ausbildung analoger Szenen durch Pellegrino da S. Daniele (in der Kirche S. Antonio in S. Daniele) und durch Pordenone (Dom von Cremona) dar.

Bibliographie: DI MANIAGO, 1819, pp. 25 e 119; CAVALCASELLE (1876), 1973, p. 25; FIOCCO, 1939, p. 19; MARINI, 1942, p. 46; MARCHETTI, 1953, p. 162; MARINI, 1955, p. 163; MARCHETTI, 1959, p. 153; MARINI, 1962, p. 128.

A. R.

63 PELLEGRINO DA SAN DANIELE: HEILIGE FAMILIE MIT HL. ELISABETH

Ca. 1510; Öl auf Leinwand; 249 × 175; Gemona, Santa Maria delle Grazie

Martino da Udine, genannt Pellegrino (der Pilger) von S. Daniele, 1467 in S. Daniele del Friuli als Sohn des Malers Battista Schiavone geboren. Nach Tätigkeiten in den Werkstätten von Antonio da Firenze und Domenico da Tolmezzo baut er, auf Einwirkungen der Malerei Vivarinis, Montagnas, Cimas, Bellinis und Ferraras auf. Er stirbt in Udine am 17. Dezember 1547.

Das Gemälde wurde verschiedenen Künstlern zugeschrieben: Boni weist es Giovanni da Udine zu, di Maniago vermutet einen unbekannten Meister aus Venetien als Urheber, Cavalcaselle (der das Werk nur in seinem Inventar erwähnt, wo er den schlechten Erhaltungszustand aufgrund von Säuberungen und Übermalungen eines gewissen Fantini beklagt) wollte es mit der Art eines Nachfolgers Pellegrinis verbinden; Berenson möchte es, wenn auch zweifelnd, Bernardo Parenzano zuschreiben und Lionello Venturi, auf der Basis der falschen Lektüre eines Dokuments, schließlich Gianfrancesco da Tolmezzo. Die späteren Forschungen dagegen verweisen entschieden auf Pellegrini. Schon 1939 nennt Fiocco, den intuitiven Gedanken Cavalcaselles wieder aufnehmend, den Namen des Udineser Künstlers, darin gefolgt von Molajoli, der das Werk, „in dem der Maler einen verstärkten Einfluß Alvise Vivarinis und indirekt von Paduaner Eigentümlichkeiten offenbart", sogar zeitlich auf 1493 eingrenzt, gemäß einem von Joppi veröffentlichten Dokument, aus dem hervorgeht, daß

160

Pellegrini in diesem Jahr zu verschiedenen Arbeiten in Gemona gewesen ist. Nach Mutinellis Meinung (und dem wird Berenson zustimmen) müßte das Altarbild jedoch in die Jahre unmittelbar vor 1510 gegeben werden, d. h. in den Zeitraum, da der Künstler während seines Aufenthaltes in Ferrara mehrmals für kurze Zeit nach Friaul zurückkehrt; diese Datierung wird durch ein Dokument von 1510 bestätigt, das Venturi verwirrte, weil der dort ausgesprochene Vertrag mit Gianfrancesco nicht die Autorschaft Gianfrancescos dokumentiert, sondern im Gegenteil, daß das Altarbild bereits in Santa Maria delle Grazie aufgestellt war. Nach dem vereinzelten und unbegründeten Versuch Bergamini Pontas, das Werk Girolamo da Udine zuzuweisen, erneuert Tempestini die zeitliche Einweisung des Stücks zwischen 1498 und 1500, dem aber Lucco widerspricht, indem er mit Mutinelli und Berenson („before 1510") übereinstimmt, wenn er feststellt: „Über eine Annäherung an Carpaccio ... über Rückverweise auf Buonconsiglio und Alvise, über Reminiszenzen an Tolmezzo in den zwei musizierenden Engeln scheint mir in diesem Werk zum ersten Mal der Wille zu einer vereinfachenden und harmonischen Komposition vorhanden zu sein, der gut mit den klassischen Idealen übereinstimmt, die zwischen dem Ende des 15. und den ersten zwei Jahrzehnten des 16. Jh. vom Zentrum Italiens zum Norden der Halbinsel zurückkommen; ... alles in allem geht das zurück auf die Emilia und das erste Jahrzehnt des 16. Jh., (d. h.) auf die Jahre, in denen, zwischen 1503 und 1513, sich Pellegrino immer wieder in dem gärenden Herzogtum Ferrara aufhielt ..." Es ist dies ein für die Komplexität der Eigenarten des Künstlers bezeichnendes Werk, bei einem „Einzugsgebiet", das sich von Venedig bis nach Mittelitalien erstreckt, während jedoch nie die heimatlichen Muster Tolmezzos verdeckt werden.

Bibliographie: BONI, 1797, pp. XX–XXI; DI MANIAGO, 1823, p. 256; CAVALCASELLE, (1876), 1973, p. 172; BALDISSERA, 1883, p. 13; V. BALDISSERA, 1889, p. 21; JOPPI, 1890, p. 14; BERENSON, 1907, p. 277; L. VENTURI, 1909, pp. 211–213; CROWE – CAVALCASELLE, 1912, p. 108; BRAGATO, 1913, pp. 86–92; FIOCCO, 1939, p. 27; MOLAJOLI, 1939, p. 46; FIOCCO, 1943, pp. 22–23; MUTINELLI, 1947, p. 261; BERENSON, 1958, pp. 144–45; FIOCCO, 1969, p. 35; BERGAMINI PONTA, 1970, pp. 44–45; TEMPESTINI, 1970, pp. 5–7; LUCCO, 1976, p. 64.

Ausstellung: Udine, 1939.

A. R.

64   GIOVANNI ANTONIO PORDENONE: MADONNA MIT KIND UND HEILIGEN

1530; Öl auf Leinwand; 332 × 128; Varmo, Pfarrkirche S. Lorenzo

Giovanni Antonio De Sacchis, genannt Il Pordenone, wurde zw. 1483 und 1484 in Noncello geboren. 1508 ist er möglicherweise in Ferrara und darauf in Rom, wo er, der sich Giorgiones Kunst angeschlossen hatte, sich mit Michelangelo und Raffael auseinandersetzt, ohne jedoch seine ursprünglich realistische Richtung aufzugeben. Er arbeitet in seiner Heimat, in Treviso, Cremona, Piacenza und Venedig. Pordenone ist der größte Maler Fr=iauls überhaupt und einer der Hauptmeister der Kunst des 16. Jh. in Venetien. 1539 stirbt er in Ferrara.

Am 5. April 1526 schließt Pordenone einen Vertrag mit den Nobili Consorti und der Gemeinde Varmo über die Ausführung des Hauptaltars „partim in pictura, partim in sculptura". Das Dokument enthält eine exakte und bindende Beschreibung des Werks, auch hinsichtlich des Holzrahmens: es handelt sich – kommentiert Molajoli – „um eine einvernehmliche Bestimmung, die Pordenone zu einem traditionellen Schema zurückbringen sollte, ja die soweit ging, daß man ihm – ganz nach guter Friulaner Tradition – das Schnitzwerk des Rahmens wenn nicht auszuführen, so doch zu entwerfen auferlegte". Das Triptychon, für das als Lohn 300 Dukaten vereinbart worden waren, wurde 1530 vollendet. Leider mußte es während der Jahrhunderte verschiedene Restaurierungen hinnehmen, eingeschlossen schädliche Reinigungen wie jene von 1855 durch Valentini, nach der Methode Pettenkofer.

Di Maniago meint zu dem Werk: „Großartig erscheint die Jungfrau in der größten Nische; die Heiligen, den kleineren Nischen zugeordnet und vor dunklem Grund angeordnet, sind ebenfalls wunderschön, und unter ihnen hebt sich der hl. Antonius durch Großartigkeit und Kraft, der Erzengel Michael durch äußerst weiche und fast fließende Physiognomie heraus". Nach Cavalcaselle erinnert das Figurenschema der Madonna mit Kind an Andrea del Sarto oder besser Pontormo, während der hl. Antonius die Kunst Tizians widerspiegelt. Adolfo Venturi stellt an diesem Gemälde fest, daß Pordenone „wieder seinen eigenen Spuren folgt", weil hier die Verbindung zwischen zentralem Kern und seitlichen Gruppen fehlt; Venturi unterstreicht aber gleichwohl „die monumentale Großartigkeit des Blocks, gebildet durch den gewaltigen Bogen des massigen Throns und der statuenhaften Jungfrau, und im Gegensatz hiezu die malerische Lebendigkeit des Terzetts der musizierenden Kinder, in einer der Bildecken, das, indem es um sich herum seine Instrumente sammelt, das Farbenspiel der Bilder mit dem Flimmern des Lichts und dem wechselvollen Durchkreuzen der Grundflächen hervorruft". Für Furlan dagegen zeigt Pordenone im Triptychon „ein geschlossenes und doch breites Schildern, unterstützt durch die würdevolle Isolierung der einzelnen Figuren". Tatsächlich scheint hier die lebhafte Persönlichkeit des Künstlers durch die Grenzen des Vertrags gezügelt, Grenzen, die ihm das parataktische Aufreihen auferlegte, das zusammen mit dem Fehlen des Dialogs zwischen den Figuren dem bodenständigen Repertoire lieb und teuer war. Jedenfalls wird die Rückkehr zu künstlerischen Mitteln in der Art Correggios oder Tizians durch die gewaltige Verteilung und die Schönheit in der Ausführung der Details in weitem Maße aufgelöst.

Bibliographie: RIDOLFI (1648), 1914, I, p. 119; DE' RENALDIS, 1798, p. 33; DI MANIAGO, 1823, pp. 74 e 200; CAVALCASELLE (1876), 1973, p. 76; JOPPI, 1892, p. 33; VALENTINIS, 1895, p. 33; CROWE – CAVALCASELLE, 1912, III, p. 159; L. VENTURI, 1913, p. 188; A. VENTURI, 1928, IX/3, p. 692; SCHWARZWELLER, 1935, p. 80; BERENSON, 1938, p. 404; FIOCCO, 1939, p. 73; MOLAJOLI, 1939, pp. 92–94; FIOCCO, 1943, p. 60; BERENSON, 1959, p. 42; FURLAN, 1966, p. 12; FIOCCO, 1970, p. 71.

Ausstellung: Udine, 1939.

A. R.

65   POMPONIO AMALTEO: DER PROPHET JESAJA

1533; Tempera auf Holz; 134 × 145; Gemona, S. Giovanni Battista

Pomponio Amalteo wird 1505 in Livenza (Provinz Treviso) geboren, doch läßt er sich schon in jungen Jahren in S. Vito al Tagliamento (Friaul) nieder. Schüler und enger Gefolgsmann Pordenones, ist er auch dessen Schwager. Er stirbt in S. Vito am 9. März 1588.

Wie aus einem Index im Pfarrarchiv hervorgeht, beschloß die Bruderschaft des hl. Johannes des Täufers in Gemona, die 56 Kassetten der Decke in der dem gleichen Heiligen geweihten Kirche in Gemona von dem Venezianer Gasparo Negro ausmalen zu lassen, der jedoch nur 14 Stück ausführen konnte. Danach, am 31. März 1533, wurden die restlichen Arbeiten an Pomponio Amalteo übertragen, der die übrigen 42 Felder in Tempera bemalte. Nachdem die Tafeln zum größten Teil beim Einsturz der Decke am 6. Mai 1976 verschont blieben, sollen sie jetzt restauriert werden. Dieser Gemäldezyklus (Patriarchen, Propheten, Sibyllen, Apostel, Evangelisten und Heilige) wird übereinstimmend als eines der Hauptwerke Amalteos anerkannt, „ein Beispiel für die Übertragung der Vorbilder Pordenones ins Dekorative mit Hilfe bravouröser Leichtigkeit, aber nicht ohne großartige Resultate" (Molajoli). Es handelt sich um mächtige Büsten in Tondi (deren Ornament in Grisalli gehalten ist), „edle, großartige, unterschiedliche, kraft ihrer Plastizität über den Rahmen hinausragende Figuren; bei einem Verismus und einer Vorstellungskraft in der Darstellung der Attribute, so daß die Tafeln und Bücher in den Händen der Propheten wie echt erscheinen oder so, daß das Licht auf dem Stahl der blanken Rüstung Moses' zu flimmern scheint" (Di Maniago). Die Vielfalt der Haltungen und die seltsam realistischen Angaben erlauben es dem Künstler, dem Romanismus Pordenones eine neue Vitalität zu geben: der melodramatischen Emphase setzt er gesunden ländlichen Humor entgegen und erreicht damit eine genuin-poetische Schilderung.

Bibliographie: RIDOLFI, 1648 (ed. v. Hadeln, 1914, I, p. 133); DI MANIAGO, 1823, pp. 101 e 218; CAVALCASELLE (1876), 1973, p. 118; BALDISSERA, 1884, pp. 213–15; Id., 1891, pp. 64–65; JOPPI, 1892, III, p. 63; ZOTTI, 1905, pp. 130–31; FOGOLARI, 1907, I, p. 373; CROWE – CAVALCASELLE, 1912, III, p. 201; BRAGATO, 1913, p. 92; TESSITORI, 1925, pp. 268–272; MOLAJOLI, 1939, p. 128; QUERINI, 1955, pp. 28 e 60; RIZZI, 1976, 29.

Ausstellung: Udine, 1939.

A. R.

162

66 GIOVANNI MARTINI: MARIA MIT KIND

1500/1510; Holzschnitzerei, gefaßt; 110 × 55; Remanzacco, Kirche S. Stefano

Giovanni Battista di Martino da Tolmezzo, genannt Martini, wurde in Udine um 1470 geboren und starb ebenda am 30. September 1535. In seinen Gemälden folgt er Vivarini, Cima da Conegliano und Carpaccio. Als Holzschnitzer übernimmt er die Werkstatt des Domenico da Tolmezzo und gehört zu den Hauptmeistern der Frührenaissance in Friaul.

Die Madonna gehört in die mittlere untere Nische eines hölzernen Altarschreins. Dieser zeigt sowohl in der architektonischen Struktur seiner zwei Etagen (Lisenen, Kapitelle, Gebälk usw.) wie auch in seiner Dekoration (Kandelaber, Akanthus-Blätter, Gesimse etc.) eine klare Renaissance-Anlage, ähnlich dem größeren und reiferen Schrein, den der gleiche Meister für die Kirche von Mortegliano ausführte. Insbesondere zeigt das Nischenmotiv in den einzelnen Abteilungen einen Einfluß der lombardischen Renaissancekunst. Die Madonna wird – selten in Friaul – dargestellt, wie sie gerade dem Kind das Lesen beibringt. Die feierlich wirkende kompakte Voluminosität der Gruppe wird vom Faltenwurf des Gewandes und von der pastosen Glätte der Gesichter, der Hände und der nackten Körperteile anmutig belebt. Sicher übernahm der Künstler den Typus des Kindes von Bellini, wie dies auch in seiner Malerei der Fall ist (siehe z. B. die Tafel der National Gallery in London; vgl. A. Bergamini Ponta, Giovanni Martini pittore, Udine 1970). Die späteren neuen farbigen Fassungen haben den ursprünglichen Ausdruck der Gesichter beträchtlich vergröbert, ein eher weicher und doch intensiver Ausdruck, der durch die kürzliche Restaurierung entdeckt wurde.

Bibliographie: G. MARCHETTI – G. NICOLETTI, La scultura lignea nel Friuli, Milano 1956, pp. 74 s.; A. BERGAMINI PONTA, Giovanni Martini pittore, Udine 1970; N. CESARE, Giovanni Martini scultore, Tesi di Laurea, Trieste 1971, pp. 41, 106 s.; G. MARCHETTI, Le chiesette votive del Friuli (a cura di G. C. Menis), Udine 1972, p. 158; G. MARCHETTI, Il Friuli. Uomini e tempi, II ed. Udine 1974, p. 219; A. RIZZI, Lineamenti di storia dell'arte in Friuli, Milano 1976, p. 44.

G. C. M.

VII. Neuere Zeit

67 SEBASTIANO BOMBELLI: PORTRÄT DES PROKURATORS GEROLAMO QUERINI

Ca. 1670; Öl auf Leinwand; 234 × 160; Venedig, Fondazione Querini Stampalia

Sebastiano Bombelli wurde 1635 in Udine geboren. Als 20jähriger lebt er in Venedig und darauf in Bologna, wo er der Schule des Guercino angehört. Wieder nach Venedig zurückgekehrt, widmet er sich ausschließlich der Porträtkunst, in der er europäischen Ruf genießt. Lehrer von Fra Galgario, beeinflußt er außerordentlich die Porträtmalerei des Settecento und insbesondere dabei Rosalba Carriera. Bombelli stirbt 1719 in Venedig.

In den alten Inventaren wird dieses Bildnis Bombelli zugeschrieben; aber die Identifikation des Dargestellten erfolgte erst vor verhältnismäßig kurzer Zeit, zum einen aufgrund einer Stilanalyse, zum anderen aufgrund eines Stichs von Langlois. Fiocco nennt das Werk „gut gebaut, reich in den Gewändern, gefällig und voll Charakter", ja er bezeichnet Bombelli sogar als „Vater des venezianischen Paradeporträts" (1929). In dem Bildnis, das anläßlich seiner Ernennung entstand, prägt Querini das scharlachrote brokatene Dogengewand und eine feine Pelzstola, während vom Untergewand nur die Manschetten aus feinen Spitzen sichtbar werden. Für die Haltung des Mannes könnte sich Bombelli an vorausgehenden, in Venetien auffindbaren Lösungen orientiert haben: an Porträts Strozzis, Tinellis, Renieris und Ruschis. Die Form jedoch ist trotz aller Reminiszenzen an die barocken Reformer und an Veronese eigenständig und großartig. Beweis dafür ist erstens der sensible Farbreichtum, insbesondere das breite, lackartige Rot und die gekonnten Hell-Dunkel-Werte, die flämische Preziosität der Stola und der Manschetten sowie zweitens die menschliche Tiefe.

Bibliographie: QUERINI, 1925, p. 46, n. 5; LORENZETTI, 1926, p. 357; DAMERINI, 1928, p. 214; FIOCCO, 1929, p. 47; FIOCCO, 1955, p. 269; VALCANOVER, 1956/I, p. 70; ID., 1956/II, p. 241; MARIA-

CHER, 1959, p. 131; LEVEY, 1959, p. 135; PALLUCCHINI, 1961–62, p. 102; RIZZI, 1964, 7; ID., 1969/I, p. 72; ID., 1969/II.

Ausstellungen: Varsavia, 1956; Venezia, 1959; Udine, 1964.

A. R.

68 ANTONIO CARNEO: DER HERBST

Ca. 1670; Öl auf Leinwand; 180 × 90; Udine, Sammlung Bianca Marini Solari

Antonio Carneo wurde 1637 in Concordia Sagittaria geboren und starb 1692 in Portogruaro. Er arbeitet ausschließlich in Udine. Anfangs beeinflußt von Padovanino und Vecchia, setzt er sich mit dem „Tenebrosi" (Schattenmaler) und der Neuveroneser Richtung auseinander. Er ist einer der Hauptvertreter der venezianischen Barockmalerei.

Gemeinsam mit dem folgenden dazugehörigen Bild wurde es von Kutschera-Woborsky als ein beispielhaftes Zeugnis für Carneos wildes Temperament bezeichnet, eine Temperamentsbezeichnung, die Suida gar in „dämonisch" korrigiert. Nach Fiocco, „scheint sich die neue Technik mit der Tintorettos zu verbinden", während Ragghianti für diese zwei Werke auf Strozzi verweist, „da in ihnen der Pinselstrich über die Hell-Dunkel-Werte hinaus mit dem Zeichnen der Umrisse gemeinsam die malerische Qualität der Materie hervorhebt". Mariacher seinerseits akzeptiert die These Fioccos und schlägt eine Offenheit Carneos für flämische Werte vor; darin folgt ihm Pallucchini, der hinsichtlich der kulturellen Vorgeschichte den Namen Langettis ausspricht und für diese Werke eine Datierung ins 9. Jahrzehnt vorschlägt. Es ist jedoch wahrscheinlich, daß sich die in den Dokumenten auffindbare allgemeine Bezeichnung „einige ähnliche Bilder", die auf die Nennung von „zwei Bettlern" folgt, wirklich auf unsere Bilder bezieht: sie werden demnach zwischen 1667 und 1676 erwähnt. Der Hinweis auf Langetti ist jedenfalls der passendste, vor allem im Hinblick auf die Ikonographie, die die Figuren vom eigentlichen Bildraum löst und sie mit den Betrachtern korrespondieren läßt. Carneos Kunst jedoch weist keinen Zusammenhang mit der sich Ribera nähernden Rhetorik und mit dem fließenden Hell-Dunkel des Genueser Malers auf, sondern drückt sich in einem Changieren der Farbwerte aus, das trotz Fundierung in dunklen, tiefen Farbwerten (in Flaschengrün oder Seppiabraun), in den Lichtzonen zu einer ganz besonders feinen Abstufung der Farbnuancen, meist mit rötlichen Mischungen führt, die die etwas rohen und porzellanhaften Hell-Dunkel-Werte der „Naturalisten" übersteigen. Die häufig in reiner und herber Form verwendeten Farben werden in einem Fleckenmuster auf die Leinwand aufgetragen, allerdings mit sicherem Pinselstrich geführt, die insgesamt teils dick und ölig, teils fein und verschwommen, einen impressionistischen Eindruck hinterlassen.

Bibliographie: KUTSCHERA – WOBORSKY, 1918, p. 95; SUIDA, 1924, pp. 47 e 49; FIOCCO, 1929, p. 40; GEIGER, 1940, pp. 52, 77 e 82; RAGGHIANTI, 1946, p. 211; MARIACHER, 1959, pp. 128–29; RIZZI, 1960, pp. 55 e 99; PALLUCCHINI, 1959–60/II, p. 253; ID., 1961–62, p. 96; RIZZI, 1964, 57; ID., 1969, p. 69.

Ausstellungen: Venezia, 1959; Udine, 1964.

A. R.

69 ANTONIO CARNEO: DER WINTER

Ca. 1670; Öl auf Leinwand; 180 × 90; Udine, Sammlung Bianca Marini Solari

Hinsichtlich der äußeren Umstände und der stilistischen und zeitlichen Einordnung siehe den vorangegangenen Beitrag (zu 68). Diese Winterallegorie beweist noch einmal die „satanische" und barocke Freude, mit der Antonio die Welt der biblischen und mythologischen Helden in seinen vorzüglichen malerischen Werken erschafft: in den landschaftlichen Elementen des Bildes scheinen die Pinselstriche hin- und herzuschwirren (wie etwa in der einen beängstigenden Eindruck hinterlassenden „kubistischen" Häusergruppe, während sie im – rechts im Bild – sichtbaren Baum kommahaft verkürzt erscheinen), so daß insgesamt das Resultat eines modernen Malers würdig wäre; in den Körperpartien wird die Haut dagegen in einer viel raffinierteren und feineren Manier wiedergegeben, mit einem Farbenschmelz und kräftigen Farbtönen einer außergewöhnlichen Eleganz.

164

Bibliographie: KUTSCHERA – WOBORSKY, 1918, p. 96; SUIDA, 1924, pp. 47 e 49; FIOCCO, 1929, p. 40; GEIGER, 1940, pp. 52, 77 e 82; RAGGHIANTI, 1946, pp. 211–12; MARIACHER, 1959, pp. 128–29; RIZZI, 1960, pp. 55 e 99; PALLUCCHINI, 1961–62, p. 96; RIZZI, 1964, 58; ID., 1969, p. 69.

Ausstellungen: Venezia, 1959; Udine, 1964.

A. R.

70 ANTONIO CARNEO: MARTYRIUM DES HL. BARTOLOMEUS

1670/80; Öl auf Leinwand; 100 × 78; Udine, Basilica S. Maria delle Grazie

Das Gemälde war schon Kutschera–Woborsky bekannt, der als Vorwurf einen Stich nach Ribera nachwies, aber – wie dazu Ragghianti hinzufügte – in einer sehr freien und persönlichen Weise, geradezu mit einer gewissen Unverschämtheit. Die Behandlung des Themas, die auf den „naturalistischen", spät-caravaggesken Geschmack zurückgeht, wird durch die klar charakterisierte (und nicht schattige und aufgewühlte) Szenerie bestimmt, allerdings mit einem außergewöhnlich expressiven Zug: die im Voraus verstandene Lehre des Veronese erlaubt es Carneo, den Hemmschuh eines programmatisch-rhetorischen figürlichen Expressionismus zugunsten einer meisterhaften und überzeugenden Manier zu überwinden. Die rasche und belebte Zeichnung, die schwellende, ja wellenweise Pinselführung, die vom Licht erfüllte Materie in schlichten und gedämpften Tönen bezeugen eine souveräne Beherrschung der formalen Mittel und eine außerordentliche Schöpfungskraft. Das Bild muß etwa im achten Jahrzehnt des 17. Jh. entstanden sein.

Bibliographie: KUTSCHERA – WOBORSKY, 1918, p. 96; GEIGER, 1940, p. 75; RAGGHIANTI, 1946, pp. 203, 208; RIZZI, 1960, p. 40; ID., 1961/III, p. 248; ID., 1963/I, p. 41; ID., 1964, pp. 136–37; ID., 1969, pp. 69–70.

Ausstellungen: Udine, Prima mostra . . ., 1963; Udine, 1964.

A. R.

71 LUCA CARLEVARIJS: MOLE UND PIAZZETTA IN VENEDIG

Ca. 1715; Öl auf Leinwand; 92 × 129; Maron di Brugnera, Privatsammlung

Auf einer Säule des Dogenpalastes mit L. C. signiert. Luca Carlevarijs wird in Udine 1683 geboren und stirbt 1730 in Venedig. Nach einer Romreise führt er in Venedig Stadt-, Bild- und Landschafts-Veduten, auch als Erinnerungsbild ein und öffnet damit die Türen für seinen Schüler Canaletto. Vielleicht hat er auch einen Einfluß auf Marco Ricci.

Das Werk wurde zuerst von Pallucchini erwähnt, der darin ein „bedeutendes Beispiel der Veduten-malerei" sieht. Es ist ein würdiges Beispiel für die narrativen Fähigkeiten Carlevarijs, sowohl im eigentlichen Sinn als auch in seiner historischen Bedeutung. Mit leicht künstlichen Perspektiv-Ansichten und mit einer überlegten Beleuchtung (man beachte das Licht–Schattenspiel im Vordergrund) gibt der Künstler einer schon oft gemalten Ecke in Venedig eine neue bildliche Eigenständigkeit, die unterstrichen wird von der geschwätzigen, aus einfachem Volk und Edelleuten gemischten Menge (auch hier gingen einigen, leicht erkennbaren Figuren echte Porträtstudien voraus). Diese Menge, placiert in die knappe Angabe des geradezu surreal und abstrakt anmutenden Atmosphäre eines Theaterregisseurs, gesteigert durch die Spannungen, die das Licht hervorruft, gibt diesem Bild einen – wie Pallucchini feststellt – Zug zum harten Verismus, der seiner Zeit weit voraus ist. Pallucchini schlägt ebenfalls vor, das Gemälde – zweifelsohne ein Hauptwerk des Malers – in die Mitte des zweiten Jahrzehnts des 18. Jahrhunderts zu geben. Allerdings könnte man die Datierung noch 5–10 Jahre später ansetzen.

Bibliographie: PALLUCCHINI, 1971, p. 161; RIZZI, 1973, 19.

Ausstellungen: Gorizia, 1973; Lubiana, 1974.

A. R.

72 GIULIO QUAGLIO: DARBRINGUNG IM TEMPEL

1696; Öl auf Leinwand; 290 × 158; Venzone, Duomo

Giulio Quaglio wird 1668 in Laino geboren. Nach Lehrjahren in Bologna bei Marcantonio Franceschini arbeitet er in Parma, Piacenza und Venedig. 1692 ist er in Udine. Später arbeitet er in Goerz

(Gorizia), Jugoslawien und in Österreich in einem Stil, der stets neben venezianischen und manieristischen Quellen der Malerei der Toskana und Bolognas verpflichtet bleibt. Er stirbt 1751.

Das Gemälde ist auf der ersten Stufe rechts unten signiert und datiert: „JULIUS QUALEVS DE LAINO / COM... FECIT ANNO / 1696." Es ist eines der wenigen beweglichen Werke Quaglios in Friaul, wo der Künstler allerdings zahlreiche Fresken in Kirchen und Privathäusern hinterlassen hat. Quaglio zeigt hier seine offene Bewunderung für die Barockmalerei im Gefolge von Luca Giordant und Cortona, die allerdings von einem lombardischen Einschlag gewürzt wird. Im Typ des Christuskinds und in der Farbgebung liegt aber der Wunsch nach einem Anschluß an das Repertoire Venetiens, namentlich an Celesti und Bambini, gegründet. Trotz seiner dramatischen Schilderung hat das Werk den Vorteil einer wohldurchdachten Komposition und an einigen Stellen gar eine besonders gute Form: So die Bronzino (oder, wie Marini meint, Tintoretto) nahestehenden Figuren unten oder der wunderbare Puto mit dem Hündchen, beide im Gegenlicht in aller Knappheit der formalen Mittel gegeben. Leider unterzog man das Bild 1855 einer tiefgreifenden Restaurierung, bei der ein Rahmenbogen möglicherweise aufgrund des schlechten Zustands des alten hinzugefügt wurde; und man damit die ganze obere Partie, sowie die seitlichen Figuren erneuerte.

Bibliographie: FERRARIO, 1882, p. 7; MARINI, 1955/II, p. 169; RIZZI, 1968, 67; PALLUCCHINI, 1968, XLVI; PILO, 1968, p. 262; RIZZI, 1969/I, p. 77; ID., 1976, 53.

Ausstellungen: Udine, 1968; Passariano, 1976.

A. R.

73   MARIA MIT KIND AUF DEM THRON

1. Hälfte 17. Jh.; Holzschnitzerei, gefaßt; 74 × 34 × 36; Udine, Museo Diocesano d'Arte Sacra (Inv. Nr. 23)

Die Gruppe stammt aus der Pfarrkirche von Collina (Forni Avoltri) und bildete wahrscheinlich ursprünglich einen Teil eines vielfigürlichen Altarschreins. Daß das Werk aus der Barockzeit stammt, wird vor allem aus der freien Entfaltung des Gewandes, aus der Frische des Kindes, sowie aus einigen unverwechselbaren dekorativen Motiven wie der Form des Throns und der Krone ersichtlich. Die trockene und etwas gewollte Schnitzarbeit lähmt den die Kommunikation mit dem Betrachter suchenden Ausdruck und verhärtet die Modellierung der Gesichter. Dies und die feste Struktur der Volumen erlaubt uns nicht, in der Datierung später als in die Mitte des 17. Jh. zu gehen. Insgesamt führen die Überlegungen zur stilistischen und ikonographischen Form in den Umkreis des Giovanni Antonio Agostini († 1631 in Udine).

Bibliographie: unveröffentlicht

G. C. M.

74   SEBASTIANO RICCI: SATYRENFAMILIE

1712/16; Öl auf Leinwand; 65,5 × 79,5; Udine, Privatsammlung

Sebastiano Ricci wird 1659 in Belluno geboren und stirbt 1734 in Venedig. Nach einer Lehrzeit in Venedig bei Cervelli und Mazzoni begibt er sich auf Wanderschaft in die bedeutendsten italienischen Städte und lernt dort die Ausdrucksmittel und Stilarten Cortonas, Bacicrios, Magnascos und Giordanos kennen. Sein großes Vorbild ist jedoch Veronese. Er arbeitet vor allem in Venetien und im mittleren Norditalien, aber auch in Deutschland, Frankreich, Flandern und England. Er ist der Vater des venezianischen „Settecento" (18. Jahrhundert).

Das Thema ist eindeutig carpionesischer Herkunft, jedoch frei verarbeitet. Riccis Interessensbereiche wurden durch diesen Maler erweitert, und er nahm eifrig und auf kluge Weise das Vorbild seines Meisters in sich auf. Der Ausbruch ins Phantastische und die Verlassenheit im mythologischen Sinn sind ein Anhaltspunkt der lyrisch-poetischen Seite, die außer durch die Suche nach Maß und übernatürlichem Gleichgewicht auch durch die improvisatorische Eingebung zum Ausdruck kommt wie durch die Leichtigkeit der bald trockenen, bald breiten Pinselführung. Man beachte besonders die Schönheit der Landschaft, ihre opalfarbene Stimmung und die gelungene Ausführung des Kopfes des stehenden Satyrs, bei dem der Farbauftrag dick und triefend ist. Im Grunde übertrifft das völlig zufällige „Plagiat" der Werke Carpionis diese durch die außerordentlich reiche Farbskala und die Überzeugungskraft des malerischen Talentes. Ein Rest von Anklängen an Giordano legt es nahe, das Bild in den Zeitraum des Aufenthalts Riccis in England (1717–16) oder kurz zuvor anzusetzen.

Bibliographie: RIZZI, 1973, 59; Zava BOCCAZZI, 1973, p. 354; DANIELS, 1976/I, 445; DANIELS, 1976/II, 340.

Ausstellungen: London, 1967; Gorizia, 1973; Lubiana, 1974.

A. R.

75 NICOLA GRASSI: JAKOB MIT PFÄHLEN

1730/35; Öl auf Leinwand; 84 × 113; Sezza, Pfarrkirche

Nicola Grassi wurde 1682 in Formeaso bei Zuglio geboren und starb 1748 in Venedig. Nach ersten Arbeiten, die an Carneo anschließen, geht er nach Venedig, wo er Piazetta, Sebastiano Ricci und Pellegrini bewundert, wobei er allerdings diese Einflüsse frei und mit erstaunlicher koloristischer Fähigkeit verarbeitet.

Dieses kleine Gemälde wurde gemeinsam mit dem in der Ausstellung sowie im Katalog folgenden von Gortani für die besten Werke des Künstlers gehalten. Sie wurden von Fiocco einer ersten stilistischen Analyse unterzogen, der ihre „außergewöhnliche Gewandtheit" auf die Reife des Meisters zurückführt. Man ist sich einig, die beiden Bilder der besten Zeit Grassis (1730–35) zuzuschreiben, als die monumentalen Vorwürfe Piazzettas und die dekorativen Bilder Riccis weniger wirksam und in einer wirkungsvollen eigenen Ausdruckskraft überwunden wurden, die meisterhaft den gefälligen Farbauftrag und das die Körper erfüllende Licht kontrolliert, wobei sich sicher das Beispiel Tiepolos auswirkt. Die Spannungen des Volumens und des inneren Ausdrucks der ersten Reifezeit erscheinen nunmehr als weit vergangen: das ganze Gefüge der Bilder ist in typischem Rokokostil. Zeugnis dafür gibt die Suche nach Farbtönen der Fleischteile mit Hilfe eines lockeren Farbauftrags: „die arabeskenhaft durchzogene Komposition in melodischer Eleganz" (Grossato).

Bibliographie: MARINELLI – GORTANI, 1925, p. 417; FIOCCO, 1929, p. 440; ID., 1930, p. 6; GRASSI, 1947, p. 150; SOMEDA DE MARCO, 1948, pp. 108–10; GROSSATO, 1948, p. 133; PALLUCCHINI, 1951, p. 95; GALLO, 1960, p. 21; PALLUCCHINI, 1960, p. 122; GALLO, 1961, pp. 21–22; PALLUCCHINI, 1965, pp. 1–26; MARTINI, 1965, p. 83; RIZZI, 1967, p. 50.

Ausstellungen: Udine, 1948 und 1961.

A. R.

76 NICOLA GRASSI: REBEKKA AM BRUNNEN

1730/35; Öl auf Leinwand; 84 × 113; Sezza, Pfarrkirche

Dieses Gemälde bildet das Pendant zu dem vorangegangenen Bild. Zu unterstreichen bleibt die klassische Anlage, die durch eine sensitive Farbgebung belebt wird – alles in Absätzen, hintereinander und in freien Anordnungen.

Bibliographie: siehe vorigen Beitrag.

Ausstellungen: Udine, 1948 und 1961.

A. R.

77 GIACOMO AMIGONI: BILDNIS DES GRAFEN RODOLFO DI COLLOREDO MELS

1714/18; Öl auf Leinwand; 251 × 170; Udine, Museo Civico

Giacomo Amigoni, 1682 in Neapel geboren. Nachdem er sich vor 1711 in Venedig niedergelassen hat, folgt er der Rokokomalerei Sebastiano Riccis und Pellegrinis, indem er sie mit seiner ursprünglichen, plastischen Malweise verbindet. Er arbeitet in München, London, Paris und Madrid, wo er 1752 stirbt. Er ist einer der Hauptvertreter des Settecento in Venedig.

In einer zu einem späteren Zeitpunkt hinzugefügten und bei der jüngsten Restaurierung entfernten Inschrift war zu lesen: RODOLFO QM: FERDINANDO / CONTE DI COLLOREDO MELS / BARONE DI WALDSEE / MARCHESE DI S. SOFIA /n. 1676 m. 1744. Das Bild wird vom Verfasser für Amigoni in Anspruch genommen. Es ist nicht auszuschließen, daß es sich durch die Jugendlichkeit des Porträtierten und durch das Fehlen eines psychologischen Eindringens um eine dokumentarische „Fälschung" oder um ein Idealporträt für eine Geschlechterreihe handelt. Jedenfalls wissen wir, daß Colloredo sich 1714–16 in Rom aufhielt (was der stilisierten Einfügung der Engelsburgredute eine Erklärung gäbe) bzw. 1718 am Hof in Wien war. Es ist keine abenteuerliche Spekulation, anzunehmen, daß Amigoni während seiner Reise nach Bayern einen für jeden Künstler geradezu obligaten Halt in der österreichischen Hauptstadt gemacht hat. Die Datierung des Werks muß auf jeden Fall auf die genannten fünf Jahre eingegrenzt werden, was neue bibliographisch-stilistische Erkenntnisse möglich machen. Das Bildnis gehört zu dem feierlichen Paradetypus, der gern in Neapel verwendet wurde, aber mit einem Zug zur eleganten und verschwimmenden Form, die bei Amigoni ein englisches Moment anschlägt. Die Lichteinfälle und die Farbskala der Randzonen verlieren ihre Schärfe, indem sie sich, vor allem in der menschlichen Figur, in gelöstere und raffiniertere Werte eines beginnenden Rokokos verwandeln: Man beachte das gepuderte und geschminkte Gesicht, die von Karminrot zu Gold wechselnde Wirkarbeit des Jackets, verstärkt durch die Topasnote des Kittels, und ihr türkisfarbenes Gegenstück, den Sessel. Es liegt eine hautnahe Chromatik in der Farbgebung, mit sicherem Griff und natürlichem dekorativem Empfinden gewirkt. Zava Boccazzi meint demgegenüber, das Werk sei „ein Produkt eines Notstands, das auch bei der Annahme eines eigenhändigen Werkes Amigonis, vor allem im Detail des Mohren glaubhaft, nicht mancher Fragezeichen entbehrt".

Bibliographie: SOMEDA DE MARCO, 1956, p. 42; RICCI, 1973, 1; Zava BOCCAZZI, 1973, p. 353; RIZZI, 1974, p. 15; ID., 1976, 59.

Ausstellungen: Gorizia, 1973; Lubiana, 1974; Passariano, 1976.   A. R.

78   GIANANTONIO GUARDI: VISION DES HL. JOHANNES VON MATHA

1750; Öl auf Leinwand; 220 × 110; Pasiano di Pordenone, Pfarrkirche

Gianantonio Guardi wurde 1699 in Wien geboren und starb 1760 in Venedig. Er folgt der Rokokomalerei Sebastiano Riccis und Pellegrinis, verbindet sie jedoch mit dem nordischen Ausdruckswillen seiner ersten Schulung in einer sehr persönlichen, luftigen, leuchtenden und temperamentvollen Art.

Das Gemälde, auch unter dem Titel „Die Dreifaltigkeit erlöst die Sklaven" bekannt, wurde von Muraro Francesco Guardi zugeschrieben. Dem gegenüber nennen Morassi und De Maffei Francescos Bruder: Gianantonio. Sie werden darin von allen Kritikern, ja auch von Muraro selbst, bestätigt, mit Ausnahme von Fiocco und Pallucchini, die eine Zusammenarbeit der Brüder annehmen. 1963 wurde ein Dokument gefunden, aus dem hervorgeht, daß der Pfarrer von Pasiano, Francesco Locatelli, im Oktober 1750 50 Dukaten für das Gemälde bezahlte, „ein Werk des Herrn Antonio Guardi aus Venedig, aus der Schule des Bastiano Ricci". Trotzdem bleibt Palucchini bei seiner These einer Gemeinschaftsarbeit, auch aufgrund von Partien mit unterschiedlicher Qualität („es ist offensichtlich", bemerkt er „daß im Dokument Gianantonio genannt wird, der Werkstattleiter, dem ja auch bezahlt wird"), während Zampetti daran erinnert, daß gerade 1750 Francesco Guardi in einem Brief wissen läßt, daß er frei von allen Verpflichtungen dem Bruder gegenüber sei und nun persönliche Aufträge mit Preissenkungen annehmen könne. Dazu meint Morassi: „Sicher zeigt das Altarbild (. . .) hervorragende und mittelmäßige Partien, und das hat die These entstehen lassen, daß es sich um eine Gemeinschaftsarbeit handle. Wir haben aber bereits öfters festgestellt, daß Antonio ein ungleichmäßiger, launischer Maler ist, und daß in seinen Werken des öfteren zum Teil erschreckende Qualitätsunterschiede festzustellen sind". Ungeachtet der stilistischen Uneinheitlichkeit enthält das Werk Teile mit einer außerordentlichen lyrischen Kraft mittels einer sich kreuzenden, ja stürmischen Pinselführung und mittels der Saftigkeit der Farbmischungen.

Bibliographie: MURANO, 1949, pp. 123, 126; DE MAFFEI, 1951, pp. 84, 101; MORASSI, 1951, p. 204; ARSLAN, 1952, pp. 167–69; MOSCHINI, 1952, 28; RAGGHIANTI, 1953, pp. 26, 27, 29, 30; MOSCHINI, 1956, 27; MURARO, 1958, pp. 3, 7; ID. 1959, p. 245; MORASSI, 1960, p. 206; PALLUCCHINI, 1960, pp. 139, 145; MARTINI, 1964, p. 114; PRECERUTTI GARBERI, 1964, p. 45; ZAMPETTI, 1965, p. 41; PALLUCCHINI, 1965, p. 222; FIOCCO, 1965, p. 28; RIZZI, 1966, 42; BRUNETTI, 1967, p. 44; MAHON, 1967, pp. 87–88; MORASSI, 1967, pp. 501, 508; ID., 1966–69, pp. 21–22; ID., 1973, pp. 71, 319–20.

Ausstellungen: Venezia, 1965; Udine, 1966.   A. R.

79   GASPARE DIZIANI: KARMELITERMADONNA MIT DEN HLL. JOSEF UND NIKOLAUS

1735; Öl auf Leinwand; 270 × 130; S. Vito al Tagliamento, Dom

Gaspare Diziani wurde 1689 in Belluno geboren und starb 1767 in Venedig. Nach Lehrjahren bei Grégorio Lazzarini folgt er Sebastiano Ricci, für dessen treuesten und intelligentesten Nachfolger er gehalten wird. Er arbeitet in Rom, Dresden und vor allem in Venetien, wo er zahlreiche Werke hinterläßt.

Das Gemälde wurde vom Autor dem Maler aus Belluno zugeschrieben, der auch eine Datierung um 1735 vorschlägt, die von Zugni-Tauro positiv aufgenommen wurde (zwischen 1734 und 1740). Das Werk dokumentiert den Wendepunkt in der Ausdrucksweise Gaspares kurz nach dem Tod von Sebastiano Ricci (1734), als dessen Erbe und Nachfolger er sich fühlt. Während der tektonische Bau der Figuren gelockert und die Schatten gedämpft werden, zeigt sich die Farbpalette in den hellen und klangvollen Tönen eines Ziegelrots, Goldgelbs und silbrigen Türkis, hervorgehoben durch die abgesetzte Pinselführung und die atmosphärischen Lichtwirkungen.

Bibliographie: RIZZI, 1962, p. 5; ID., 1966, 27; ID., 1967, p. 53; ZUGNI–TAURO, 1971, p. 84.

Ausstellung: Udine, 1966.

A. R.

80   GIAMBATTISTA TIEPOLO: DREIFALTIGKEIT

1738; Öl auf Leinwand; 320 × 160; Udine, Dom

Giambattista Tiepolo wird 1696 in Venedig geboren. Nach Lehrjahren bei Lazzarini nähert er sich der Malerei Piazzettas und Bencovichs an. Beeinflußt von Sebastiano Ricci, hellt er seine Palette auf und führt, unter dem Eindruck von Veronese, die große venezianische Tradition dekorativer Freskenmalerei zu neuer Höhe. Er arbeitet in Würzburg und in Madrid, wo er 1770 stirbt. Er ist der bedeutendste Maler des Settecento in Venedig und vielleicht des ganzen 18. Jh. in Europa.

Den Auftrag für das Altarbild erhielt Tiepolo vom Patriarchen Daniele Delfino, der es – nach Joppi – am 20. Mai oder – nach Biasutti – am 15. Juni 1738 mit 440 Lire bezahlt. Das Werk wird von di Maniago, von Molmenti, Sack und den ihnen folgenden Forschern erwähnt. Mit leichtem Brechen der Vertikalordnung erreicht Tiepolo eine rhythmische Folge und Dynamik im Bildaufbau, die für ein derart kanonisches, enge Grenzen setzendes Thema sehr ungewöhnlich sind. Aber die eigentliche Stimmgabel dieses Meisterwerks ist das Licht: Tiepolo arbeitet mit einer ausgeschwemmten breiten Farbe, die Goldtöne durchscheinen läßt wie beim späten Tizian oder bei Rembrandt, wobei meisterhaft die göttliche Dreieinigkeit mit dem atmosphärischen Kontext in Einklang gebracht wird. In ungewöhnlich lyrischer Intensität zeigt sich die Landschaft, hervorgerufen von der graphischen Textur und der sich aufs Nötigste beschränkenden Farbgebung – fast schon ein abstraktes Gemälde. Giambattista nimmt hier technische Verfahren und ikonographische Muster voraus, die sich in Stichen und Gemälden der letzten Jahrzehnte auswirken werden: Man kann hier, insbesondere was die Ausdrucksweise betrifft, an die hl. Thekla in Este (1759) denken.

Bibliographie: DI MANIAGO, 1839, p. 31; JOPPI, 1894, p. 43; MOLMENTI, 1909, p. 82; SACK, 1910, pp. 41 e 178; CORGNALI, 1937, n. 2, p. 15; GOERING, 1939, p. 154; RICCOBONI, 1956, p. 175; BIASUTTI, 1957, p. 19; RIZZI, 1959–60, p. 242; MORASSI, 1962, p. 52; RIZZI, 1963/II, p. 186; ID., 1966, 83; A. PALLUCCHINI, 1968, 118; SOMEDA DE MARCO, 1970, p. 195; RIZZI, 1971/I, p. 72; ID., 1971/II, p. 45; RIZZI, 1973, 67.

Ausstellungen: Udine, 1966; Gorizia, 1973; Lubiana, 1974.

A. R.

81   GIAMBATTISTA TIEPOLO: ALLEGORIE DER STÄRKE UND DER WEISHEIT

1740/43; Öl auf Leinwand; 479 × 251; Udine, Museo Civico

Das Gemälde stammt aus dem großen Salon des Palazzo Caiselli in Udine, es stellt eine Allegorie dar. Im lichtesten Hellblau des von Wolken durchzogenen Himmels schweben zwei Frauengestalten, welche die Kraft (La Fortezza) und die Weisheit (La Sapienza) symbolisieren (nach Meinung anderer auch die Würde und den Mut). Ganz oben fliegt die Ruhmesgöttin (La Fama), in eine Trompete blasend, während ganz unten die besiegte Boshaftigkeit (La Perfidia), die sich das Gesicht mit den Händen bedeckt, sichtbar ist. Im Museo Poldi-Pezzoli in Mailand wird ein Bozzetti, eine Vorstudie zu diesem Thema, aufbewahrt, von dem noch weitere, spätere Varianten bekannt sind: eine befindet sich im Ca'Rezzonico in Venedig, eine freiere in der Villa Cordellina in Montecchio Maggiore. Molmenti hat das Bild zuerst einer Analyse unterworfen. Während Frimmel es zwischen 1726 und 1738 datiert, neigt Sack zum 5. Jahrzehnt, worin Someda de Marco folgt, der zunächst das Bild um 1744 ansetzt, es später aber zwischen 1726 und 1733 datiert. Morassi schließlich schlägt eine Datierung zwischen 1740 und 1745 vor, die der Verfasser aber aufgrund eines Vergleichs mit der oben genannten weiteren und 1743 entstandenen Variante in der Villa Cordellina auf den Zeitraum zwischen 1740 und 1743 eingrenzt. Die Farbgebung, vorwiegend in weichen Tönungen, belebt, sinnlich, die von hellem Zinnoberrot mit schwefelgelben Schattierungen zu Kornblumenblau und Türkis bzw. zu silbrigem Hellgrün reicht, wird unterbrochen von kurzen Noten eines Perlgraus oder weicher Opaltöne. Das atmosphärische Licht, das die Farben erfüllt und die Schatten belebt, beruht auf der feinen Farbenskala und bewirkt die diaphanen und durchsichtigen Effekte. Es ist die Zeit eines klassischen Stils im Werk Tiepolos, eine Apotheose hellenistischen Formenguts, im Raum schwebend, fern aller Zeit und Realität.

Bibliographie: ZORZI, 1897; MOLMENTI, 1909, pp. 121–23; FRIMMEL, 1909, pp. 25–30; SACK, 1910, pp. 90–91 e 179; LORENZETTI, 1951, p. 78; SOMEDA DE MARCO, 1956, p. 187; PIGNATTI, 1960, p. 331; RIZZI, 1961/I, p. 62; MORASSI, 1962, p. 52; RIZZI 1963/III, pp. 190–92; ID., 1963/I, p. 64; ID., 1967/I, p. 43; ID., 1969/II, 35; ID., 1971/I, p. 102; TESSITORI, 1971, p. 315; RIZZI, 1973, 68; ID., 1974, p. 18; ID., 1974, p. 102; ID., 1976, 68.

Ausstellungen: Udine, Prima mostra . . ., 1963; Gorizia, 1973; Lubiana, 1974; Passariano, 1976.

A. R.

82   GIANDOMENICO TIEPOLO: JESUS UND DIE KINDER

1759; abgenommenes Fresko; 216 × 110; Udine, Chiesa della Purità

Giandomenico Tiepolo wurde 1727 in Venedig geboren und starb dort 1804. Als Sohn Giambattista Tiepolos folgt er dem Stil seines Vaters, entwickelt jedoch die realistischen und satirischen Elemente weiter – mit menschlicher Wärme und im Wissen um das, was die Zeit bringen sollte.

1757 erwirbt der Patriarch Daniele Delfino das Theater Mantica in Udine, neben dem Dom, um dort eine christliche Schule für Mädchen einzurichten. Aus den Dokumenten geht hervor, daß, „nachdem das Bauwerk ausgeführt und vollendet sowie der Altar aufgestellt war, der Patriarch den berühmten Maler Giambattista Tiepolo aus Venedig kommen ließ, der das Altarbild und das Deckenfresko, die Auferstehung und Himmelfahrt Mariens darstellen, ausführte, während die Seitenwände von seinem Sohn Domenico freskiert wurden" (Vale-Masotti). Dem Sohn müssen deshalb acht Szenen, in Grisaille auf Goldgrund, zugeschrieben werden; sie stellen, beim Eintreten auf der linken Wand, dar: Elisäus und die von dem Bären angegriffenen Kinder, Jesu Einzug in Jerusalem, der sterbende Jakob segnet seine Söhne, Jesus unter den Schriftgelehrten, sowie auf der gegenüberliegenden Seite: Nebukadnezar verurteilt die drei Jünglinge zum Tod im Feuerofen, der Triumph Davids, die Makkabäer mit der Mutter vor Antiochus, Jesus und die Kinder. Im letzten (hier ausgestellten) Feld setzte Giandomenico Signatur und Datum: „Domi Tiepolo Filius Anno 1759". Ungeachtet dieser schon von De Renaldis bekräftigten Dokumentation („Gio Batta Tiepolo . . . kam 1759 nach Udine, um in seiner ausgezeichneten Malweise die Chiesa della Purità auszumalen") will Di Maniago den Zyklus auf 1751 vordatieren, darin gefolgt von Modern, der sie gar 1746 ansetzen, will, obwohl er deutlich macht, daß er Signatur und Datum Giandomenicos kennt. Molmenti stellt die exakte zeitliche Einordnung und die Zeitgleichheit der Ausführung der Arbeiten von Vater und Sohn wieder her, während Sack im Paneel des Einzugs Jesu in Jerusalem eine zweite Jahreszahl „1734" lesen will, und daraus schließt, daß sich die Ausmalung über 25 Jahre hinzog, so daß drei Grisaillen dem Vater Giambattista zugeschrieben werden müßten. Aufgrund unveröffentlichter Dokumente kann Kutschera–Woborsky dann nachweisen, daß Tiepolo am 7. August 1759 aus Venedig die für die Arbeiten notwendigen Farben erhält und daß die entsprechende Zahlung am 16. Dezember des gleichen Jahres geleistet wird. Außerdem nimmt er für Giandomenico alle acht Felder in Anspruch. Vale und Masotti engen noch einmal den Zeitraum der Ausführung zwischen dem 14. August und dem 16. Dezember 1759 ein. Zeichnungen im Zusammenhang mit der Freskierung werden von Sack, von Hadeln und Byam–Shaw erwähnt. Die Grisaillen stellen „einen neuen Richtpunkt für die genaue Abgrenzung der Kunst Domenicos" dar, indem man „eine gewisse Neigung zu neoklassischen Werten erkennen kann, die in der Folge eine größere Entfaltung finden werden (Morassi). Trotz der augenscheinlichen Übernahme von Konzepten und Figurationen aus dem Repertoire des Vaters wird dieses Beispiel der Malkunst Giandomenicos in einer außergewöhnlichen narrativen Dichte ausgeführt, in schnell aufeinanderfolgenden Sentenzen durch die bewegte und unruhige Zeichnung und die echten realistischen Werte. 1965 wurden die Paneele Jesus und die Kinder sowie der Triumph Davids durch das Istituto Centrale del Restauro in Rom abgenommen, auf neue Träger aufgesetzt und am Ort wieder eingefügt, während der ganze Zyklus einer gründlichen Restaurierung unterzogen wurde.

Bibliographie: DE RENALDIS, 1798, p. 93; DI MANIAGO, 1839, p. 35; MODERN, 1902, p. 31; MOLMENTI, 1909, p. 86; SACK, 1910, p. 179; MOLMENTI, 1911, p. 75; KUTSCHERA – WOBORSKY, 1920, pp. 157–59; VON HADELN, 1927, p. 193; VALE – IMASOTTI, 1932, p. 25; MORASSI, 1941, p. 275; PALLUCCHINI, 1960, p. 260; BYAM – SHAW, 1962, pp. 13 e 27; MORASSI, 1962, p. 53; ID., 1965, sub vocem; MARIUZ, 1971, pp. 138–39; RIZZI, 1974, pp. 78–90.

A. R.

VIII. Goldschmiedekunst (14.–18. Jh.)

83 KELCH

14. Jh.; vergoldetes Silber; 21,5 × 15,2; Faedis, Pfarrkirche

Die Form dieses Kelches ist schon ab dem Ende des 13. Jh. bekannt und bleibt bis zum 1. Jahrzehnt des 15. Jh. gebräuchlich. Unser Exemplar zeigt die übliche Trichterform der Kuppa, aber mit einem leichten Anschwellen an der tiefsten Stelle. Drei der sechs Felder des Knaufs tragen das Wappen der Herren von Cuccagna, die in Faedis das Richteramt ausübten. Die sechs Lappenbögen der Basis zeigen Blätter im Relief. Eine saubere, exakte Ausführung, wenngleich man annehmen kann, daß der Kelch – vielleicht im letzten Jahrhundert – neu vergoldet wurde.

Bibliographie: G. PICCINI, Faedis, notizie della parrocchia, Udine, 1934, p. 22; G. MARCHETTI, L'oreficeria medioevale in Friuli e i reliquiari di Pordenone, in Il Noncello, n. II, Pordenone, 1958, p. 22; P. BERTOLLA – G. C. MENIS, Oreficeria sacra in Friuli, Udine, 1963, P. 83.

Ausstellung: Udine, Oreficeria . . ., 1963.

A. F.

84 MEHRFACHES RELIQUIAR

14. Jh.; vergoldetes Silber; 44,5; Pordenone, Domschatz

Dieses nicht gerade gewöhnliche Reliquiar muß technisch im Schmelzverfahren mit Tonkern hergestellt worden sein. Die Spitzenvergoldung besteht in sogenanntem Grüngold. Die eine Stufe bildende Basis ist mit einer Vierpaßzeichnung durchsetzt, und den Fuß bilden drei Halbkreise, bei deren Schmuck gestochene Blätter mit spitzen Bündeln abwechseln, die schuppenartig in der gleichen Technik eingeritzt wurden. Der Knauf zeigt sechs gotische Aedikulen (Wimperge), die alle eine Statue des gleichen Schmelzgusses enthalten. Vom Knauf aus erheben sich die Strebepfeiler mit Öffnungen voller kleiner Bergkristalle, die drei Zylinder aus geblasenem Glas halten, die wiederum einen gleichartigen Glaszylinder in ihrer Mitte umgeben. Die Aufnahmebehälter sind mit vier sechseckigen Spitzen bedeckt, in die fiktive Ziegelsteine eingeritzt und die an ihrer Basis mit sechsbogigen Wimpergen geschmückt sind. Diese kleinen Pyramiden enden in einer großen Schleife und sind mit Strebebögen und durchbohrten Zwingen geschmückt. Insgesamt also ein reiches und elegantes Werk, auch wenn das feine Schmelzverfahren nicht ganz sauber ausgeführt wurde. In Venedig existieren noch zwei Mehrfachreliquiare, eines im Schatz von S. Marco und ein zweites von 1396 in der Kirche S. Stefano; das erste zeigt eine doppelte Laterne, das zweite drei Glaszylinder, deren mittlerer größer als die anderen ist. Trotz feinerer Ausführung erreichen beide die bizarre tektonische Phantasie des vorliegenden nicht. Alle diese Werke werden übereinstimmend den Goldschmieden Venedigs zugewiesen, aber man kann auch an deutsche Künstler denken, die dort gearbeitet haben. Der älteste Teil eines Reliquiars in Santa Eufemia in Venedig, das gewisse Analogien im Knauf und in den Fialen mit unserem Stück besitzt, wurde einem deutschen Goldschmied zugeschrieben. Das Stück, das hier mit anderen Stücken ausgestellt ist, gehört zu 16 Exemplaren im Schatz der Concattedrale S. Marco in Pordenone, einer Stadt, die bis 1508 zum Besitz des Kaisers gehörte, und könnte auch deutschen Ursprungs sein.

Bibliographie: E. MOLINER, Venise, ses Arts décoratifs, ses Musées et ses collections, Parigi, 1889, p. 110; G. VALENTINIS, Opere d'arte in Friuli, Udine, 1894, p. 46, n. 152; G. MARCHETTI, L'oreficeria medioevale in Friuli e i reliquiari di Pordenone, Il Noncello, n. II, Pordenone, 1958, pp. 18 e 34; P. BERTOLLA – G. C. MENIS, Oreficeria sacra in Friuli, Udine, 1963, p. 17; G. MARIACHER, Oreficeria sacra del Friuli Occidentale, Pordenone, 1976, p. 39.

Ausstellungen: Udine, 1883; Udine, Oreficeria, 1963; Pordenone, 1975.

A. F.

85   VORTRAGSKREUZ

15. Jh.; vergoldetes Silber; 69 × 35; Tricesimo, Pfarrkirche

Die Arbeit dieses Kreuzes aus massivem Silber ist fein und ausgewogen. Auf der einen Seite sieht man die Majestät („maestà") Christi mit den vier Evangelistensymbolen, auf der anderen Seite den Gekreuzigten zwischen den Büsten der Maria und des Joh. Ev. sowie zwei Engeln. Der Knauf in Form eines Wimpergs ist von einem kleinen Kranz aus Steinkästchen überfangen. Diese Behälter bergen Condi mit den Bildnissen der Madonna, des hl. Georg, der hll. Agnes, Katharina v. Alexandrien, eines Bischofs und Johannes des Täufers. Marchetti glaubt, in einem anderen Kreuz in Gemona möglicherweise eine Arbeit des gleichen Künstlers gefunden zu haben. Das sehr gut erhaltene Werk ist typisch für das Ende der Gotik.

Bibliographie: G. VALENTINIS, Opere d'arte in Friuli, Udine, 1894, p. 50; G. MARCHETTI, L'oreficeria medioevale in Friuli e i reliquiari di Pordenone, Il Noncello n. II, Pordenone, 1958, pp. 21 e 26; P. BERTOLLA – G. C. MENIS, Oreficeria sacra in Friuli, Udine, 1963, p. 70.

Ausstellung: Udine, Oreficeria . . ., 1963.

A. F.

86   RELIQUIENBÜSTE DES HL. LAURENTIUS

15. Jh.; vergoldetes Silber; 38 × 46; Gorizia, Metropolitankirche

Die Büste stammt aus dem Schatz der Patriarchen von Aquileia und gehört mit der gekonnten Virtuosität des Reliefs, das die Gemütsruhe des Heiligen unterstreicht, zu den besten Stücken der Renaissancekunst. Das Gewand aus Damast zeigt die Marterszene auf dem Brustteil. Das ganze Werk wurde mit dem Grabstichel verschönert. Es kann den Silberschmieden Venedigs am Ende des 15. Jh. zugeschrieben werden. Hinten trägt es folgende Inschrift: „LEVITA LAUREN / TIUS BONUM OP / US OPERATUS EST".

Bibliographie: M. ABRAMICH, Il tesoro del Duomo di Gorizia, Arte Cristiana, n. 4, 1916, p. 246; G. VALE, Il tesoro della Chiesa di Aquileia: La Basilica di Aquileia, Bologna, 1933, p. 365; E. MARCON, Il tesoro della Metropolitana di Gorizia: Studi Goriziani, n. II, 1948, p. 5; M. Mirabella ROBERTI, Mostra delle opere d'arte e del tesoro dell'arcidiocesi di Gorizia, Gorizia, 1953, p. 38; P. BERTOLLA – G. C. MENIS, Oreficeria sacra in Friuli, Udine, 1963, pp. 73–4

Ausstellungen: Gorizia, 1953; Udine, Oreficeria . . ., 1963.

A. F.

87 ASTKREUZ

1548; Silber, tw. vergoldet; 101 × 49; Castel d'Aviano, Pfarrkirche

Auf der Rückseite ist auf dem Suppedaneum des Bildnisses der hl. Juliana die Inschrift geritzt: „MDXLVIII / IACOB(us) / D(e) / GRANDIS / D(e) / NOV / ALI / F(ecit)". Von diesem Goldschmied, der in Noale, in der Provinz Venedig, gelebt hat, weiß man gar nichts. Wahrscheinlich hat er gleichartige Kreuze gesehen, vielleicht auch das von Marco da Sesto von 1424, denn er hält sich weiterhin an die gotischen Schemata, nur fügt er an der Basis einen als Knauf dienenden, ganz eindeutig der Renaissance zugehörigen, Tempel dazu. An diesem Werk besticht der Reichtum der es ganz überziehenden Ornamentik. Das Kreuz ist bedeckt von vergoldeten Blättern, die in kleinen, auf Kreisen oder sphärischen Formen basierenden Rundungen enden. Die vergoldeten Teile sind gut dosiert und erlauben schöne Effekte. Die Rückseite zeigt im Hochrelief den Gekreuzigten und die vier Evangelistensymbole. Auf zwei Ästen, die aus der Basis wachsen, stehen die Statuetten der Madonna und des hl. Johannes Ev. Auf der Rückseite sieht man die hl. Juliana mit dem Drachen an der Kette und in den Endpunkten der Kreuzarme die Büsten der vier Kirchenväter Gregorius, Ambrosius, Hieronymus und Augustinus. In den Nischen des die Basis bildenden Tempels stehen die kleinen Statuen des hl. Abtes Antonius sowie der hll. Rochus, Jakobus, Hieronymus und Sebastian. Die Büsten der Kirchenväter und die Evangelistensymbole sind kräftig und sorgfältig geformt. Mit dem Grabstichel wurde die Oberfläche bearbeitet, und zwar bei stets wechselnder Ziselierung, die mit der Evokation verschiedener Reflexe auch die Gewänder der Figuren differenzieren kann. Manche Details gingen verloren: eine kleine Figur an der Basis, einige Blätter, manches Kügelchen, aber insgesamt ist das Kreuz in all seiner feierlichen Eleganz gut erhalten.

Bibliographie: E. DEGANI, I Reliquiari di S. Marco a Pordenone, Arte Cristiana, 1915, n. 2, p. 56; A. FORNIZ, Segnalazione di qualche opera di oreficeria sacra del Friuli Occidentale, Itinerari, Pordenone, 1974, n. 24, p. 45; MARIACHER, 1976, n. 43–44.

Ausstellung: Pordenone, 1975.

A. F.

88 KUSSTAFEL GRIMANIS

16. Jh.; Kupfer und Silber vergoldet; 27,7 × 15,6; Cividale, Domschatz

Es handelt sich um ein sehr feines Werk der venezianischen Goldschmiedekunst, das einst zu den Sammlungen des Patriarchen Marino Grimani (1524–1540) von Aquileia gehörte. Die Renaissancestruktur in Form eines Altartabernakels enthält im Zentrum eine vergoldete Silberplakette, auf der in feinstem Flachrelief die Kreuzabnahme dargestellt ist. Unten auf der Tafel halten zwei Engel das Wappen der Grimani. Der Rahmen aus vergoldetem Kupfer wird am Sockel, in den Pilastern und am Sims mit verschiedenen Edelsteinen geschmückt. In der Mitte des Simses ist überdies ein Achatcameo angebracht, auf dem der Kopf Christi dargestellt ist. Unten, in der Mitte des kleinen Sockels ist ein pretiöser Cameo aus einem durchscheinenden orientalischen Sardonyx eingelassen, in den Daniel in der Löwengrube geschnitten ist (auch die monogrammähnliche, hier eingeritzte Inschrift in griechischen Lettern nennt: „o prophetes Daniel"); dieser Cameo kann ins 4./5. Jh. datiert werden.

Bibliographie: SANTANGELO, 1936, p. 49; MARIONI — MUTINELLI, 1958, p. 320–323; BERTOLLA — MENIS, 1963, pp. 79 s; MENIS, 1973, pp. 183–193.

Ausstellung: Udine, Oreficeria . . ., 1963.

G. C. M.

89 VORTRAGSKREUZ

17. Jh.; getriebenes und zisiliertes Silber; 70 × 45; Udine, Pfarrkirche S. Quirino

Dieses Astkreuz ist auf einer Seite mit reichen Barockformen geschmückt. Neben dem Glorienschein im Zentrum stehen seitlich horizontal die Symbole der Eucharistie, getriebene Ähren und Weintrauben, ab, während der vertikale Schaft von der Inschrifttafel mit dem INRI und von der im Wachsausschmelzverfahren gegossenen Figur des Gekreuzigten eingenommen wird. Die vier Kreuzarme laufen in reliefierten Vierpaßornamenten mit bewegten Umrißlinien aus. Sie schließen die Büsten der vier Evangelisten (an den Unterseiten) mit ihren üblichen Symbolen ein. Das ganze getriebene Werk wurde fein mit dem Grabstichel übergangen; dies gibt dieser Metallarbeit einen phantastischen Zug, was typisch für das 17. Jahrhundert ist.

Bibliographie: P. BERTOLLA – G. C. MENIS, Oreficeria sacra in Friuli, Udine, 1963, p. 80.

Ausstellung: Udine, Oreficeria . . ., 1963.

A. F.

90   KELCH

18. Jh.; Silber vergoldet, getrieben und ziseliert; 32,4 × 19,8; Udine, Dom

Die äußerst reiche getriebene Dekoration dieses Kelchs läßt Raum für eine äußerst feine Ziselierarbeit, die sechs Marterszenen zeigt, davon drei auf der Patene und drei auf dem Kelchfuß. Der Überfluß an rocailleähnlichen Figurationen, die überall verstreut und von ungewöhnlicher Eleganz sind, reiht das Werk unter die Erzeugnisse des besten Rokoko ein.

Bibliographie: G. VALENTINIS, Opere d'arte in Friuli, a cura della Camera di Commercio e d'Arti di Udine, Udine, 1894, p. 47; P. BERTOLLA – G. C. MENIS, Oreficeria sacra in Friuli, Udine, 1963, p. 83; C. SOMEDA DE MARCO, 1970, p. 432, Fig. 333.

Ausstellung: Udine, Oreficeria . . ., 1963.

A. F.

Literaturverzeichnis

(der im Katalog zitierten Werke)

M. Abramich, Il tesoro del Duomo di Gorizia, in „Arte Cristiana" 4, 1916.

M. G. B. Altan, La „Pietà" del palazzo Altan-Tullio di S. Vito al Tagliamento, in „Atti dell' Academia di Scienze, Lettere e Arti di Udine", Udine, 1968, pp. 75–81.

M. G. B. Altan, Testa reliquiario del duomo di Pordenone, in „Itinerari", 1, 1970.

F. Anelli, Vestigia preistoriche dell' agro aquileiese, in „Aquileia Nostra", 20, 1949.

N. Aoberg, Die Gothen und die Langobarden in Italien, Uppsala, 1923.

W. Arslan, Studi sulla pittura del primo Settecento veneziano, in „La critica d' Arte", 1936.

W. Arslan, Ancora un' opera bergamasca di Gian Antonio Guardi, in „Emporium", 4, 1952.
Arte e civiltá romana nell' Italia settentrionale (Catal.), Bologna 1964.

V. Baldissera, Di alcuni pittori e pitture in Gemona dal 1300 al 1500, Gemona, 1883.

V. Baldissera, La chiesa di S. Giovanni in Gemona e il suo soffitto dipinto da P. Amalteo, in „Atti dell' Accademia di Udine", 1884.

V. Baldissera, Da Gemona a Venzone. Guida storico-artistica, Gemona, 1891.

E. Belluno, Venzone e i suoi monumenti, Udine, 1972.

B. Berenson, North Italian Painters of the Renaissance, New York – London, 1907.

B. Berenson, Pitture italiane del Rinascimento, Milano, 1932 (ed. italiana 1938).

E. Berenson, Venetian School, London, 1957.

B. Berenson, Pitture italiane del Rinascimento – La scuola Veneta, Londra – Firenze, 1958.

A. Bergamini Ponta, Giovanni Martini pittore, Udine, 1970.

A. e. G. Bergamini, La scultura a Venzone dal Romanico al Rinascimento, in „Venzon", n. u. dello S. F. F., Udine, 1971.

G. Bergamini: v. G. B. Cavalcaselle.

L. Bertacchi, in „Arte e Civiltà Romana dell' Italia settentrionale", Bologna, 1964, p. 198.

L. Bertacchi, v. B. Forlati Tamaro – L. Bertacchi

P. Bertolla – G. C. Menis, Oreficeria sacra in Friuli (Catal.), Udine, 1963.

G. D. Bertoli, Le antichità di Aquileia profane e sacre, Venezia, 1739.

S. Bettini, La pittura friulana del Rinascimento e G. A. da Pordenone, in „Le arti", 1939.

V. Bianco Peroni, Le spade nell' Italia continentale, München, 1969.

G. Biasutti, Il libro „De Scossi e Spesi" del Card. Daniele Delfino, Udine, 1957.

J. Byam Shaw, The drawuings of Domenico Tiepolo, Londra, 1962.

M. Boni, Su la pittura di un gonfalone, Udine, 1797.

M. Borda, La scultura di età romana ad Aquileia, in „Aquileia e l' Alto Adriatico", 1, Udine, 1972, pp. 59–89.

M. Borda, I ritratti repubblicani di Aquileia, in „Römische Mitteilungen", 80, 1973.

G. Bragato, Da Gemona a Venzone, Bergamo, 1913.

S. e W. Braunfels, Pace del Duca Orso, in „Karl der Große. Werk und Wirkung" (Ausstellung), Aachen, 1965.

G. Bravar, Lucerne cristiane di Aquileia, in „Aquileia", n. u. della SFF, Udine, 1968.

M. Brozzi, Das langobardische Gräberfeld von S. Salvatore bei Maiano, in „Jahrbuch des Röm.-German. Zentralmuseums Mainz", 8, 1961.

M. Brozzi, La necropoli longobarda „Gallo" in zona Pertica in Cividale del Friuli, in „Atti del Convegno nazionale di studi longobardi", Udine, 1970.

M. Brozzi – A. Tagliaferri, Arte longobarda. I. La scultura figurativa su marmo, Cividale, 1961.

E. Brunetti, Considerazioni Guardesche in margine alla mostra, in „Problemi guardeschi", Venezia, 1967.

G. Brusin, Scavi in un grande edificio pubblico, in „Notizie degli scavi", 1923.

G. Brusin, Aquileia. Guida storico-artistica, Udine, 1929.

G. Brusin, Aquileia paleocristiana, in „Aquileia Nostra", 2, 1931, pp. 123–164.

G. Brusin, Il museo archeologico nazionale di Aquileia, Rom, 1936.

G. Brusin, Cronaca dei ritrovamenti e dei restauri, in „Le Arti", 3, 1940/41.

G. Brusin, Aquileia e Grado, in „Storia di Venezia", Venezia, 1958.

G. Brusin, Nota di bibliografia aquileiese e gradese, in „Aquileia Nostra", 31, 1960.

G. Brusin – P. L. Zovatto, Monumenti paleocristiani di Aquileia e Grado, Udine, 1957.

G. Calvi, I vetri romani di Aquileia, Aquileia, 1968.

C. Carducci, Ori e argenti dell' Italia antica, Milano, 1962.

E. Carli, La scultura lignea italiana dal XII al XVI secolo, Venezia, s. d.

Catalogo delle Gallerie dell' Accademia, Venezia, 1924.

Catalogo della Pinacoteca Querini-Stampalia, Venezia, 1925.

R. Cattaneo, L'architettura in Italia dal sec. VI al Mille, Milano, 1893.

G. B. Cavalcaselle, La pittura friulana del Rinascimento (1876) (a cura di G. Bergamini), Vicenza, 1973.

G. B. Cavalcaselle: v. J. A. Crowe – G. B. Cavalcaselle

C. Cecchelli, I monumenti del Friuli, I. Cividale, Milano 1943.

V. Ceresole, L'art de Paris, Parigi, 1878.

N. Cesare, Giovanni Martini scultore (tesi di laurea), Trieste, 1971.

G. Clonfero, Venzone. Guida storico artistica, Udine, 1971.

G. Clonfero, Gemona del Friuli. Guida storico artistica, Udine, 1974.

G. B. Corgnali, Il pittore Gio Batta de Rubeis e il suo catalogo di pregevoli quadri udinesi, in „Udine", 1937–38.

Corpus Inscriptionum Latinarum. Venetia et Histria, V, Berlin, 1872–77.

C. *Costantini,* Aquileia e Grado, Milano, 1916.

J. A. *Crowe – G. B. Cavalcaselle,* A Hostory of Painting in North Italy, III, London, 1912.

G. *Cuscito,* Sacramento e dogma in due graffiti figurati aquileiesi, in ,,Atti dei Civici Musei di storia ed arte di Trieste'', 6, 1968–70.

G. *Cuscito,* L'argenteria paleocristiana nella valle del Po, in ,,Aquileia e Milano'', Udine, 1973, pp. 295–317.

D. *Dalla Barba Brusin – G. Lorenzoni,* L'arte del Patriarcato di Aquileia dal sec. IX al sec. XIII, Padova, 1968.

G. *Damerini,* I pittori veneziani del '700, Bologna, 1928.

J. *Daniels,* Sebastiano Ricci, Hove, 1976 (cit. bibl. 1976/I).

J. *Daniels,* L'opera completa di Sebastiano Ricci, Milano, 1976 (cit. bibl. 1976/II).

E. *Degani,* I reliquiari di S. Marco a Pordenone, in ,,Arte Cristiana'', 3, 2, 1915, 15 febbraio.

Th. *Demmler,* Die mittelalterlichen Pietagruppen im Kaiser-Friederich-Museum, Berlin, 1921.

G. *de Francovigh,* L'altare di Ratchis a Cividale, e i suoi rapporti tra Occidente e Oriente nei secoli VII ed VIII d. C., Roma, 1961.

G. *de Renaldis,* Della pittura friulana, Udine, 1798.

G. B. *de Rossi,* Le insigni capselle reliquiarie scoperte in Grado, in ,,Bullettino di Archeologia Cristiana'', 1872, pp. 155–158.

F. *di Maniago,* Storia delle Belle Arti Friulane (1819), Udine, 1823.´

F. *di Maniago,* Guida di Udine e Cividale, San Vito, 1825.

F. *di Maniago,* Nuovi cenni . . ., Udine, 1885.

R. *Egger,* Ein altchristliches Kampfsymbol, in ,,Fünfundzwanzig Jahre römisch-germanische Kommission'', Berlin–Leipzig, 1930.

O. *Fasiolo,* I mosaici d'Aquileia, Roma, 1915.

P. *Ferrario,* L'Istituto pio di Venzone, Udine, 1882.

J. *Fink,* Der Ursprung der ältesten Kirchen am Domplatz von Aquileia, in ,,Münstersche Forschungen'', 7, 1954.

G. *Fiocco,* Piccoli Maestri: Domenico da Tolmezzo, in ,,Bollettino d'Arte'', 1924–25.

G. *Fiocco,* La pittura veneziana del Seicento e Settecento, Verona, 1929, (cit. bibl. 1929/I).

G. *Fiocco,* Nicola Grassi, in ,,Dedalo'', 1929 (cit. bibl. 1929/II).

G. *Fiocco,* Ancora di Nicola Grassi, in ,,Rassegna Marchigiana'', 1930.

G. *Fiocco,* Terzo contributo a Nicola Grassi, in ,,La Panarie'', 1937.

G. *Fiocco,* G. A. da Pordenone, Udine, 1939.

G. *Fiocco,* Il Pordenone, Bergamo, 2a edizione, 1943.

G. *Fiocco,* La mostra della pittura italiana nelle collezioni polacche, in ,,Arte Veneta'', 1956.

G. *Fiocco,* Nicola Grassi 1692–1748, Udine, 1961.

G. *Fiocco,* Guardi, Torino, 1965.

G. *Fiocco,* Giovanni Antonio Pordenone, Pordenone, 3a edizione, 1969.

G. *Fogolari,* Cividale del Friuli, Bergamo, 1905.

B. *Forlati Tamaro,* Sculture di Aquileia, in ,,Aquileia Nostra'', 4, 1933, pp. 3–24.

B. *Forlati – L. Bertacchi,* Aquileia. Il Museo Paleocristiano, Padova, 1962.

A. *Forniz,* Una Pietà quattrocentesca a S. Vito al Tagliamento, in ,,Bollettino della biblioteca e dei musei civici'', Udine, 3, 1964.

A. *Forniz,* Segnalazione di qualche opera di oreficeria sacra del Friuli Occidentale, in ,,Itinerari'', 24, 1974.

T. *Frimmel,* Aus dem Palazzo Caiselli in Udine, in: ,,Blätter für Gemäldekünste'', 1909.

S. Fuchs – J. Werner, Die langobardischen Fibeln aus Italien, Berlin, 1950.

C. Furlan, Giovanni de Cramariis miniatore e pittore, in „Il Noncello", 33, 1971.

I. Furlan, Giovanni Antonio Pordenone, Bergamo, 1966.

C. Gaberscek, La scultura altomedioevale in Friuli e Lombardia, in „Aquileia e Milano", Udine, 1973, pp. 383–404.

C. Gaberscek, Rilievi figurati dell'Alto Medio Evo in Friuli, in „Il Friuli", 1973, n. 6, pp. 15–17.

C. Gaberscek, Arte di età carolingia in Friuli, in „Bollettino della Camera di Commercio", 1975, n. 2, pp. 57–64.

C. Gaberscek, La scultura altomedioevale in Friuli e nelle regioni alpine, in „Aquileia e l'Arco alpino Orientale", Udine, 1976, pp. 467–486.

G. Gallo, Nicola Grassi inedito, in „Venezia e l'Europa", Venezia, 1956.

G. Gallo, Rettifiche su Nicola Grassi, in „Sot la Nape", 10, 1, 1958.

G. Gallo, Nicola Grassi pittore carnico, in „Julia Gens", 1960.

G. Gallo, Mostra di Nicola Grassi (Cat.), Udine, 1961.

R. Garrucci, Storia dell'arte cristiana dei primi otto secoli . . ., IV, Prato, 1880.

K. Garzarolli von Thurnlackh, Mittelalterliche Plastik in Steiermark, Graz, 1941.

B. Geiger, Antonio Carneo, Padova, 1940.

K. Ginhart, Die karolingischen Flechtwerksteine in Kärnten, in „Festschrift für R. Egger", Klagenfurt, 1942.

A. Gnirs, Die christliche Kultanlage aus konstantinischer Zeit am Platze des Domes in Aquileia, in „Jahrbuch der Zentralkommission", 1915, p. 151.

M. Gortani – O. Marinelli, Guida della Carnia (1898), Tolmezzo, 1924–25.

L. Grassi, Storia del disegno, Rom, 1947.

N. Grassi, Notizie storiche della provincia della Carnia, Udine, 1782.

M. Graziani Abbiani, Lucerne fittili paleocristiane nell' Italia settentrionale, Bologna, 1979.

M. Gregori, La mostra del Grassi a Udine, in „Paragone", 1962.

L. Grossato, Note per un aggiornamento di Nicola Grassi, in „Arte Veneta", 1948.

L. Grossato, La mostra del Grassi a Udine, in „Arte Veneta", 1961.

P. Guida, in „Arte e civiltà romana in Italia settentrionale" (catal.) Bologna, 1964.

P. Guida, Piastrelle votive del Museo di Aquileia, in „Aquileia Nostra", 36, 1965, pp. 37–44.

P. Guida, Aquileia e l'Egitto romano, in „Aquileia chiama", 13, 1966.

P. Guida, Osservazioni sui bronzetti romani di Aquileia, in „Aquileia" (n. u. della SFF.), Udine, 1968.

D. von Hadeln, Handzeichnungen von G. B. Tiepolo, Monaco, 1927.

J. Hagenhauer, Omnis in Domini potestate. Das theologische Programm des frühchristlichen Mosaikfußboden im Dom zu Aquileia, in „Jahresheften des Oest. Arch. Instituts", 47, 1964–65.

A. Haseloff, La scultura preromanica in Italia, Bologna, 1930.

G. Haseloff, Die langobardischen Goldblattkreuze, in „Jahrbuch des Röm.-German. Zentralmuseums Mainz", 3, 1956.

R. Kautzsch, Die römische Schmuckkunst in Stein von 6. bis zum 10. Jahr, in „Sonderheft aus d. röm. Jahr. für Kunstgeschichte", 3, 1939.

W. Körte, Deutsche Vesperbilder in Italien, Leipzig, 1937.

H. Kühn, Die germanischen Bügelfibeln der Völkerwanderungszeit in der Rheinprovinz, 1965.

O. Kutschera Woborsky, Udine in achtzehnten Jahrhundert, in „Zeitschrift für bildende Kunst", 1918.

E. Jastrzebowska, Les origines de la scène du combat entre le coq et la tortue dans les mosaiques chrétiennes d'Aquilée, in „Mosaici in Aquileia e nell'Alto Adriatico", Udine, 1975, pp. 93–107.

V. Joppi, Contributi alla Storia dell'Arte nel Friuli, Venezia, 1887–94.

C. Lanckoronski – G. Niemann – H. Swoboda, Der Dom von Aquileia, Wien, 1906.

L. Lanzi, Storia pittorica dell' Italia, Bassano, 1795.

M. Levey, Painting in XVIII century Venice, Londra, 1959.

G. Lorenzetti, Venezia e il suo estuario, Milano, 1926.

G. Lorenzetti, La pittura veneziana del '700, Novara, 1942.

G. Lorenzetti, Mostra del Tiepolo (Cat. con la colaborazione di G. Mariacher e T. Pignatti), Venezia, 1951.

G. Lorenzoni: v. *D. Dalla Barba – G. Lorenzoni*

M. Lucco, Pordenone a Venezia, in „Paragone", 309, 1975.

D. Mahon, The brothers at the Mostra dei Guardi: some impressions of a neophite, in „Problemi guardeschi", Venezia, 1967.

G. A. Mansuelli, in „Rivista dell' Istituto Nazionale di Archeologia e Storia dell' Arte", 7, 1958, p. 45.

G. Marchetti, Gianfrancesco da Tolmezzo pittore diabolico, in „Avanti cul brun", 1953.

G. Marchetti, Gemona e il suo mandamento, Udine, 1958.

G. Marchetti, La scultura medievale in Friuli, in „Mostra di Crocifissi e Pietà", Udine, 1958, pp. 1–62, pp. 135–185.

G. Marchetti, L'oreficeria medievale in Friuli e i reliquiari di Pordenone, in „Il Noncello", n. 11, 1958, pp. 3–40.

G. Marchetti, Il Friuli. Uomini e Tempi, Udine, 1959, II 1974.

G. Marchetti, Domenico da Tolmezzo, Udine, 1962.

G. Marchetti, Le chiesette votive del Friuli (a cura di G. C. Menis), Udine, 1972.

G. Marchetti – G. Nicoletti, La scultura lignea nel Friuli, Milano, 1956.

E. Marcon, Il tesoro della Metropolitana di Gorizia, in „Studi Goriziani" 11, 1948.

G. Mariacher, La pittura del Seicento a Venezia (Cat.: voci Bombelli e Carneo), Venezia, 1959.

G. Mariacher, Oreficeria sacra del Friuli Occidentale, Pordenone, 1976.

O. Marinelli: v. *M. Gortani – O. Marinelli*

R. Marini, La scuola di Tolmezzo, 1942.

R. Marini, Arte veneta e arte nordica in Gianfrancesco da Tolmezzo, in „Emporium", 1955 (cit. bibl. 1955/I).

R. Marini, Giulio Quaglio e il suo primo decennio in Friuli, in „Arte Veneta", 1955 (cit. bibl. 1955/II).

R. Marini, Gianfrancesco da Tolmezzo e le origini della pittura friulana, in „Acropoli", 1962.

G. Marioni – C. Mutinelli, Guida storico-artistica di Cividale, Udine, 1958.

A. Mariuz, Giandomenico Tiepolo, Venezia, 1971.

E. Martini, La pittura veneziana del Settecento, Venezia, 1964.

U. Masotti: v. *G. Vale – U. Masotti*

G. C. Menis, Alcuni rilievi altomedievali inediti del Friuli, in „Beiträge zur Kunstgeschichte und Archäologie des Frühmittelalters", Graz – Köln, 1961, pp. 179–188.

G. C. Menis, I mosaici paleocristiani di Aquileia, in „Aquileia e l'Alto Adriatico", 1, Udine, 1972, pp. 167–188.

G. C. Menis, Un malnoto cammeo cividalese con Daniele fra i leoni vestito alla persiana, in „Rivista di Archeologia cristiana", 49, 1973, pp. 183–193.

G. C. Menis: v. *P. Bertolla – G. C. Menis*

M. Mirabella Roberti, Mostra delle opere d'arte e del tesoro dell'arcidiocesi di Gorizia (Catal.), Gorizia, 1953.

M. Mirabella Roberti, Grado. Piccola guida, Trieste, 1971.

H. Modern, G. B. Tiepolo, Vienna, 1902.

B. Molajoli, Mostra del Pordenone e della pittura friulana del Rinascimento (Cat.), Udine, 1939.

E. Moliner, Venise, ses arts decoratifs, ses Musées et ses collections, Parigi, 1889.

P. Molmenti, Il Carpaccio e il Tiepolo, Torino, 1885.

P. Molmenti, G. B. Tiepolo, Milano, 1909.

P. Molmenti, Tiepolo, Parigi, 1911.

A. Morassi, La basilica di Aquileia, Bologna, 1933.

A. Morassi, Antica oreficeria italiana, Milano, 1936.

A. Morassi, Tiepolo, Bergamo, 1943 (2a ed. 1945).

A. Morassi, Conclusioni su Antonio e Francesco Guardi, in ,,Emporium", 1951.

A. Morassi, Antonio Guardi al servizio del Feldmaresciallo Schulenburg, in ,,Emporium", 1960.

A. Morassi, A coplete catalogue of the paintings of G. B. Tiepolo, Londra, 1962.

A. Morassi, Il pittore Nicola Grassi in una mostra a Udine, in ,,Pantheon", 1962.

A. Morassi, G. B. Tiepolo, in ,,Enciclopedia Universale dell'Arte", Venezia – Roma, 1964.

A. Morassi, Altre novità e precisazioni su Antonio e Francesco Guardi, in ,,Atti dell' Accademia di Scienze Lettere e Arti di Udine", 1966–69.

A. Morassi, Antonio Guardi, in ,,Sensibilità e razionalità del Settecento", Firenze, 1967.

A. Morassi, Guardi, Milano, 1973.

G. A. Moschini, Della letteratura veneziana del secolo XVIII, Venezia, 1805.

S. Moschini Marconi, Gallerie dell'Accademia di Venezia. Opere d'arte dei sec. XIV e XV, Roma, 1955.

V. Moschini, Francesco Guardi, Milano, 1952.

V. Moschini, Francesco Guardi, Milano, 1956.

Mostra degli ori e degli argenti dell' Italia antica, Torino, 1961.

M. Muraro, Novità per Francesco Guardi, in ,,Arte Veneta", 1949.

M. Muraro, An Altarpiece and other figure paintings by Francesco Guardi, in ,,The Burlington Magazine", 1958.

M. Muraro, Figure di Francesco Guardi, in ,,Emporium", 1959.

C. Mutinelli, Pellegrino da S. Daniele, in ,,Atti dell' Accademia di Scienze Lettere ed Arti di Udine (1947), 1945–48.

C. Mutinelli, L'altare di Ratchis, in ,,Quaderni della FACE, 35, 1969.

C. Mutinelli: v. G. Marioni – C. Mutinelli.

G. Nicoletti, Domenico da Tolmezzo, Udine, 1969.

G. Nicoletti: v. G. Marchetti – G. Nicoletti.

G. Niemann: v. G. Lanckoronski – G. Niemann – H. Swoboda

R. Pallucchini, Pittura veneziana del Settecento in Dalmazia, in ,,Le tre Venezie", 1944.

R. Pallucchini, La pittura veneziana del Settecento, I, Lezioni tenute all' Università di Bologna, 1951.

R. Pallucchini, La pittura veneziana del Seicento, I, Dispense della Università de Padova, 1959–60.

R. Pallucchini, La pittura veneziana del Settecento, Roma – Venezia, 1960.

R. Pallucchini, La pittura veneziana del Seicento, II, Dispense dell' Università di Padova, 1961–62.

R. Pallucchini, Bombelli e Carneo nel quadro della pittura veneta del Seicento, in ,,Mostra del Bombelli e del Carneo" (Cat.), Udine, 1964.

R. *Pallucchini,* Note sulla Mostra dei Guardi, in „Arte veneta", 1965 (cit. bibl. 1965/I).

R. *Pallucchini,* Nicola Grassi e la critica, in „Atti dell' Academia di Scienze Lettere e Arti di Udine (1960–63)", 1965 (cit. bibl. 1965/II).

R. *Pallucchini,* Un'opera sconosciuta dell' Amigoni in Friuli, in „Arte Veneta", 1965 (cit. bibl. 1965/III).

R. *Pallucchini,* Lineamenti della Mostra della pittura del Seicento in Friuli, in „Pittura veneta del Seicento in Friuli" (Cat.), Udine, 1968.

R. *Pallucchini,* Tiepolo a Passariano, in „Arte Veneta", 1971 (cit. bibl. 1971/I).

R. *Pallucchini,* Schede venete settecentesche, in „Arte Veneta", 1971 (cit. bibl. 1971/II).

W. *Passarge,* Das deutsche Vesperbild im Mittelalter, Köln, 1924.

G. *Piccini,* Faedis. Notizie della parrocchia, Udine, 1934.

T. *Pignatti,* Gian Antonio Guardi, in „Pittura in Europa", 1961.

G. M. *Pilo,* La Mostra della pittura veneta del Seicento in Friuli, in „Arte Veneta", 1968.

W. *Pinder,* Die deutsche Plastik vom ausgehenden Mittelalter bis zum Ende der Renaissance, 1, Poszdam, 1923/29.

G. *Pohl,* Die frühchristliche Lampe vom Lorenzberg bei Epfach, Landkreis Schongau. Versuch einer Gliederung der Lampen von mediterraneen Typus, in „Schriftenreihe zur bayrischen Landesgeschichte", 62, München, 1962.

F. *Poulsen,* Porträtstudien in norditalischen Provinzmuseen, Copenaghen, 1928.

M. *Precerutti Garberi,* Una nuova proposta attributiva per le cosidette portelle dell'Angelo Raffaele, in „Pantheon", 1964.

V. *Querini,* Pomponio Amalteo nel 450° anniversario della sua nascita, in „Il Noncello", 1955.

C. L. *Ragghianti,* Carneo restaurato, in „Miscellanea minore di critica d'arte", 1946.

C. L. *Ragghianti,* Epiloghi guardeschi, in „Annali della Scuola Normale Superiore di Pisa", Firenze, 1953.

C. L. *Ragghianti,* L'arte in Italia dal sec. V al sec. XI, Roma, 1968.

C. *Ridolfi,* Le meraviglie dell'arte (1648), ed. von Hadeln, Berlino, 1914.

A. *Riccoboni,* Opere giovanili inedite e poco note di G. B. Tiepolo a Udine, in „Arte Veneta", 1956.

A. *Rizzi,* Contributo agli studi sul Bellunello, in „Ce fastu?", 1957–59.

A. *Rizzi,* I Tiepolo „critici d'arte", in „Arte Veneta", 1959–60.

A. *Rizzi,* Antonio Carneo, Udine, 1960.

A. *Rizzi,* Il fiore della Galleria d'arte antica di Udine, Udine, 1961 (cit. bibl. 1961/I).

A. *Rizzi,* Precisazioni sul Bombelli, in „Emporium", 1961 (cit. bibl. 1961/II).

A. *Rizzi,* Opere inedite di G. Diziani nel Friuli, in „Acropoli", 1962 (cit. bibl. 1962/I).

A. *Rizzi,* Il Grassi e i Guardi, in „Emporium", 1962 (cit. bibl. 1962/II).

A. *Rizzi,* Prima Mostra del Restauro (Cat.), Udine, 1963 (cit. bibl. 1963/I).

A. *Rizzi,* Miscellanea veneta, in „Arte Veneta", 1963, (cit. bibl. 1963/II).

A. *Rizzi,* Tiepolo a Udine. Le altre opere, in „Acropoli", 1963 (cit. bibl. 1963/III).

A. *Rizzi,* Mostra del Bombelli e del Carneo (Cat.), Udine, 1964.

A. *Rizzi,* Disegni del Tiepolo (Cat.), Udine, 1965 (cit. bibl. 1965/I).

A. *Rizzi,* Tiepolo: L'Arcivescovado di Udine, Milano, 1965 (cit. bibl. 1965/II) 2a edizione, 1969.

A. *Rizzi,* Mostra della pittura veneta del Settecento in Friuli (Cat.), Udine, 1966.

A. *Rizzi,* Storia del'arte in Friuli. Il Settecento, Udine, 1967 (cit. bibl. 1967/I).

A. *Rizzi,* Carlevarijs, Venezia, 1967 (cit. bibl. 1967/II).

A. *Rizzi,* Pittura veneta del Seicento in Friuli (Cat.), Udine, 1968.

A. *Rizzi,* Storia dell'arte in Friuli. Il Seicento, Udine, 1969 (cit. bibl. 1969/I).

A. *Rizzi,* La Galleria d'arte antica dei Musei civici di Udine, Udine, 1969 (cit. bibl. 1969/II).

A. Rizzi, Bombelli Sebastiano, in „Dizionario biografico degli Italiani", Roma, 1969, XI (cit. bibl. 1969/III).

A. Rizzi, Tiepolo a Udine, Udine, 1971 (cit. bibl. 1971/I).

A. Rizzi, Mostra del Tiepolo (Passariano) (Cat.), Milano, 1971 (cit. bibl. 1971/II).

A. Rizzi, I Maestri della pittura veneta del Settecento (Gorizia) (Cat.), Milano, 1973.

A. Rizzi, Mojstri Beneskega Slikarstva – 18 Stoletja (Cat.), Lubiana, 1974.

A. Rizzi, Tiepolo a Udine, Udine, 2a edizione, 1974.

A. Rizzi, Capolavori d'arte in Friuli (Passariano) (Cat.), Milano, 1976.

A. Rizzi, Profilo di storia dell'arte in Friuli. I, Dalla Preistoria al Gotico, Udine, 1975.

H. Roth, Die Ornamentik der Langobarden in Italien, Bonn, 1973.

E. Sack, G. B. und D. Tiepolo, Amburgo, 1910.

A. Santangelo, Catalogo delle cose d'arte e di antichità d'Italia. Cividale, Roma, 1936.

E. Schaffran, Die Kunst der Langobarden in Italien, Jena, 1941.

K. Schwarzweller, Giovanni Antonio da Pordenone (tesi di laurea), Gottinga, 1935.

A. Schweitzer, Die Bildniskunst der Röm. Republik, Leipzig – Weimar, 1948.

V. Scrinari, Rassegna di ritrovamenti aquileiesi, in „Aquileia Nostra", 27, 1956, pp. 73–82.

V. Scrinari Santamaria, Catalogo delle Sculture romane del Museo di Aquileia, Roma, 1972.

G. Sena Chiesa, Gemme del Museo Nazionale di Aquileia, Padova, 1966.

C. Someda de Marco, Cinque secoli di pittura friulana (Cat.), Udine, 1948.

C. Someda de Marco, Il museo civico e le Gallerie d'arte antica e moderna di Udine, Udine, 1956.

C. Someda de Marco, Di alcune opere del Tiepolo in Udine, in „Arte Veneta", 1962.

C. Someda de Marco, Il Duomo di Udine, Udine, 1970.

R. Stuveras, Le putto dans l'art romain, Bruxelles, 1969.

W. Suida, Unbekannte Werke des Antonio Carneo, in „Belvedere", 1924.

H. Swoboda: v. G. Lanckoronski – G. Niemann – H. Swoboda.

A. Tagliaferri: v. M. Brozzi – A. Tagliaferri.

S. Tavano, Aquileia Cristiana, Udine, 1972.

S. Tavano, Grado. Guida storica e artistica, Udine, 1976.

A. Tempestini, Due portelle d'organo del Museo di Budapest, in „Antichità viva", 1970.

A. Tempestini, Il „San Giuseppe" di Pellegrino da San Daniele, in „Antichità viva", 1971.

T. Tessitori, Giambattista Tiepolo in tribunale, ovvero storia avventurosa di un quadro famoso, in „Atti dell' Accademia di Scienze Lettere e Arti di Udine", 1971.

V. Thieme – F. Becker, Allgemeines Lexikon der bildenden Künstler, Leipzig, 1907–1950.

P. Toesca, Storia dell'arte italiana. Il Medioevo (1927), Torino, 1965.

G. Traversari, Un ritratto tardore publicano nel Museo Civico di Treviso, in „Arte Antica e Moderna", 26, 1964.

G. Truant, Andrea Bellunello, S. Vito al Tagliamento, 1973.

F. Valcanover, Ritratto veneto da Tiziano al Tiepolo (Cat.), Varsavia, 1956 (cit. bibl. 1956/I).

F. Valcanover, Il ritratto veneto da Tiziano al Tiepolo a Varsavia, in „Arte Veneta", 1956 (cit. bibl. 1956/II).

F. Valcanover, Note venete alla mostra della pittura italiana nelle collezioni polacche, in „Emporium", 1957 (cit. bibl. 1957/I).

F. Valcanover, Giunte a Nicola Grassi, in „Arte Veneta", 1957 (cit. bibl. 1957/II).

G. Vale, Il tesoro della Chiesa di Aquileia, in „La basilica di Aquileia", Bologna, 1933.

G. Vale – U. Masotti, La chiesa della Purità, Udine, 1932.

G. Valentinis, Opere d'arte in Friuli, a cura della Camera di Commercio e d'Arti di Udine, Udine, 1894.

A. Venturi, Storia dell'arte italiana, Milano, 1914, VII, 3; 1915, VII, 4; 1928, IX, 3; 1934, X.

L. Venturi, L'opera più giovanile di Giovanni Antonio da Pordenone, in „L'Arte", 1908.

L. Venturi, Due opere di Giafrancesco da Tolmezzo, in „L'Arte", 1909.

L. Venturi, Giorgione e il giorgionismo, Milano, 1913.

J. Werner: v. S. Fuchs – J. Werner.

J. Wilpert, Die altchristlichen Inschriften Aquileia's, in „Ephemeris Salonitana", Zara, 1898, p. 38–40.

P. Zampetti, Mostra dei Guardi (Cat.), Venezia, 1965.

A. M. Zanetti, Descrizione di tutte le pubbliche pitture della città di Venezia, Venezia, 1733.

P. Zani, Enciclopedia medica critico-ragionata delle Belle Arti, Parma, 1822.

F. Zava Boccazzi, Pitture venete settecentesche esposte a Gorizia, in „Arte Veneta", 1973.

A. Zorzi, Un soffitto del Tiepolo a Udine, in „Gazzetta degli artisti", Venezia, 1897.

R. Zotti, Della vita e delle opere del pittore Andrea Bellunello, in „Pagine friulane", 1905.

P. L. Zovatto, Mosaici paleocristiani delle Venezie, Udine, 1963.

P. L. Zovatto: v. G. Brusin – P. L. Zovatto.

A. P. Zugni Tauro, Gaspare Diziani, Venezia, 1971.

Verzeichnis der im Katalog erwähnten Ausstellungen

Udine, 1883: Esposizione provinciale delle industrie e delle arti.

Udine, 1939: Mostra del Pordenone e della pittura friulana del Rinascimento.

Udine, 1948: Cinque secoli di pittura friulana.

Parigi, 1952: Tesori Artistici del Medioevo.

Gorizia, 1953: Mostra delle opere d'arte e del Tesoro delle arcidiocesi di Gorizia.

Varsavia, 1956: Ritratto veneto da Tiziano al Tiepolo.

Udine, 1958: Mostra di Crocifissi e di Pietà Medioevali del Friuli.

Venezia, 1959: La pittura del Seicento a Venezia.

Udine, 1961: Mostra di Nicola Grassi.

Udine, 1963: Prima Mostra del restauro.

Udine, 1963: Oreficeria sacra in Friuli.

Udine, 1964: Mostra del Bombelli e del Carneo.

Bologna, 1964: Arte e civiltá romana nell' Italia Settentrionale.

Venezia, 1965: I Guardi.

Aachen, 1965: Karl der Große – Werk und Wirkung.

Udine, 1966: Pittura veneta del Settecento in Friuli.

Udine, 1968: Pittura veneta del Seicento in Friuli.

Gorizia, 1973: I Maestri della pittura veneta del Settecento.

Lubiana, 1974: I Maestri della pittura veneta del Settecento.

Pordenone, 1975: Oreficeria sacra del Friuli Occidentale.

Passariano–Udine, 1976: Capolavori d'arte in Friuli.

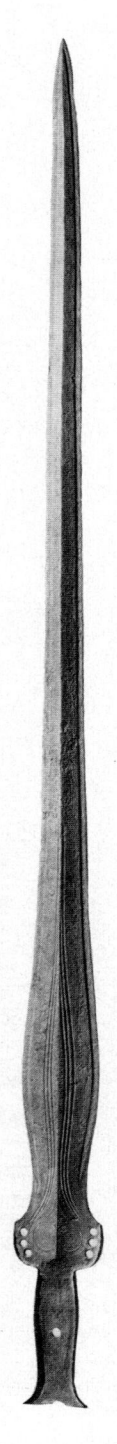

Abb. 1

Abb. 2

Abb. 3

Abb. 4

Abb. 5

Abb. 10

188

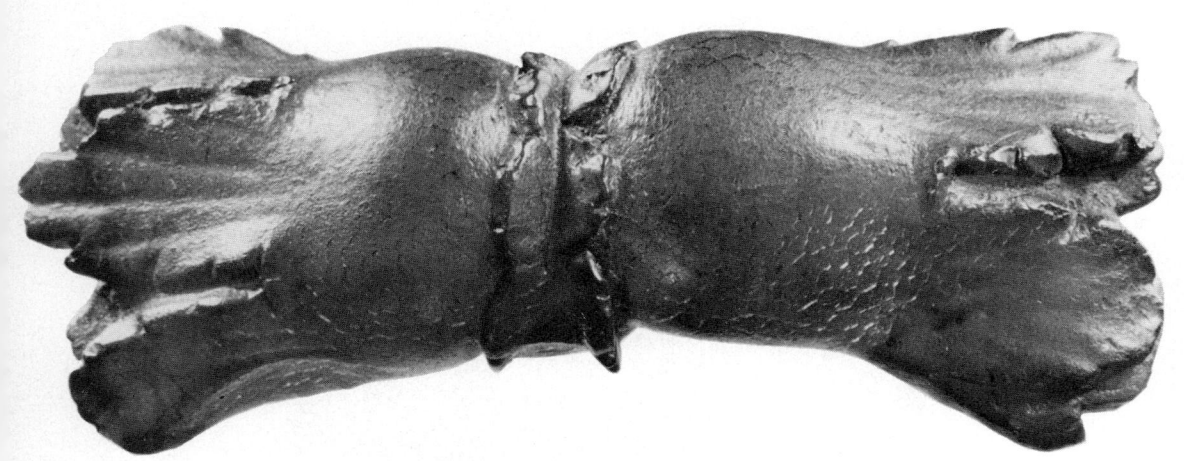

Abb. 13

Abb. 12

Abb. 18

Abb. 19

Abb. 20

Abb. 21

Abb. 22

194

Abb. 23

Abb. 26 Abb. 25

Abb. 28

INNOCENTISPQQVEM
ELEGITDOMSPAVSAT

INP   ACE
FIDE   LIS
XKA   LSEPT
SEPT   EMBR

Abb. 29

198

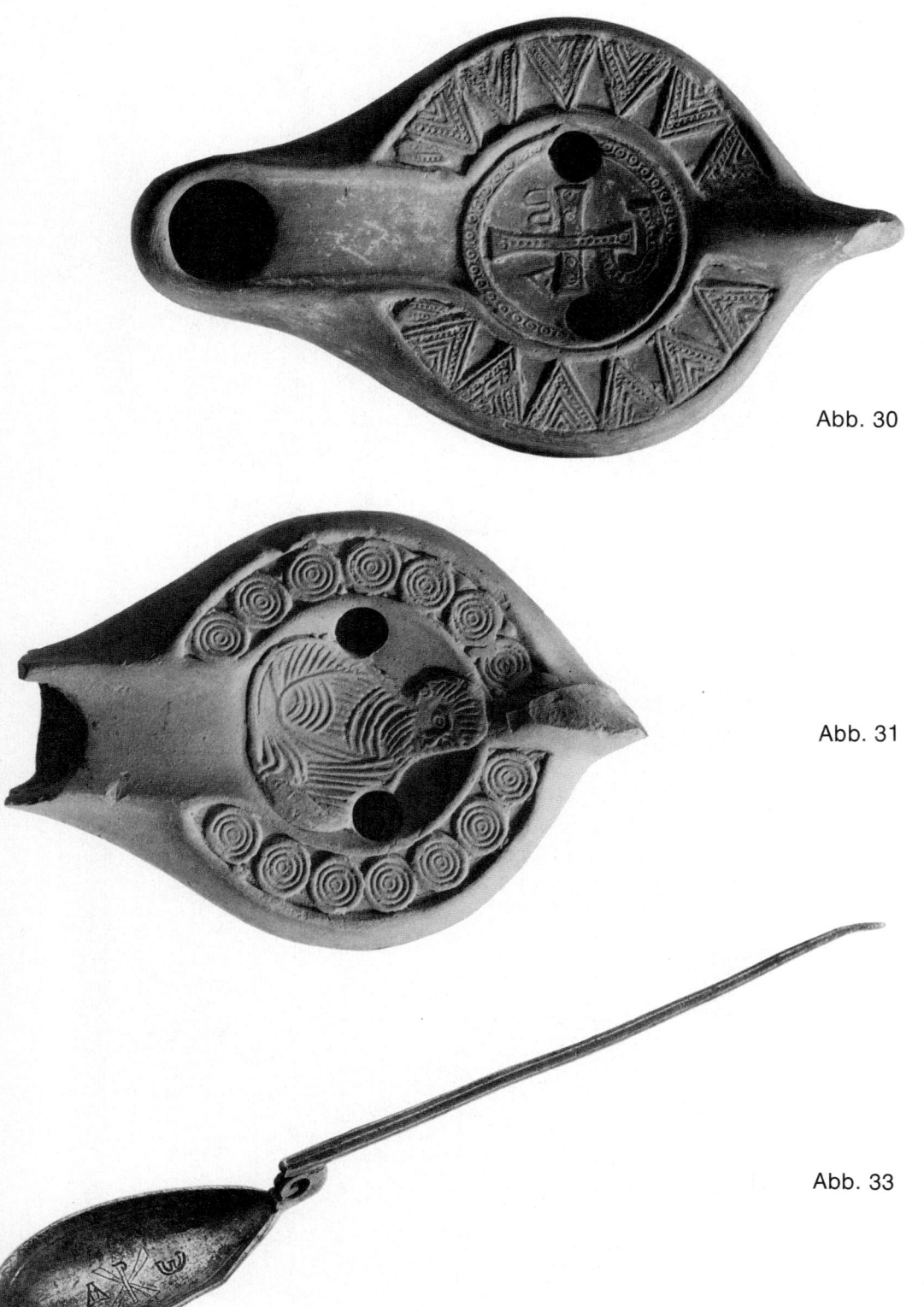

Abb. 30

Abb. 31

Abb. 33

Abb. 32 a

Abb. 32

Abb. 35

Abb. 34

Abb. 34 a →

Abb. 36

Abb. 37

204

Abb. 38

Abb. 39

Abb. 42

Abb. 40

Abb. 41

Abb. 43

Abb. 44

Abb. 45

Abb. 46

Abb. 47

Abb. 48

Abb. 49

Abb. 50

Abb. 65

211

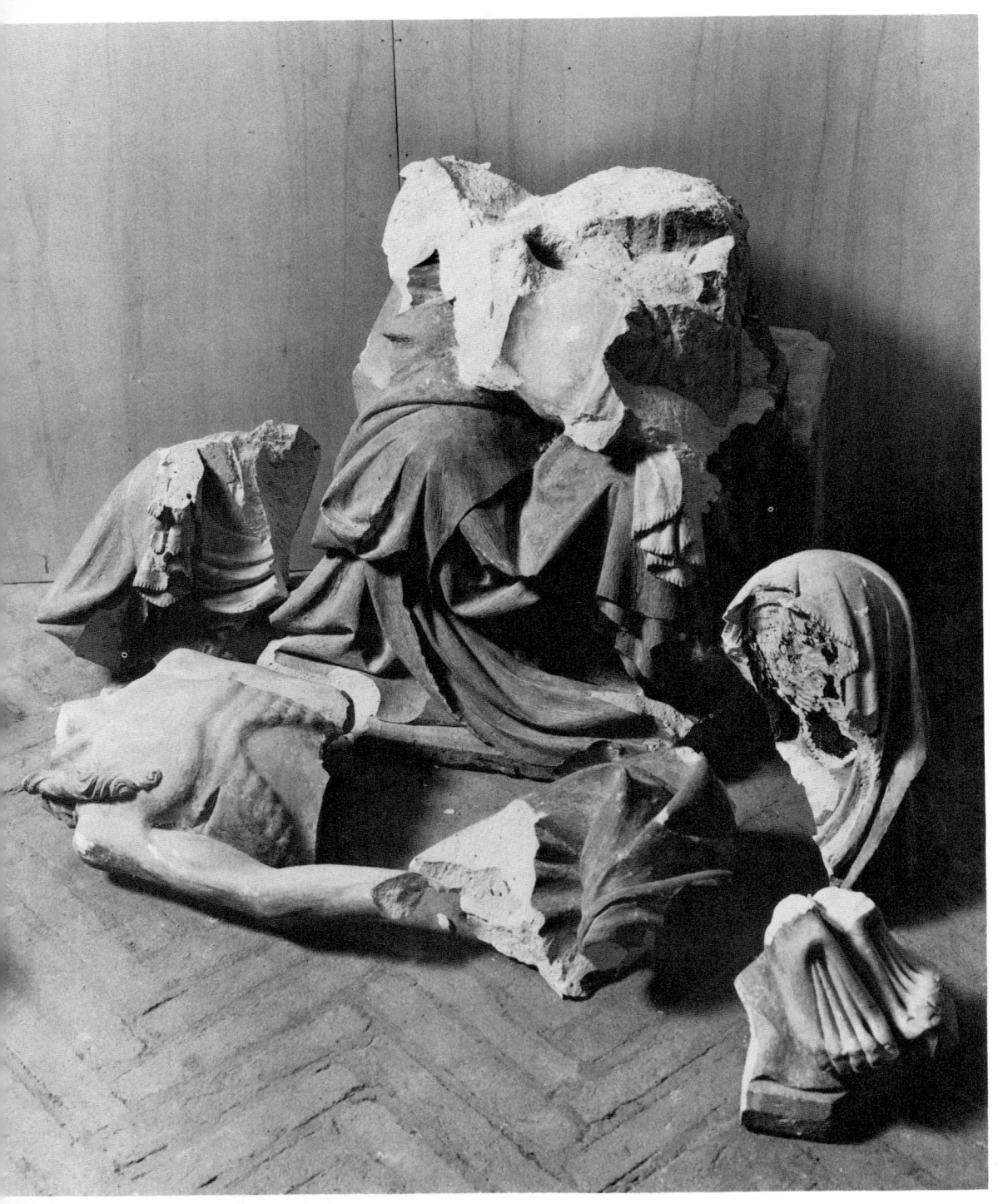

Abb. 56

Abb. 57

Abb. 54

Abb. 64

·S·MARIA·MATER·DI·1486

OPVS·DOMINICI·DE·TVMECIO·

Abb. 61

Abb. 66

Abb. 67

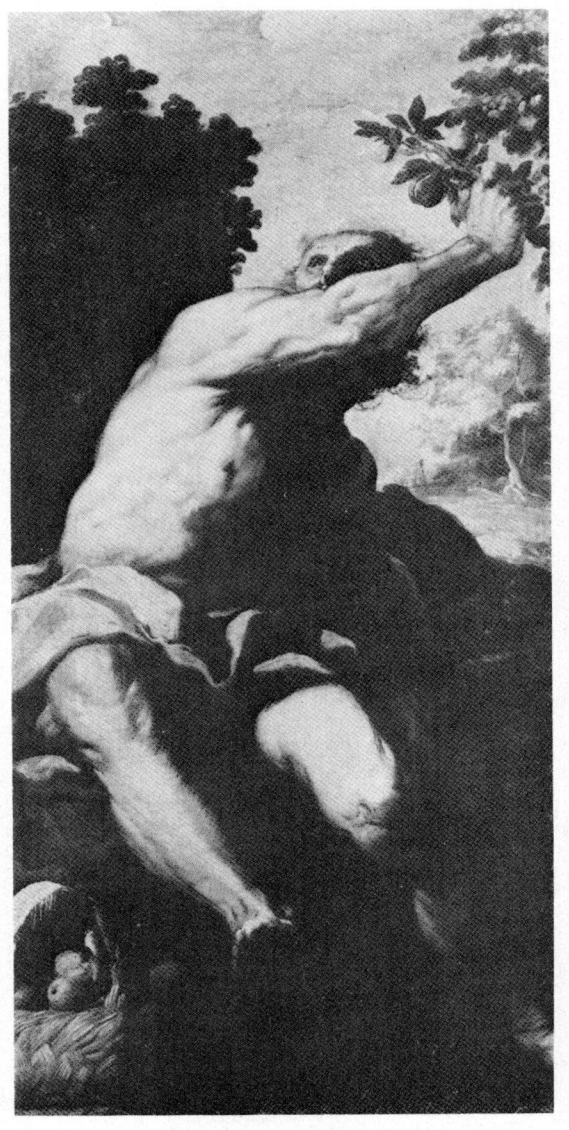

Abb. 68   Abb. 69

Abb. 70

Abb. 71

Abb. 73

Abb. 74

Abb. 82 -

Abb. 75

Abb. 76

225

Abb. 86

226

Abb. 83

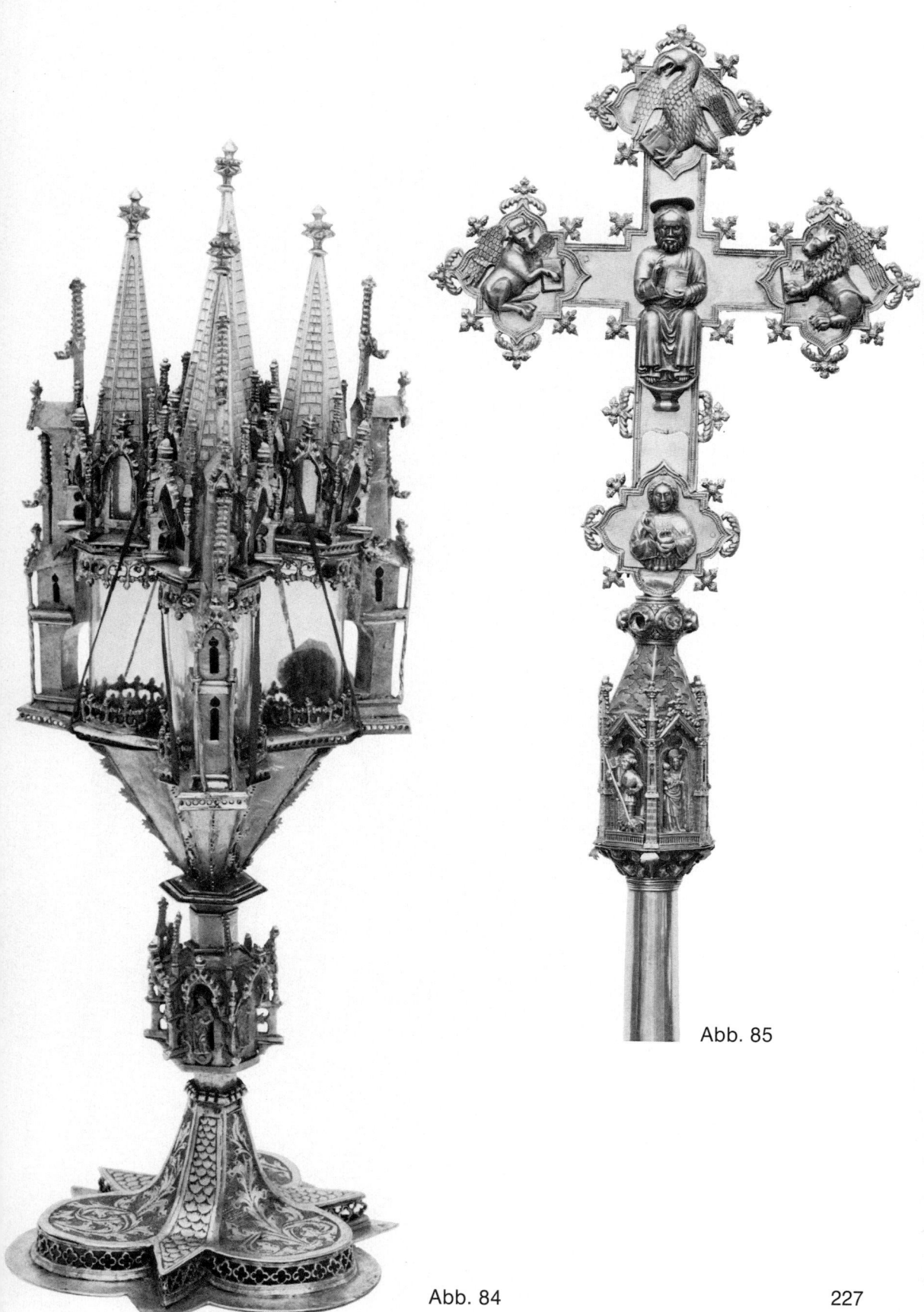

Abb. 84

Abb. 85

Abb. 87

Abb. 87 a

Abb. 90 a

Abb. 90

Abb. 89

Abb. 88

Abb. 11

Abb. 17

Abb. 15

Abb. 16

Abb. 14

Abb. 24

233

Abb. 27

Abb. 51

Abb. 52   Abb. 53   Abb. 55 –

Abb. 58

Abb. 59 →

Abb. 62

- Abb. 60

Abb. 72

– Abb. 63

243

Abb. 77   Abb. 78

Abb. 79

Abb. 80   Abb. 81

Verzeichnis der Exponate der Ausstellung und der Abbildungen des Buches

*) Aus technischen Gründen können die so bezeichneten Objekte bei der Ausstellung nicht gezeigt werden.